新编21世纪
高等职业教育精品教材
经贸类通用系列



# 经济法基础

主　编　闫　佳　杨晓云
副主编　王兆远　李　璇　陈雅冬
闫伟伟　徐建宁

JINGJIFA
JICHU

中国人民大学出版社
·北京·

**图书在版编目（CIP）数据**

经济法基础 / 闫佳，杨晓云主编 . -- 北京：中国人民大学出版社，2024.5
新编 21 世纪高等职业教育精品教材．经贸类通用系列
ISBN 978-7-300-32685-6

Ⅰ . ①经… Ⅱ . ①闫… ②杨… Ⅲ . ①经济法－中国－高等职业教育－教材 Ⅳ . ① D922.29

中国国家版本馆 CIP 数据核字（2024）第 061518 号

新编 21 世纪高等职业教育精品教材 · 经贸类通用系列
**经济法基础**
主　编　闫　佳　杨晓云
副主编　王兆远　李　璇　陈雅冬　闫伟伟　徐建宁
Jingjifa Jichu

| | | | |
|---|---|---|---|
| **出版发行** | 中国人民大学出版社 | | |
| **社　　址** | 北京中关村大街 31 号 | **邮政编码** | 100080 |
| **电　　话** | 010-62511242（总编室） | | 010-62511770（质管部） |
| | 010-82501766（邮购部） | | 010-62514148（门市部） |
| | 010-62515195（发行公司） | | 010-62515275（盗版举报） |
| **网　　址** | http://www.crup.com.cn | | |
| **经　　销** | 新华书店 | | |
| **印　　刷** | 鑫艺佳利（天津）印刷有限公司 | | |
| **开　　本** | 787 mm × 1092 mm　1/16 | **版　　次** | 2024 年 5 月第 1 版 |
| **印　　张** | 20.25 | **印　　次** | 2024 年 5 月第 1 次印刷 |
| **字　　数** | 450 000 | **定　　价** | 49.00 元 |

PREFACE

# 前　言

想象一下，如果市场是一场精彩的足球赛，那么企业和个人就是球场上的运动员，而经济法则是规则制定者。没有规则，比赛将是一场混乱；同样地，没有经济法，市场将无序不堪。

欢迎来到《经济法基础》这本教材。这不仅是一本教科书，更是一本探索现代市场规则的漫游指南。在这里，我们将采用精准的直达知识点的独特教学方法，结合历年来与会计专业技术资格考试相关的真题，为读者深入浅出地讲解经济法的每一个角落，从而帮助读者不仅理解经济法的字面意义，更能直抵其背后的商业逻辑和市场运作。在当今这个全球化和数字化日益加深的世界，了解经济法不仅是专业人士的必备技能，更是每个市场参与者的基本素养。我们希望通过这本书，使读者在浩瀚如海的经济法规中找到自己的航标，轻松驾驭商业世界的波涛。

首先，本教材聚焦职业教育领域。培养什么人、怎样培养人、为谁培养人是教育的根本问题。在教材编写过程中，编写团队及时查阅相关法律制度，按照知识点对教材内容进行编排，以便做到根据我国实际情况相应调整，以此来落实习近平新时代中国特色社会主义思想。本教材沿用了最新的法律条文解释，强调坚持党对全面依法治国的领导。从法的国家意志性强调坚持以人民为中心，从各个章节的逻辑构成强调坚持中国特色社会主义法治道路。

其次，本教材在内容上坚持立体化、分层化理念。在立体化方面，每一章按照具体的法律制度进行编写，以知识点定义法律制度的微观颗粒。在教材编写过程中，编写团队采用“编订、上课、建资源”的逻辑，边建边用。本教材配套相关微课资源，读者可通过扫描二维码进行学习。编写团队按照知识点的逻辑结构录制了相应的课程资源，业已完成上线工作，并持续更新，读者可扫描二维码学习。在分层化方面，会计专业技术资格考试定位于不同层次专业技术要求，考证类辅导教材主要为考证而设计，重在描述相关法律制度的条文，没有按照知识点进行整理，并且对于考试大纲外的知识均不涉及。本教材始终坚持将知识点深化，从横向和纵向两个维度延伸知识层次，以便强化读者对我国法律制度及现实的理解。

再次，本教材坚持模块化设计，融合高职、职业本科不同内容需求，通过共11章、近300个知识点的内容覆盖经济法基础的方方面面，在部分章节通过纵向提升，延伸职业本科经济法的内容，具体在正文相关章节及知识点中以星号（*）标注形式体现本科内容。具体分章节内容如下：

**第一章　总论**深入介绍法律的概念、本质与特征，特别强调经济法在社会主义法律体系中的角色和重要性。以党的二十大精神为引领，本章涵盖了法律关系的三要素：主体、内容、客体。

**第二章　会计法律制度**讨论会计法律制度的基本要求、具体要求、档案管理、监督等方面，强调会计职业的道德和法律责任。

**第三章　增值税法律制度**解析增值税的基本概念、税收优惠政策、征收管理和发票管理，提供对增值税应纳税额的详细说明。

**第四章　消费税法律制度**涉及消费税的基本概念、应纳税额计算及征收管理。

**第五章　企业所得税法律制度**探讨企业所得税的基本知识、税收优惠、应纳税额的计算和征收管理。

**第六章　个人所得税法律制度**详细分析个人所得税的基本内容、应纳税额的计算及税收优惠和征管。

**第七章　其他税收法律制度**覆盖房产税、契税、土地增值税、城镇土地使用税、车船税、关税、烟叶税、船舶吨税、印花税、资源税等多项税收法律制度。

**第八章　税收征收管理法律制度**讨论税收征收管理的概念、税务管理、税款征收、税务检查和法律责任。

**第九章　劳动合同和社会保险法律制度**考察劳动合同和社会保险的法律制度，强调劳动法律关系的重要性。

**第十章　支付结算法律制度**涉及支付结算的基本内容、银行结算账户和非票据结算方式。

**第十一章　票据法律制度**探究票据的基本内容和具体票据类型。

另外，在教材编写过程中，我们有幸与北京东大正保科技有限公司和厦门网中网软件有限公司展开深入合作。这种合作就像是给教材编写工作加上了一对翅膀，让它在理论讲解和实际应用的大地之间自由翱翔。北京东大正保科技有限公司和厦门网中网软件有限公司不仅为我们提供了宝贵的实践案例和行业洞察，还带来了一股清新的思维方式，让我们的教材更加贴近实际。有了这两家公司的支持，我们的教材不再是枯燥的法律条文堆砌，而是变成了一个充满生机、有趣且实用的学习工具。校企合作共同开发AI助教，读者可可以通过扫描二维码随时提问，寻找问题答案。我们相信，学界和业界的这种协同效应，将为读者带来全新的学习体验，让经济法的知识更加贴近实际，更易于理解和应用。

最后，必须说明的是，编写教材的初衷脱胎于2020年疫情初期线上授课时的经历。我们的线上课堂不再是四面墙和一块黑板，而是每个学生面前的小屏幕。在这样一个特殊时期，我们的课程团队决心用最质朴的语言铺展开《经济法基础》的知识图景，不再让法律条文成为晦涩难懂的文字迷宫，而是用直截了当、触及知识深处的表述，让学生即便在线上的虚拟教室中也能洞察经济法的实质。在编写过程中，授人以鱼不如授人以渔，杨晓云老师担纲课程的领路人，她的慷慨奉献确保了教材在整体结构框架上与专业发展的步伐同行。时光荏苒，教材临近出版之际，杨晓云老师业已荣休。但，念念不忘，必有回响，整个课程团队都坚信随着教材的出版及配套课程的上线与推广，杨晓云老师的精神和智慧将会继续流传、启迪思考。此外，课程团队的其他成员在教材编写过程中也倾注了满满的热情与智慧。其中，深圳信息职业技术学院闫佳负责教材整体知识点的梳理、杨晓云负责框架逻辑建构，云南财经职业学院王兆远负责劳动法相关知识点的编写工作，深圳信息职业技术学院李璇负责整体统稿及流转税部分的课程录制，深圳信息职业技术学院陈雅冬负责案例分析、课证融通部分的编撰及会计法律和行为税部分的课程录制，深圳信息职业技术学院闫伟伟负责学习目标、专栏部分的编撰及所得税部分的课程录制。来自正保的行企专家徐建宁负责在线精品资源建设和AI助教的研发工作。还要感谢课程团队的刘颖璇、屈沙、杨伟明等，感谢他们在内容和课程录制方面所做出的贡献。结伴同行的岁月给我勇往前行的力量！

闫佳

CONTENTS

# 目 录

# 第一章 总 论

## 学习目标

### 知识目标

掌握法的概念、本质与特征、经济法概述

掌握法律关系三要素

掌握法律事实

掌握法的形式、效力、分类

掌握法律责任

熟悉代理行为

熟悉平等主体经济纠纷的解决途径

熟悉不平等主体经济纠纷的解决途径

### 能力目标

能从法律关系视角看待社会经济活动

能识别不同法律关系中的主体、内容与客体三要素

能区分行政、民事、刑事责任

能明确解决不同经济纠纷的法律途径

### 素质目标

明晰我国作为社会主义国家的法的本质及法律体系

正确理解法在中国特色社会主义下的集中体现

## 专栏1：党的二十大精神与法律总论

党的二十大报告指出，我们要坚持走中国特色社会主义法治道路，建设中国特色社会主义法治体系、建设社会主义法治国家，围绕保障和促进社会公平正义，坚持依法治国、依法执政、依法行政共同推进，坚持法治国家、法治政府、法治社会一体建设，全面推进科学立法、严格执法、公正司法、全民守法，全面推进国家各方面工作法治化。

一是完善以宪法为核心的中国特色社会主义法律体系。坚持依法治国首先要坚持依宪治国，坚持依法执政首先要坚持依宪执政，坚持宪法确定的中国共产党领导地位不动摇，坚持宪法确定的人民民主专政的国体和人民代表大会制度的政体不动摇。加强宪法实施和监督，健全保证宪法全面实施的制度体系，更好发挥宪法在治国理政中的重要作用，维护宪法权威。加强重点领域、新兴领域、涉外领域立法，统筹推进国内法治和涉外法治，以良法促进发展、保障善治。推进科学立法、民主立法、依法立法，统筹立改废释纂，增强立法系统性、整体性、协同性、时效性。

二是扎实推进依法行政。法治政府建设是全面依法治国的重点任务和主体工程。转变政府职能，优化政府职责体系和组织结构，推进机构、职能、权限、程序、责任法定化，提高行政效率和公信力。深化事业单位改革。深化行政执法体制改革，全面推进严格规范公正文明执法，加大关系群众切身利益的重点领域执法力度，完善行政执法程序，健全行政裁量基准。

三是严格公正司法。公正司法是维护社会公平正义的最后一道防线。深化司法体制综合配套改革，全面准确落实司法责任制，加快建设公正高效权威的社会主义司法制度，努力让人民群众在每一个司法案件中感受到公平正义。

四是加快建设法治社会。法治社会是构筑法治国家的基础。弘扬社会主义法治精神，传承中华优秀传统法律文化，引导全体人民做社会主义法治的忠实崇尚者、自觉遵守者、坚定捍卫者。建设覆盖城乡的现代公共法律服务体系，深入开展法治宣传教育，增强全民法治观念。推进多层次多领域依法治理，提升社会治理法治化水平。发挥领导干部示范带头作用，努力使尊法学法守法用法社会蔚然成风。

# 第一节 法的概述

## 一、法与经济法

### 知识点1：法和法律的概念

**1. 法的概念**

法是由国家制定或认可，以权利义务为主要内容，由国家强制力保证实施的社会行为规范及其相应的规范性文件的总称。

**2. 法律的概念**

**（1）狭义的法律。**狭义的法律专指全国人大及其常委会制定的法律，如《中华人民共和国公司法》《中华人民共和国会计法》等。

**（2）广义的法律。**广义的法律指法的整体，即法。

各种法的渊源和制定主体如表1–1所示。

**表1–1 各种法的渊源和制定主体**

| 渊源 | | 制定主体 |
|---|---|---|
| 宪法 | 宪法 | 全国人大 |
| 法律 | 基本法律 | 全国人大 |
| | 一般法律 | 全国人大常委会 |
| 法规 | 行政法规 | 国务院 |
| | 地方性法规 | 地方人大及其常委会 |
| 规章 | 部门规章 | 国务院部委（如财政部、中国人民银行等） |
| | 地方政府规章 | 地方人民政府 |
| 民族自治地方条例 | | 民族自治地方的人民代表大会 |
| 司法解释 | | 最高人民法院、最高人民检察院 |
| 国际条约或协定 | | 由中国作为国际法主体缔结或参加 |

### 知识点2：法的本质和特征

**1. 法的本质**

**（1）法是统治阶级的意志。**法体现统治阶级的意志，并不等于完全不顾及被统治阶级的意志。统治阶级泛指在经济、政治、意识形态上占支配地位的阶级。从人类发展的客观历史来看，统治阶级有奴隶主阶级、封建地主阶级、资产阶级，在社会主义社会指全体人民。

**（2）法是国家意志。**法由统治阶级的物质生活条件决定，反映社会客观需要；法体现统治阶级的“整体意志和根本利益”，非个人意志。我国的法是广大人民的共同意志，体现了广大人民的根本利益。

**（3）中国特色社会主义法的集中体现。**法是在中国共产党领导下，保证人民的根本利益，保证人民当家作主的权利，保证人民民主专政国体和人民代表大会制度政体的社会规范，是中国特色社会主义道路、理论、制度、文化在法治领域的集中体现。

**2. 法的特征**

**（1）国家意志性。**法是由国家制定或认可的规范。

**（2）国家强制性。**法由国家强制力保证其获得普遍遵行。

**（3）规范性。**法规范人们在社会关系中的权利和义务。

**（4）明确公开性和普遍约束性。**法是明确公开的，且对全社会各阶层具有普遍约束力。

### 知识点3：经济法概述

**1. 经济法的概念**

**（1）狭义的经济法。**狭义的经济法，是指调整国家在管理与协调经济运行过程中发生的经济关系的法律规范的总称，适用于非平等主体间、纵向经济关系。

**（2）广义的经济法。**广义的经济法不完全局限于法学中的经济法范围，同时也涉及传统民商法的相关内容，适用于平等主体间、横向经济关系。

**2. 经济法主体**

经济法主体包括国家机关、企业、事业单位、社会团体、个体工商户、农村承包经营户、公民等。经济法主体的分类如表1–2所示。

**表1–2　经济法主体的分类**

| 根据调整领域不同分类 | | 主体举例 |
| --- | --- | --- |
| 宏观调控法主体 | 调控主体 | 国家发改委、财政部、中国人民银行等 |
| | 受控主体 | 企业、事业单位、个人、社会团体等 |
| 市场规制法主体 | 受制主体 | |
| | 规制主体 | 商务部、国家市场监督管理总局等 |

## 二、法律关系三要素

### 知识点1：法律关系主体

**1. 法律关系主体的概念**

法律关系主体，也称法律主体，是指参加法律关系，依法享有权利和承担义务的当事人。什么人或者组织可以成为法律主体，是由一国法律规定和确认的。

**2. 法律关系主体的种类**

一是自然人。自然人包括中国公民、外国公民、无国籍人。

二是组织。组织包括法人组织和非法人组织（见表 1–3）。

三是国家。

**表 1–3 组织种类**

| 组织 | 类型 | 具体包括 | 举例 |
| --- | --- | --- | --- |
| 法人组织 | 营利法人 | 有限责任公司、股份有限公司、其他企业法人等 | 略 |
| | 非营利法人 | 事业单位法人 | 公办医院、学校等 |
| | | 社会团体法人 | 各类协会、学会等 |
| | | 捐助法人 | 基金会、社会服务机构等 |
| | 特别法人 | 机关法人 | 各国家机关 |
| | | 农村集体经济组织法人 | 生产队 |
| | | 农村合作经济组织法人 | 农民合作社 |
| | | 基层群众性自治组织法人 | 居委会、村委会 |
| 非法人组织 | 个人独资企业、合伙企业、不具有法人资格的专业服务机构等 | | |

**3. 法律关系主体资格**

**（1）权利能力与行为能力。**

权利能力是指法律关系主体依法享有权利和承担义务的法律资格。

行为能力是指法律关系主体通过自己的行为从事法律活动，取得权利和承担义务的能力。

**（2）自然人的权利能力与行为能力。**自然人的权利能力始于出生、终于死亡，自然人的行为能力通过年龄和精神状态进行判定。

自然人民事行为能力的界定如表 1–4 所示。

**表 1–4 自然人民事行为能力的界定**

| 类型 | 年龄、精神状态 | 行为效力 |
| --- | --- | --- |
| 完全民事行为能力人 | 1. 年满 18 周岁；<br>2. 年满 16 周岁不满 18 周岁，以自己的劳动收入为主要生活来源的，视为完全民事行为能力人。 | 为自己的行为负责，父母不再承担法律责任。 |
| 限制民事行为能力人 | 1. 年满 8 周岁不满 18 周岁；<br>2. 不能完全辨认自己行为的成年人。 | 与年龄、精神状态相适应——有效；<br>纯获利益——有效；<br>与年龄、精神状态不相适应——效力待定。 |
| 无民事行为能力人 | 1. 不满 8 周岁；<br>2. 完全不能辨认自己行为。 | 所有行为——无效。 |

**（3）法人以及其他组织的权利能力与行为能力。**法人以及其他组织的权利能力与行为能力都始于成立、终于终止。

## 知识点 2：法律关系内容

微课：法律关系

### 1. 法律关系内容的概念

法律关系内容是指法律关系主体所享有的权利和承担的义务。

### 2. 法律权利

法律权利是指法律关系主体依法享有的权益，表现为权利享有者依照法律规定有权自主决定作出或者不作出某种行为、要求他人作出或者不作出某种行为和一旦被侵犯，有权请求国家予以法律保护。

### 3. 法律义务

法律义务是指法律关系主体依照法律规定所担负的必须作出某种行为或者不得作出某种行为的负担或约束。依法承担义务的主体称为义务主体或义务人。法律义务包括积极义务（如缴纳税款、履行兵役）和消极义务（如不得毁坏公共财物、不得侵害他人生命健康权）。

## 知识点 3：法律关系客体

### 1. 物

物具体分为自然物，如土地、矿藏等；人造物，如建筑、机器等；一般等价物，如货币和有价证券等，常见于物权关系。

### 2. 人身、人格

民事主体享有生命权、身体权、健康权、姓名权、肖像权、名誉权、荣誉权、隐私权、婚姻自主权等人格权，常见于人身关系。此外，人的整体只能是法律关系的主体，不能作为法律关系的客体。人的部分（如人的头发、血液、骨髓和器官）在某些情况下也可视为法律上的物，成为法律关系客体。

### 3. 精神产品

精神产品，也称智力成果，如发明、实用新型、外观设计、商标等，常见于知识产权关系。

### 4. 行为

行为包括生产经营行为、经济管理行为、提供一定劳务的行为、完成一定工作的行为，常见于合同关系。

## 三、法律事实

微课：法律事实

### 知识点 1：法律事实基础与法律事件

**1. 法律事实基础**

**（1）法律事实的概念。**任何法律关系的发生、变更和消灭，都要有法律事实的存在。法律事实是指由法律规范所确定的，能够产生法律后果，是法律关系发生、变更和消灭的直接原因。

**（2）法律事实的分类标准与类别。**按照是否以当事人的意志为转移，法律事实可划分为法律事件、法律行为。

**2. 法律事件**

**（1）法律事件的概念和特征。**法律事件是法律规范规定的、不以当事人的意志为转移，且能够引起法律关系产生、变更和消灭的客观事实，表现出不可抗力的特征，具体分为绝对事件和相对事件。

**（2）绝对事件和相对事件。**

绝对事件主要为自然现象，如地震、洪水、台风、森林大火等自然灾害，生、老、病、死，意外事故。

相对事件主要为社会现象，如社会革命、战争、重大政策的改变等。

### 知识点 2：法律行为

**1. 法律行为的概念与特征**

**（1）法律行为的概念。**法律行为是指民事主体通过意思表示设立、变更、终止民事法律关系的行为。

**（2）法律行为的特征。**

一是以达到一定的民事法律后果为目的。无论行为是否有效、无效、可撤销或效力待定，均可以称为法律行为（不要求合法性）。

二是以意思表示为要素。意思表示是区分法律行为与事实行为的重要标志。如拾得遗失物、建造房屋、发明、创造、侵权等是事实行为，不是法律行为。

**2. 事实行为**

事实行为是与法律关系主体的意思表示无关，由法律直接规定法律后果的行为。民法中常见的事实行为有无因管理行为、正当防卫行为、紧急避险行为以及侵权行为、违约行为、遗失物的拾得行为、埋藏物的发现行为等。

**3. 法律行为分类**

法律行为分类如表 1–5 所示。

表 1-5 法律行为分类

| 分类标准 | 分类内容 | 代表行为 |
| --- | --- | --- |
| 行为是否合法 | 合法行为 | 遵守交通规则 |
| | 违法行为 | 非法占有他人财产 |
| 行为的表现形式 | 积极行为 | 债务人主动偿还债务 |
| | 消极行为 | 债务人逃避债务 |
| 行为是否通过意思表示作出（区分法律行为与事实行为） | 意思表示行为 | 报价、公告、通知 |
| | 非意思表示行为 | 拾得遗失物、发现埋藏物 |
| 主体意思表示的形式 | 单方行为 | 委托代理的撤销、无权代理的追认、遗嘱行为 |
| | 多方行为 | 合同行为（如赠与合同）、设立公司的协议等 |
| 行为是否需要特定形式或实质要件 | 要式行为 | 技术开发合同等应当采用书面形式 |
| | 非要式行为 | 一般的买卖合同 |
| 主体实际参与行为的状态 | 自主行为 | 工作合同签订 |
| | 代理行为 | 律师代表客户处理法律事务 |

**4. 法律行为要件**

**（1）成立要件。**

一是一般成立要件，具体为当事人、意思表示及其表示内容。

二是特别成立要件，在特殊情形下要求具备特别成立要件，如特定的形式。

**（2）生效要件。**

一是要求行为人为具有相应的民事行为能力人。

二是意思表示真实。意思自由，即意思形式及其表示是其自由意志决定的，不存在受欺诈、受胁迫、被乘人之危；意思与表示相一致，即行为人表示出来的意思与其内心真实意思相一致，不存在同谋虚假表示、错误、误传。

**5. 无效法律行为**

**（1）无效法律行为的概念。**无效民事法律行为是指已经成立的民事行为，严重欠缺民事行为的生效要件，因而自始、绝对、确定、当然、永久地不按照行为人设立、变更、终止民事法律关系的意思表示发生预期效力的民事行为。

**（2）无效法律行为的原因。**按照无效原因，无效法律行为可分为全部无效法律行为与部分无效法律行为。民事法律行为部分无效，不影响其他部分效力的，其他部分仍然有效。

**（3）无效法律行为的种类。**

一是无民事行为能力人独立实施的。

二是行为人与相对人以虚假的意思表示实施的民事法律行为无效。如为避免财产被强制执行，虚假地将房子卖给朋友。

三是行为人与相对人恶意串通，损害他人合法权益的民事法律行为无效。

四是违反法律、行政法规强制性规定的民事法律行为无效，但是该强制性规定不导致该民事法律行为无效的除外。

五是违背公序良俗的民事法律行为无效。

**（4）无效法律行为的后果。**

一是恢复原状。如行为人因该行为取得的财产，应当予以返还。

二是赔偿损失。如有过错的一方应当赔偿对方由此所受到的损失；各方都有过错的，应当各自承担相应的责任。

三是返还他人。如双方恶意串通，损害他人利益的，应当追缴双方取得的财产，收归国家、集体所有或返还第三人。

四是其他制裁。如依法需要给予行政制裁或刑事制裁的，还应当依法追究其行政责任或刑事责任。

**6. 附条件的法律行为**

**（1）附条件的法律行为的概念。**当事人在法律行为中约定一定的条件，并以将来该条件的成就（或发生）或不成就（或不发生）作为法律行为效力发生或消灭的根据。

**（2）附条件的法律行为的具体特点。**

一是附生效条件的民事法律行为，自条件成就时生效。

二是附解除条件的民事法律行为，自条件成就时失效。

三是附条件的民事法律行为，当事人为自己的利益不正当地阻止条件成就的，视为条件已成就；不正当的促成条件成就的，视为条件不成就。

**（3）附条件的法律行为的必备要件。**

一是所附条件可以是事件或行为。

二是将来发生的事实，不是已发生的事实。

三是不确定的事实，不肯定是否发生。

四是当事人任意选择的事实、非法定的事实。

五是合法的事实，违法或违背道德不能作为条件。

六是不与行为的内容相矛盾，限制的是法律行为效力的发生或消灭。

**7. 附期限的法律行为**

附生效期限的民事法律行为，自期限截止时生效；附终止期限的民事法律行为，自期限届满时失效；所附期限既可以是确定的日期，也可以是不确定的日期。

**8. 可撤销法律行为的种类**

**（1）重大误解。**行为人因对行为内容的错误认识，使行为的后果与自己的真实意思相悖，并造成较大损失的，属于可撤销的行为。重大误解中所谓的行为内容包括行为性质，对方当事人，标的物的品种、质量、规格、数量。

**（2）乘人之危、显失公平。**行为人利用对方当事人的急迫需要、危难处境或判断能力不足等，迫使对方违背本意而作出意思表示，属于可撤销的行为。

**（3）欺诈。**

一是相对欺诈人。一方以欺诈手段，使对方在违背真实意思的情况下实施的民事法律行为，是可撤销的行为。

二是第三人欺诈。第三人实施欺诈行为，使一方在违背真实意思的情况下实施的民事法律行为，对方知道或者应当知道该欺诈行为的，是可撤销的行为；标的物评估机构对买受人实施欺诈，使得买受人与出卖人签订买卖合同，若出卖人不知道且不应当知道该欺诈事由，买受人不得主张撤销买卖合同。其理由主要在于保护出卖人的合理信赖。

**（4）胁迫。**一方或者第三人以胁迫手段，使对方在违背真实意思的情况下实施的民事法律行为，属于可撤销的民事法律行为。胁迫不仅包括暴力威胁对方人身，还包括其他的类型，如以破坏对方财产相威胁，以泄露对方隐私相威胁。

欺诈与胁迫的不同点如表 1-6 所示。

**表 1-6　欺诈与胁迫的不同点**

<table>
<tr><th colspan="2">类型</th><th>相对人是否知情</th><th>可否撤销</th></tr>
<tr><td rowspan="3">欺诈</td><td>相对人欺诈</td><td>相对人一定知情</td><td>可撤销</td></tr>
<tr><td rowspan="2">第三方欺诈</td><td>相对人知情</td><td>可撤销</td></tr>
<tr><td>相对人不知情</td><td>不可撤销</td></tr>
<tr><td rowspan="3">胁迫</td><td>相对人胁迫</td><td>相对人一定知情</td><td>可撤销</td></tr>
<tr><td rowspan="2">第三方胁迫</td><td>相对人知情</td><td>可撤销</td></tr>
<tr><td>相对人不知情</td><td>可撤销</td></tr>
</table>

### 9. 法律行为效力

法律行为效力如表 1-7 所示。

**表 1-7　法律行为效力**

<table>
<tr><th colspan="2">情形</th><th>法律效力</th></tr>
<tr><td rowspan="2">无民事行为能力人（不满 8 周岁）</td><td>法定代理人代理</td><td>有效</td></tr>
<tr><td>其他</td><td>无效</td></tr>
<tr><td rowspan="2">限制民事行为能力人（满 8 周岁不满 18 周岁）</td><td>法定代理人代理、能独立实施的、纯获益</td><td>有效</td></tr>
<tr><td>其他</td><td>效力待定</td></tr>
<tr><td colspan="2">完全民事行为能力人一般情形下独立实施的</td><td>有效</td></tr>
<tr><td rowspan="3">欺诈、胁迫</td><td>相对人欺诈、胁迫</td><td rowspan="3">可撤销</td></tr>
<tr><td>第三方欺诈 + 相对人知情</td></tr>
<tr><td>第三方胁迫 + 无论相对人是否知情</td></tr>
<tr><td colspan="2">重大误解、显失公平</td><td>可撤销</td></tr>
<tr><td colspan="2">恶意串通、违反效力性强制性规定、虚假意思表示、违背公序良俗</td><td>无效</td></tr>
</table>

## 四、代理行为

### 知识点1：代理基础

**1. 代理的概念和特征**

**（1）代理的概念。**代理是指代理人在代理权限内，以被代理人的名义与第三人实施法律行为，由此产生的法律后果直接由被代理人承担的法律制度。

**（2）代理的特征。**以被代理人的名义实施法律行为，但行纪、寄售等不属于代理行为；在代理权限内独立地向第三人进行意思表示，但传递消息、中介行为等不属于代理行为；法律后果直接归属于被代理人，但无效代理、冒名欺诈等不属于代理行为。

**2. 代理的适用范围和种类**

**（1）代理的适用范围。**

一是民事主体之间。代理适用于民事主体之间设立、变更和终止权利义务的法律行为，即民事法律行为。非法律行为、事实行为等不适用代理。

二是约定及不能约定。依照法律规定或双方当事人约定，应当由本人实施的民事法律行为，不得代理，如婚姻登记、订立遗嘱、收养子女等。

**（2）代理的种类。**

一是委托代理。委托代理既可以用书面形式，也可以用口头形式。法律规定用书面形式的，应当用书面形式。

二是法定代理。无民事行为能力人、限制民事行为能力人的监护人是其法定代理人。

### 知识点2：代理关系终止情形与滥用代理权

**1. 代理关系终止**

**（1）委托代理终止情形。**代理期限届满或者代理事务完成；被代理人取消委托或者代理人辞去委托；代理人丧失民事行为能力；代理人或者被代理人死亡；作为代理人或者被代理人的法人、非法人组织终止。

**（2）被代理人死亡代理行为辨析。**有下列情形之一的，委托代理人实施的代理行为有效：代理人不知道且不应当知道被代理人死亡；被代理人的继承人予以承认；授权中明确代理权在代理事务完成时终止；被代理人死亡前已经实施，为了被代理人的继承人的利益继续代理。

**（3）法定代理的终止辨析。**被代理人取得或者恢复完全民事行为能力；代理人丧失民事行为能力；被代理人或者代理人死亡；由其他原因引起的被代理人和代理人之间的监护关系消灭。

表1-8为代理终止辨析。

表 1–8　代理终止辨析

<table>
<tr><th colspan="2">事由</th><th>委托代理</th><th>法定代理</th></tr>
<tr><td rowspan="2">代理人</td><td>死亡 / 终止</td><td colspan="2" rowspan="2">终止</td></tr>
<tr><td>丧失行为能力</td></tr>
<tr><td rowspan="2">被代理人</td><td>死亡 / 终止</td><td>不一定终止</td><td>终止</td></tr>
<tr><td>丧失行为能力</td><td>不终止</td><td>不终止</td></tr>
</table>

**2. 滥用代理权**

**（1）自己代理。**代理人以被代理人的名义与自己交易，效力待定，但被代理人同意或者追认的有效。代理人对被代理人及他人造成损失的，承担赔偿责任。

**（2）双方代理。**同一代理人在同一交易代理交易双方，效力待定，但被代理的双方同意或者追认的有效。代理人对被代理人及他人造成损失的，承担赔偿责任。

**（3）恶意串通。**代理人、第三人恶意串通，损害被代理人利益，无效。代理人、第三人对被代理人负连带责任。

## 知识点 3：无权代理与表见代理

**1. 无权代理**

**（1）无权代理的概念。**无权代理是指没有代理权而以他人名义进行的代理行为，包括没有代理权而实施的代理、超越代理权实施的代理、代理权终止后而实施的代理。

**（2）无权代理的法律后果。**

一是追认权。未经被代理人追认的，对被代理人不发生效力。

二是催告权。相对人可以催告被代理人自收到通知之日起 30 日内予以追认。被代理人未作表示的，视为拒绝追认。

三是撤销权。行为人实施的行为被追认之前，善意相对人有撤销的权利。撤销应当以通知的方式作出。

**2. 表见代理**

**（1）表见代理的概念。**行为人没有代理权、超越代理权或者代理权终止后，仍然实施代理行为，相对人有理由相信行为人有代理权的，代理行为有效，即被代理人承担责任。

**（2）表见代理的情形。**被代理人对第三人表示已将代理权授予他人，而实际并未授权；被代理人将某种有代理权的证明文件交给他人，他人以该种文件使第三人相信其有代理权并与之进行法律行为；代理人违反被代理人的意思或者超越代理权，第三人无过失地相信其有代理权而与之进行法律行为；代理关系终止后未采取必要的措施而使第三人仍然相信行为人有代理权，并与之进行法律行为。

## 五、法的形式、分类与效力

### 知识点1：法的形式和分类

**1. 法的形式**

**（1）宪法。**宪法由全国人民代表大会制定，是国家的根本大法，具有最高的法律效力。

**（2）法律。**全国人民代表大会有权依法制定和修改刑事等基本法律；全国人民代表大会常务委员会有权依法制定和修改除全国人大制定的法律以外的其他法律。

**（3）法规。**

一是行政法规。中华人民共和国国务院是制定行政法规的机关。根据宪法和法律，国务院在其职权范围内依法制定行政法规。

二是地方性法规（自治条例和单行条例）。地方性法规由省、自治区、直辖市和设区的市人民代表大会及其常务委员会，根据本行政区域的具体情况和实际需要，在不与宪法、法律、行政法规相抵触的前提下制定。自治条例是民族自治地方的人民代表大会依照当地民族的政治、经济和文化的特点制定的全面调整本自治地方事务的综合性规范性文件。单行条例是民族自治地方的人民代表大会依照当地民族的政治、经济、文化的特点制定的调整本自治地方某方面事务的规范性文件。

**（4）规章。**

一是部门规章。国务院各部、委员会、中国人民银行、审计署和具有行政管理职能的直属机构以及法律规定的机构，可以根据法律和国务院的行政法规、决定、命令，在本部门的权限范围内制定规章。

二是地方政府规章。省、自治区、直辖市和设区的市、自治州的人民政府，可以根据法律、行政法规和本省、自治区、直辖市的地方性法规制定规章。

**（5）其他。**特别行政区基本法、国际条约也属于法的形式；最高人民法院和最高人民检察院作出的司法解释也属于我国法的形式；但最高人民法院的判决书不属于我国法的形式。

**2. 法的分类**

一是根本法和普通法。这是根据法的内容、效力和制定程序划分的。

二是实体法和程序法。这是根据法的内容划分的。

三是一般法和特别法。这是根据法的空间效力、时间效力或对人的效力划分的。

四是国际法和国内法。这是根据法的主体、调整对象和渊源划分的。

五是公法和私法。这是根据法律运用的目的划分的。

六是成文法和不成文法。这是根据法的创制方式和发布形式划分的。

### 知识点2：法律效力

**1. 上位法优于下位法**

宪法至上原则、法律高于法规原则、法规高于规章原则、行政法规高于地方性法规原则。

**2. 特别法优于一般法**

同一机关制定的法律、行政法规、地方性法规、自治条例和单行条例、规章，特别规定与一般规定不一致的，适用特别规定。

**3. 新法优于旧法**

同一机关制定的法律、行政法规、地方性法规、自治条例和单行条例、规章，新的规定与旧的规定不一致的，适用新的规定。

**4. 新的一般规定与旧的特殊规定不一致**

一是法律与法律：由全国人大常委会裁决。

二是行政法规与行政法规：由国务院裁决。

三是法律与授权制定的法规：由全国人大常委会裁决。

四是地方性法规、规章之间不一致时：同一机关制定的，由制定机关裁决；部门规章之间、部门规章与地方政府规章不一致时，由国务院裁决；地方性法规与部门规章之间对同一事项的规定不一致时，由国务院提出意见，如认为应当适用地方性法规则适用地方性法规，如认为应当适用部门规章则提请全国人大常委会裁决。

## 六、法律责任

### 知识点1：民事责任和行政责任

微课：法律责任

**1. 民事责任**

**（1）民事责任的概念。**民事责任是指民事主体违反了约定或法定的义务所应承担的不利民事法律后果。

**（2）承担民事责任的方式。**停止侵害，排除妨碍，消除危险，返还财产，恢复原状，修理、重作、更换，继续履行，赔偿损失，支付违约金，消除影响、恢复名誉，赔礼道歉。

**2. 行政责任**

**（1）行政责任的概念。**行政责任是指违反法律法规规定的行为人所应承受的由国家行政机关对其依行政程序所给予的制裁。行政责任包括行政处罚和行政处分。

**（2）行政处罚。**行政处罚是指行政机关依法对违反行政管理秩序的公民、法人或者其他组织，以减损权益或者增加义务的方式予以惩戒的行为。行政处罚分为人身自由罚，如行政拘留；行为罚，如暂扣许可证件、降低资质等级、吊销许可证件、限制开展生产经营活动、责令停产停业、责令关闭、限制从业等多种形式；财产罚，如罚款、没收违法所得、没收非法财物；声誉罚，如警告、通报批评等。

**（3）行政处分。**行政处分是指对违反法律规定的国家机关工作人员或被授权、委托的执法人员所实施的内部制裁措施。根据《中华人民共和国公务员法》，对因违法违纪应当承担纪律责任的公务员给予的行政处分有：警告、记过、记大过、降级、撤职、开除。

### 知识点 2：刑事责任

**1. 刑事责任的概念**

刑事责任是指犯罪人因实施犯罪行为所应承受的由国家审判机关（人民法院）依照刑事法律给予的制裁后果，是法律责任中最严厉的责任形式。刑事责任主要通过刑罚实现，刑罚分为主刑和附加刑两类。

**2. 主刑**

**（1）主刑种类。**

一是管制：不实行关押，但限制其一定的自由，交由公安机关管束和监督的刑罚。3 个月以上 2 年以下，数罪并罚最高不能超过 3 年。

二是拘役：剥夺短期人身自由，就近拘禁并强制劳动。1 个月以上 6 个月以下，数罪并罚最高不能超过 1 年。

三是有期徒刑：剥夺一定期限人身自由，实行劳动改造。6 个月以上 15 年以下。

四是无期徒刑：剥夺终身自由，实行劳动改造。

五是死刑：剥夺生命。立即执行和缓期两年执行。

**（2）主刑要求。**管制、拘役、有期徒刑只能独立使用。数罪并罚“总和刑期不满 35 年的，最高不能超过 20 年，总和刑期在 35 年以上的，最高不能超过 25 年”。

**3. 附加刑**

**（1）附加刑种类。**附加刑包括罚金、剥夺政治权利、没收财产、驱逐出境。

**（2）其他释义和辨析。**

一是政治权利。政治权利包括选举权和被选举权；言论、出版、集会、结社、游行、示威自由的权利；担任国家机关职务的权利；担任国有公司、企业、事业单位和人民团体领导职务的权利。

二是支付违约金、返还财产属于民事责任；罚款，没收违法所得、没收非法财物属于行政责任；罚金，没收财产属于刑事责任。

三是数罪中有判处附加刑的，附加刑仍须执行，其中附加刑种类相同的，合并执行，种类不同的，分别执行。

四是附加刑可以同主刑一起使用，也可以单独使用。

# *第二节 平等主体经济纠纷的解决途径

## 一、平等主体经济纠纷解决途径及基本原则

### 知识点 1：解决途径

**1. 经济仲裁**

经济仲裁，是指发生了经济争议的双方当事人根据自愿达成的仲裁协议，将彼此之间

的争议提交专门的仲裁机构作出具有约束力的裁决，从而解决经济争议的一种方法。

这里的经济仲裁涉及范围广泛，包括买卖、代理、租赁、承包、技术咨询、许可证交易、与贸易有关的投资、银行结算、保险、加工贸易、国际运输等。《中华人民共和国仲裁法》（以下简称《仲裁法》）规定，平等主体的公民、法人和其他组织之间发生的合同纠纷和其他财产权益纠纷，可以仲裁。但婚姻、收养、监护、扶养、继承纠纷，以及依法应当由行政机关处理的行政争议不能仲裁。

**2. 民事诉讼**

民事诉讼，是指民事争议的当事人向人民法院提出诉讼请求，人民法院在双方当事人和其他诉讼参与人的参加下，依法审理和裁判民事争议的程序和制度。

### 知识点 2：基本原则

**1. 或裁或审原则**

平等主体之间出现经济纠纷时，只能在仲裁或者民事诉讼中选择一种解决方式。

**2. 仲裁协议的排他原则**

有效的仲裁协议可排除人民法院的管辖权，只有在没有仲裁协议或者仲裁协议无效，或者当事人放弃仲裁协议的情况下，人民法院才可以行使管辖权。

## 二、经济仲裁

### 知识点 1：经济仲裁与仲裁协议

**1. 仲裁的适用范围**

**（1）适用《仲裁法》的情形。**平等主体间的合同纠纷和其他财产权益纠纷，与民事诉讼协议管辖的适用范围相同。

**（2）不适用《仲裁法》的情形。**

一是劳动争议，适用《中华人民共和国劳动争议调解仲裁法》。

二是农业集体经济组织内部的农业承包合同纠纷，适用《中华人民共和国农村土地承包经营纠纷调解仲裁法》。

**（3）不能提请仲裁的情形。**

一是涉及人身关系，如婚姻、收养、监护、扶养、继承纠纷。

二是涉及不平等主体，如行政争议。

**2. 仲裁的基本原则**

**（1）自愿。**双方自愿，达成仲裁协议。没有仲裁协议，一方申请仲裁的，仲裁委员会不予受理；有效的仲裁协议可以排除人民法院的管辖权。

**（2）公平合理。**在法律法规不健全的情况下，仲裁庭可根据公平合理的原则作出裁决。

**（3）独立仲裁。**仲裁机构不按行政区划层层设立，不实行级别管辖和地域管辖，由当事人协议选定；仲裁机构独立存在并依法独立进行仲裁活动，不受任何行政机关、社会团体和个人的干涉；仲裁机构与行政机关、司法机关、其他机关包括其他仲裁机构间均无隶属关系。

**（4）一裁终局。**仲裁裁决作出后，当事人就同一纠纷再申请仲裁或向人民法院起诉的，仲裁委员会或者人民法院不予受理。

### 3. 仲裁协议

**（1）仲裁协议的形式。**仲裁协议应以书面形式订立。口头达成仲裁的意思表示无效。仲裁协议可以在纠纷发生前约定，也可以在纠纷发生后协商订立。

**（2）仲裁协议的内容。**

一是请求仲裁的意思表示。

二是仲裁事项。

三是选定的仲裁委员会。

**（3）仲裁协议的效力。**

一是独立性。仲裁协议独立存在，合同的变更、解除、终止或者无效不影响仲裁协议的效力。

二是效力异议。当事人对仲裁协议的效力有异议的，可以请求仲裁委员会作出决定或者请求法院作出裁定；一方请求仲裁委员会作出决定，另一方请求法院作出裁定的，由法院裁定；当事人对仲裁协议的效力有异议，应当在仲裁庭首次开庭前提出。

三是无视协议的存在。当事人达成仲裁协议，一方向法院起诉未声明有仲裁协议，法院受理后，另一方在首次开庭前提交仲裁协议的，法院应当裁定驳回起诉，但仲裁协议无效的除外；另一方在首次开庭前未对法院受理该案提出异议的，视为放弃仲裁协议，法院应当继续审理。

**（4）仲裁协议无效的情形。**

一是约定的仲裁事项超过仲裁范围的（如涉及人身的争议）。

二是无民事行为能力人或者限制民事行为能力人订立的仲裁协议。

三是一方采取胁迫手段，迫使对方订立仲裁协议的。

四是仲裁协议对仲裁事项或仲裁委员会没有约定或者约定不明确的，当事人可以补充协议；达不成补充协议的，仲裁协议无效。

## 知识点 2：仲裁程序

### 1. 仲裁申请和受理

仲裁委员会收到仲裁申请书之日起 5 日内，认为符合受理条件的，应当受理，并通知当事人；认为不符合受理条件的，应当书面通知当事人不予受理，并说明理由。

仲裁委员会受理仲裁申请后，应当在仲裁规则规定的期限内将仲裁规则和仲裁员名册送达申请人，并将仲裁申请书副本和仲裁规则、仲裁员名册送达被申请人。被申请人收到仲裁申请书副本后，应当在仲裁规则规定的期限内向仲裁委员会提交答辩书。被申请人未提交答辩书的，不影响仲裁程序的进行。

**2. 仲裁庭的组成**

仲裁庭可以由三名仲裁员或者一名仲裁员组成。由三名仲裁员组成的，设首席仲裁员。当事人约定由三名仲裁员组成仲裁庭的，应当各自选定或者各自委托仲裁委员会主任指定一名仲裁员，第三名仲裁员由当事人共同选定或者共同委托仲裁委员会主任指定。第三名仲裁员是首席仲裁员。当事人约定由一名仲裁员成立仲裁庭的，应当由当事人共同选定或者共同委托仲裁委员会主任指定仲裁员。

**3. 回避制度**

**（1）回避情形。**仲裁员有下列情况之一的，必须回避，当事人也有权提出回避申请：是本案当事人或者当事人、代理人的近亲属；与本案有利害关系；与本案当事人、代理人有其他关系，可能影响公正仲裁的；私自会见当事人、代理人，或者接受当事人、代理人的请客送礼的。

**（2）回避申请。**当事人提出回避申请，应当说明理由，在首次开庭前提出。回避事由在首次开庭后知道的，可以在最后一次开庭终结前提出。

**（3）回避决定。**仲裁员是否回避，由仲裁委员会主任决定；仲裁委员会主任担任仲裁员时，由仲裁委员会集体决定。

**（4）回避后果。**因回避而重新选定或者指定仲裁员后，当事人可以请求已进行的仲裁程序重新进行，是否准许，由仲裁庭决定；仲裁庭也可以自行决定已进行的仲裁程序是否重新进行。

**4. 仲裁裁决**

**（1）开庭不公开。**

一是开庭。仲裁应当开庭进行。当事人协议不开庭的，仲裁庭可以根据仲裁申请书、答辩书以及其他材料作出裁决。

二是不公开。仲裁不公开进行。当事人协议公开的，可以公开进行，但涉及国家秘密的除外。

三是延期开庭与缺席。当事人有正当理由的，可在仲裁规定的期限内请求延期开庭。申请人经书面通知，无正当理由不到庭或未经仲裁庭许可中途退庭的，可以视为撤回仲裁申请。对于被申请人则可以缺席裁决。

**（2）仲裁的和解与调解。**

一是和解。当事人申请仲裁后，可以自行和解；达成和解协议的，可以请求仲裁庭根据和解协议作出裁决书，也可以撤回仲裁申请；当事人达成和解协议，撤回仲裁申请后又反悔的，可以根据仲裁协议申请仲裁。

二是调解。仲裁庭在作出裁决前，可以先行调解。当事人自愿调解的，仲裁庭应当调解。调解达成协议的，仲裁庭应当制作调解书或者根据协议的结果制作裁决书。调解书与裁决书具有同等法律效力。调解书经双方当事人签收后，即发生法律效力。在调解书签收前当事人反悔的，仲裁庭应当及时作出裁决。调解不成的，仲裁庭应当及时作出裁决。

**（3）裁决。**

一是裁决作出。仲裁员能够形成一致意见，按一致意见作出裁决；仲裁员不能形成一致意见，裁决应按多数仲裁员的意见作出，少数仲裁员的不同意见可以记入笔录；仲裁庭不能形成多数意见时，裁决应当按首席仲裁员的意见作出。

二是裁决生效。裁决书自作出之日起发生效力。

三是裁决执行。仲裁裁决作出后，当事人应当履行裁决。一方当事人不履行的，另一方当事人可以按照《中华人民共和国民事诉讼法》（以下简称《民事诉讼法》）的有关规定向人民法院申请执行。

**（4）裁决撤销。**当事人提出证据证明裁决有依法应撤销情形的，当事人可在收到裁决书之日起6个月内，向仲裁委员会所在地的中级人民法院申请撤销裁决。人民法院应当组成合议庭审查。仲裁裁决的法定撤销情形有：没有仲裁协议的；裁决的事项不属于仲裁协议的范围或者仲裁委员会无权仲裁的；仲裁庭的组成或者仲裁的程序违反法定程序的；裁决所依据的证据是伪造的；对方当事人隐瞒了足以影响公正裁决的证据的；仲裁员在仲裁该案时有索贿受贿、徇私舞弊、枉法裁决行为的。

**（5）仲裁结果争议及处理方式。**

一是对仲裁协议的效力有异议。当事人可以请求仲裁委员会作出决定或者请求人民法院作出裁定。一方请求仲裁委员会作出决定，另一方请求人民法院作出裁定的，由人民法院裁定。

二是仲裁裁决作出后不服。仲裁实行一裁终局，不能再向仲裁委员会或人民法院申请。

三是提出证据证明仲裁裁决有应撤销情形。当事人可以向仲裁委员会所在地的中级人民法院提出申请。

四是裁决被当事人法院裁定撤销或不予执行。当事人可以向仲裁委员会或人民法院提出申请。

五是一方当事人不履行。当事人可以向人民法院申请执行。

## 三、民事诉讼

### 知识点1：民事诉讼适用范围和审判制度

#### 1. 民事诉讼适用范围

平等主体之间因财产关系和人身关系发生纠纷，可以提起民事诉讼。具体而言，有如下几类：

**（1）民事案件。**

一是由物权、债权、知识产权、人身权关系引起的诉讼，如房屋产权争议案件、合同纠纷案件、侵犯著作权案件、侵犯名誉权案件等。

二是由婚姻家庭、继承关系、收养关系引起的诉讼，如离婚案件、追索扶养费案件、财产继承案件、解除收养关系案件等。

三是经济关系中属于民事性质的诉讼，如因污染引起的侵权案件、因不正当竞争行为引起的损害赔偿案件。

**（2）商事案件。**这是指商事关系诉讼，如票据案件、股东权益纠纷案件、保险合同纠纷案件、海商案件等。

**（3）劳动争议案件。**这是指社会关系争议，如劳动合同纠纷案件等。

**（4）非讼案件。**这是指适用特别程序、督促程序、公示催告程序审理的案件，如选民资格案件、宣告失踪或宣告死亡案件、认定公民无民事行为能力或限制行为能力案件等。

**2. 审判制度**

**（1）两审终审制度。**

一是一般情况，即一个诉讼案件经过两级人民法院审判后即终结。我国人民法院分为四级，包括最高人民法院、高级人民法院、中级人民法院、基层人民法院。第二审人民法院的判决、裁定，是终审的判决、裁定。对终审的判决、裁定，当事人不得上诉。如果发现终审判决确有错误，可以通过审判监督程序（再审程序）予以纠正。

二是特殊情况——一审终审。适用特别程序、督促程序、公示催告程序和简易程序中的小额诉讼程序审理的案件；最高人民法院所作的一审判决、裁定。

**（2）合议制度。**由 3 名以上审判人员组成审判组织。

**（3）回避制度。**对可能影响对案件公正审理的人员实行回避制度，如法官助理、书记员、司法技术人员、翻译人员、鉴定人、勘验人（当事人请求上述人员回避可以书面提出也可以口头提出）。但证人不适用回避制度。

**（4）公开审判制度。**公开审理案件，应当在开庭前公告当事人姓名、案由和开庭的时间、地点，以便群众旁听。公开审判制度如表 1-9 所示。

**表 1-9　公开审判制度**

| 分类 | 审判过程 | | 审判结果 |
| --- | --- | --- | --- |
| 一般情况 | 人民法院审理民事或行政案件应当公开进行 | | 一律公开宣告判决 |
| 特殊情况 | 依法不公开 | 涉及国家机密、个人隐私、法律另有规定 | |
| | 依当事人申请不公开 | 离婚案件、涉及商业秘密 | |

## 知识点 2：民事诉讼管辖

**1. 级别管辖**

**（1）基层人民法院。**基层人民法院是指县级、不设区的市级、市辖区的法院。基层人民法院管辖第一审民事案件，法律另有规定的除外。除了法律规定由中级人民法院、高级人民法院、最高人民法院管辖的第一审民事案件外，其余一切民事案件都由基层人民法院管辖。

**（2）中级人民法院。**中级人民法院管辖下列第一审民事案件：重大涉外案件（包括涉港、澳、台地区的案件）；在本辖区有重大影响的案件，所谓在本辖区有重大影响的案件一般是指在政治上或经济上有重大影响的案件；最高人民法院确定由中级人民法院管辖的案件。

**（3）高级人民法院。**高级人民法院管辖在本辖区内有重大影响的第一审民事案件。

**（4）最高人民法院。**最高人民法院管辖在全国有重大影响的案件以及认为应当由本院审理的案件。所谓在全国有重大影响的案件是指在全国范围内案件性质比较严重、案情特别复杂、影响重大的案件，这类案件为数极少。由最高人民法院作为第一审管辖的民事案件实行一审终审，不能上诉。

**2. 地域管辖**

**（1）一般地域管辖——普通管辖。**这是指按照当事人所在地与法院辖区的隶属关系来确定案件管辖法院。

一般情况——原告就被告原则。由被告住所地人民法院管辖。被告住所地指其户籍所在地，如果被告住所地与经常居住地不一致的，由经常居住地人民法院管辖。

特殊情况——被告就原告原则。由原告住所地人民法院管辖：对不在中华人民共和国领域内居住的人提起的有关身份关系的民事诉讼；对下落不明或者宣告失踪的人提起的有关身份关系的民事诉讼；对被采取强制性教育措施的人提起的民事诉讼；对被监禁的人提起的民事诉讼。

**（2）特殊地域管辖——特别管辖。**这是指以诉讼标的所在地、法律事实所在地为标准确定管辖法院（见表 1–10）。特别管辖不排除一般管辖。

**表 1–10 管辖法院**

| 纠纷 | 管辖法院 | |
| --- | --- | --- |
| 合同纠纷 | 合同履行地 | |
| 保险合同纠纷 | 保险标的物所在地 | |
| 运输合同纠纷 | 运输始发地、目的地 | |
| 票据纠纷 | 票据支付地 | |
| 侵权行为 | 侵权行为地 | 侵权行为实施地 |

续表

<table>
<tr><th>纠纷</th><th colspan="2">管辖法院</th></tr>
<tr><td rowspan="2">侵权行为</td><td rowspan="2">侵权行为地</td><td>侵权结果发生地</td></tr>
<tr><td>信息网络侵权行为实施地包括实施被诉侵权行为的计算机设备所在地，侵权结果地包括被侵权人住所地；因产品、服务质量不合格造成他人财产、人身损害提起的诉讼，产品制造地、产品销售地、服务提供地、侵权行为地和被告住所地人民法院均有管辖权</td></tr>
<tr><td>交通事故请求损害赔偿</td><td colspan="2">事故发生地或者车辆、船舶最先到达地、航空器最先降落地</td></tr>
<tr><td>公司设立、确认股东资格、分配利润、解散等纠纷</td><td colspan="2">公司住所地</td></tr>
</table>

### 3. 专属管辖

法律规定某些案件必须由特定的人民法院管辖，当事人不能以协议的方式加以变更。因不动产纠纷提起的诉讼，由不动产所在地人民法院管辖；因港口作业中发生纠纷提起的诉讼，由港口所在地人民法院管辖；因继承遗产纠纷提起的诉讼，由被继承人死亡时住所地或者主要遗产所在地人民法院管辖。

### 4. 协议管辖

**（1）可协议管辖的纠纷类型。**合同或者其他财产权益纠纷。

**（2）可协议管辖的管辖法院。**被告住所地、合同履行地、合同签订地、原告住所地、标的物所在地等与争议有实际联系的地点。协议管辖排除普通管辖和特别管辖，以协议约定为准，但不得违反《民事诉讼法》对级别管辖和专属管辖的规定。

### 5. 共同管辖

两个以上人民法院都有管辖权的诉讼，原告可以向其中一个人民法院起诉；原告向两个以上有管辖权的人民法院起诉的，由最先立案的人民法院管辖。

## 知识点 3：诉讼时效

### 1. 诉讼时效的概念

诉讼时效，是指民事权利受到侵害的权利人在法定的时效期间内不行使权利，当时效期间届满时，债务人获得诉讼时效抗辩权的制度。诉讼时效期间届满，权利人丧失胜诉权，义务人可以提出不履行义务的抗辩。诉讼时效期间届满后，义务人同意履行的，不得以诉讼时效期间届满为由抗辩；义务人已自愿履行的，不得请求返还。诉讼时效的期间、计算方法以及中止、中断的事由由法律规定，当事人约定无效。人民法院不得主动适用诉讼时效的规定。

#### 2. 诉讼时效的适用范围

**（1）适用情形**。一般请求权。

**（2）不适用情形**。请求停止侵害、排除妨碍、消除危险；不动产物权和登记的动产物权的权利人请求返还财产；请求支付抚养费、赡养费或者扶养费。

#### 3. 诉讼时效期间的具体规定

**（1）普通诉讼时效期间**。自权利人知道或者应当知道权利受到损害以及义务人之日起计算，一般为 3 年。法律另有规定的，依照其规定。

**（2）最长诉讼时效期间**。自权利受到损害之日起 20 年。

#### 4. 诉讼时效期间中止和中断

**（1）中止**。在诉讼时效期间的最后 6 个月内，因法定障碍致使权利人不能行使请求权的，诉讼时效中止。

一是关于法定障碍——客观原因。客观原因包括：不可抗力；无民事行为能力人或者限制民事行为能力人没有法定代理人，或者法定代理人死亡、丧失民事行为能力、丧失代理权；继承开始后未确定继承人或遗产管理人；权利人被义务人或者其他人控制；其他导致权利人不能行使请求权的障碍。

二是关于最后 6 个月。在诉讼时效期间的最后 6 个月以前发生上述事由，到最后 6 个月时法定事由已消除的，则不能发生诉讼时效中止。该事由到最后 6 个月开始时仍然存在，则应从最后 6 个月开始时中止诉讼时效，直到该障碍消除。

三是中止的法律后果。诉讼时效期间“暂停计算”。自中止时效的原因消除之日起满 6 个月，诉讼时效期间届满。

**（2）中断**。在诉讼时效期间，因下列情形出现，导致诉讼时效期间中断。

一是导致诉讼时效中断的情形——主观原因。主观原因包括：权利人向义务人提出履行请求；义务人同意履行义务；权利人提起诉讼或者申请仲裁；与提起诉讼或者申请仲裁有同等效力的其他情形。

二是中断的法律后果。已经经过的时效期间全部归于无效（归零）。从中断、有关程序终结时起，诉讼时效期间重新计算（重启）。

### 知识点 4：调解、判决和执行

#### 1. 调解

调解书经双方当事人签收后，即具有法律效力。关于是否可以进行调解，分为如下几类：

**（1）可以调解**。人民法院审理民事案件，根据当事人自愿的原则进行调解。当事人一方或者双方坚持不愿调解的，应当及时裁判。

**（2）必须调解**。人民法院审理离婚案件，应当进行调解，但不应久调不决。

**（3）不得调解**。以下案件不得调解：适用特别程序、督促程序、公示催告程序的案件；婚姻等身份关系确认案件。

**2. 判决**

**（1）一审上诉期。**当事人不服地方人民法院第一审判决的，有权在判决书送达之日起15 日内向上一级人民法院提起上诉。

**（2）生效的判决。**生效的判决包括：最高人民法院的一审判决；依法不准上诉或者超过上诉期没有上诉的一审判决；第二审法院的判决，是终审判决；生效判决不得上诉，如确有错误的，可以通过审判监督程序（再审程序）予以纠正。

**3. 执行和强制执行**

**（1）执行。**发生法律效力的民事判决、裁定、调解书和其他应当由人民法院执行的法律文书，当事人必须履行。

**（2）强制执行。**强制执行的法律程序如表 1–11 所示。

**表 1–11　强制执行的法律程序**

| 法律文件 | 申请人 | 执行机构 |
| --- | --- | --- |
| 判决、裁定 | 对方当事人向法院申请 | 第一审法院；<br>被执行的财产所在地法院 |
| | 由审判员移送执行员执行 | |
| 调解书和其他应当由人民法院执行的法律文书 | 对方当事人向法院申请 | 被执行人住所地法院；<br>被执行的财产所在地法院 |

## *第三节　不平等主体经济纠纷的解决途径

### 一、解决途径与基本原则

#### 知识点 1：解决途径

**1. 行政复议**

行政复议，是指行政相对人认为行政主体的具体行政行为侵犯其合法权益，依法向行政复议机关提出复查该具体行政行为的申请，行政复议机关依照法定程序对被申请的具体行政行为进行合法性、适当性审查，并作出行政复议决定的一种法律制度。

行政复议作为行政管理相对人行使救济权的一项重要法律制度，目的是纠正行政主体作出的违法或者不当的具体行政行为，以保护行政管理相对人的合法权益。

**2. 行政诉讼**

行政诉讼是解决行政争议的一项重要法律制度，是指公民、法人或其他组织认为国家行政机关及工作人员的具体行政行为侵犯其合法权益时，依法向人民法院提起诉讼，并由人民法院对具体行政行为是否合法进行审查并作出裁判的活动和制度。

### 知识点 2：基本原则

**1. 两者程序不一致**

行政复议是在行政系统内部由行政机关自行消除违法或者不当行政行为的行政活动；行政诉讼是在人民法院主持下的司法诉讼活动。行政复议适用行政程序，由《中华人民共和国行政复议法》（以下简称《行政复议法》）规定；行政诉讼则适用由《中华人民共和国行政诉讼法》（以下简称《行政诉讼法》）规定的行政诉讼程序，是司法程序。

**2. 行政复议非终局裁决**

行政复议是行政相对人的合法权益的有力的法制保障，既可以使其免受不法行为的侵害，并使受到侵害的权益得到恢复，又可以维护行政管理活动的严肃性和权威性，保障行政活动顺畅进行，提高行政效率。

行政复议决定本身属于行政机关的具体行政行为，因此，除法律特别规定的以外，它也不能成为最终的裁决，还要以行政诉讼制度作为最后的救济渠道。《行政诉讼法》规定当事人对行政复议决定不服的，可以提起行政诉讼。

## 二、行政复议

### 知识点 1：行政复议当事人、范围

**1. 行政复议当事人**

**（1）行政复议申请人**。这是指行政行为影响并提出复议的主体。

**（2）行政复议被申请人**。这是指作出具体行政行为的机关。

**（3）行政复议机关**。这是指被申请人的上级机关，是行政复议的主管机关，负责审理和裁决申请人提出的行政复议请求。

**（4）行政复议其他机关**。这是指在行政复议程序中有权参与、协助或者提供法律意见的机关，除了作出具体行政行为的机关及其上级机关。

**2. 行政复议范围**

**（1）可以申请行政复议事项**。当事人认为行政机关的具体行政行为侵犯其合法权益，符合《行政复议法》规定范围的，可以申请行政复议。

对行政机关的抽象行政行为不能申请行政复议，但当事人认为行政机关的具体行政行为所依据的规定不合法，在对具体行政行为申请行政复议时，可以一并向行政复议机关提出对该规定的审查申请。

可以一并申请附带审查的仅限于各种规定，不包括国务院部委和地方人民政府规章。

**（2）行政复议排除事项**。这包括：不服行政机关作出的行政处分或者其他人事处理决定；不服行政机关对民事纠纷作出的调解或者其他处理。

**3. 税务行政复议必经复议**

**（1）对征税行为不服。**扣缴义务人及纳税担保人对税务机关作出的征税行为不服的，应当先向复议机关申请行政复议，对行政复议决定不服，可以再向人民法院提起行政诉讼。

申请人按规定申请行政复议的，必须先缴纳或者解缴税款及滞纳金，或者提供相应的担保。

申请人对税务机关作出的逾期不缴纳罚款加处罚款的决定不服的，应当先缴纳罚款和加处罚款，再申请行政复议。

**（2）对罚款决定不服。**对罚款决定不服，可以直接申请行政复议（无须先缴纳罚款，也无须提供纳税担保）；而仅仅对加处罚款不服，申请行政复议的，需要先缴纳罚款和加处罚款。

## 知识点2：行政复议申请与受理

**1. 行政复议申请**

**（1）申请时间。**公民、法人或者其他组织认为行政行为侵犯其合法权益的，可以自知道或者应当知道该行政行为之日起60日内提出行政复议申请；但是法律规定的申请期限超过60日的除外。因不可抗力或者其他正当理由耽误法定申请期限的，申请期限自障碍消除之日起继续计算。申请人在申请行政复议时可同时申请赔偿。

**（2）申请方式。**申请人申请行政复议，可以书面申请；书面申请有困难的，也可以口头申请。书面申请的，可以通过邮寄或者行政复议机关指定的互联网渠道等方式提交行政复议申请书，也可以当面提交行政复议申请书。

**（3）不得申请行政复议。**公民、法人或者其他组织向人民法院提起行政诉讼，人民法院已经依法受理的，不得申请行政复议。

**2. 行政复议受理**

**（1）受理程序。**行政复议机关收到行政复议申请后，应当在5日内进行审查决定是否受理。行政复议机关决定不予受理或者受理以后超过行政复议期限不作答复的，申请人可以自收到不予受理决定书之日起或行政复议期限届满之日起15日内，依法向人民法院提起行政诉讼。行政复议机关受理行政复议申请，不得向申请人收取任何费用。

**（2）行政行为停止情形。**行政复议期间具体行政行为不停止执行，但有下列情形之一的，可以停止执行：被申请人认为需要停止执行的；行政复议机关认为需要停止执行的；申请人申请停止执行，行政复议机关认为其要求合理，决定停止执行的；法律规定停止执行的。

**3. 行政复议申请撤回**

申请人在行政复议决定作出前撤回行政复议申请的，经行政复议机构同意，可以撤回。申请人撤回行政复议申请的，不得再以同一事实和理由提出行政复议申请。但是，申请人能够证明撤回行政复议申请违背其真实意思表示的除外。行政复议期间被申请人改变原具体行政行为的，不影响行政复议案件的审理。但是，申请人依法撤回行政复议申请的除外。

## 知识点3：行政复议参加人和行政复议管辖机关

### 1. 行政复议参加人

行政复议参加人包括申请人、被申请人和第三人。行政复议参加人不包括行政复议机关。

### 2. 行政复议管辖机关

一是县级以上地方各级人民政府管辖下列行政复议案件：对本级人民政府工作部门作出的行政行为不服的；对下一级人民政府作出的行政行为不服的；对本级人民政府依法设立的派出机关作出的行政行为不服的；对本级人民政府或者其工作部门管理的法律、法规、规章授权的组织作出的行政行为不服的。

除前款规定外，省、自治区、直辖市人民政府同时管辖对本机关作出的行政行为不服的行政复议案件。省、自治区人民政府依法设立的派出机关参照设区的市级人民政府的职责权限，管辖相关行政复议案件。对县级以上地方各级人民政府工作部门依法设立的派出机构依照法律、法规、规章规定，以派出机构的名义作出的行政行为不服的行政复议案件，由本级人民政府管辖；其中，对直辖市、设区的市人民政府工作部门按照行政区划设立的派出机构作出的行政行为不服的，也可以由其所在地的人民政府管辖。

二是国务院部门管辖下列行政复议案件：对本部门作出的行政行为不服的；对本部门依法设立的派出机构依照法律、行政法规、部门规章规定，以派出机构的名义作出的行政行为不服的；对本部门管理的法律、行政法规、部门规章授权的组织作出的行政行为不服的。

三是对海关、金融、外汇管理等实行垂直领导的行政机关、税务和国家安全机关的行政行为不服的，向上一级主管部门申请行政复议。

四是对履行行政复议机构职责的地方人民政府司法行政部门的行政行为不服的，可以向本级人民政府申请行政复议，也可以向上一级司法行政部门申请行政复议。

### 3. 税务行政复议管辖的特殊规定

对国家税务总局的具体行政行为不服的，向国家税务总局申请行政复议。对行政复议决定不服，申请人可以向人民法院提起行政诉讼，也可以向国务院申请裁决。申请人向具体行政行为发生地的县级地方人民政府提交行政复议申请的，由接受申请的县级地方人民政府依法予以转送。税务行政复议管辖的特殊规定如表1–12所示。

**表1–12 税务行政复议管辖的特殊规定**

| 作出具体行政行为的税务机关 | 税务行政复议机关 |
|---|---|
| 计划单列市税务局 | 国家税务总局 |
| 税务所（分局）、各级税务局的稽查局 | 所属税务局 |
| 两个以上税务机关共同作出 | 共同上一级税务机关 |

续表

| 作出具体行政行为的税务机关 | | 税务行政复议机关 |
|---|---|---|
| 税务机关与其他行政机关共同作出 | | 共同上一级行政机关 |
| 被撤销的税务机关在撤销以前所作出 | | 继续行使其职权的税务机关的上一级税务机关 |
| 税务机关作出逾期不缴纳罚款加处罚款 | 对加处罚款不服 | 作出行政处罚决定的税务机关 |
| | 对已处罚款和加处罚款都不服 | 作出行政处罚决定的税务机关的上一级税务机关 |

## 知识点 4：行政复议审查及决定

### 1. 行政复议审查

**（1）审查方式。**行政复议原则上采取书面审查方法。

**（2）听证。**对重大、疑难、复杂的行政复议案件，申请人请求听证或者行政复议机构认为有必要听证，行政复议机构应当组织听证。听证应当公开举行，但是涉及国家秘密、商业秘密或者个人隐私的除外。行政复议听证人员不得少于 2 人，听证主持人由行政复议机构指定。

**（3）审查工作。**审查工作由 2 名以上行政复议工作人员参加。行政复议机关审查被申请人的具体行政行为时，认为其依据不合法，本机关有权处理的，应当在 30 日内依法处理；无权处理的，应当在 7 个工作日内按照法定程序逐级转送有权处理的国家机关依法处理。处理期间，中止对具体行政行为的审查。

**（4）举证责任。**行政复议的举证责任，由被申请人承担。

**（5）答复时间。**适用普通程序审理的行政复议案件，行政复议机关应当自受理申请之日起 60 日内作出行政复议决定；但是法律规定的行政复议期限少于 60 日的除外。情况复杂，不能在规定期限内作出行政复议决定的，经行政复议机关的负责人批准，可以适当延长，并书面告知当事人；但是延长期限最多不得超过 30 日。

### 2. 行政复议决定

**（1）行政复议决定的种类。**

一是变更。对内容不适当、未正确适用依据等行政行为，行政复议机关有权作出变更决定。

二是撤销。对主要事实不清、证据不足，违反法定程序，适用依据不合法，超越职权或滥用职权的行政行为，行政复议机关有权撤销或部分撤销，并可责令被申请人在一定期限内重新作出行政行为。

三是确认违法。对程序轻微违法但对申请人权利不产生实际影响、不具有可撤销内容等行政行为，行政复议机关有权确认其违法。

四是确认无效。存在实施主体不具有行政主体资格或者没有依据等重大且明显违法情形，申请人申请确认行政行为无效的，行政复议机关有权确认无效。

五是决定履行。被申请人不履行法定职责的，行政复议机关可以决定其在一定期限内履行。

六是驳回复议申请。受理行政复议申请后，发现该行政复议申请不符合法律规定的，行政复议机关应当驳回申请并说明理由。

七是驳回复议请求。受理认为被申请人不履行法定职责的行政复议申请后，发现被申请人无相应职责或者在受理前已履职的，行政复议机关应当驳回请求。

八是维持。行政行为认定事实清楚、证据确凿，适用依据正确、程序合法、内容适当的，行政复议机关应当维持原决定。

**（2）行政复议决定的生效。**行政复议决定书一经送达即发生法律效力。

## 三、行政诉讼

### 知识点 1：行政诉讼适用范围

**1. 法院受理的行政诉讼**

法院受理公民、法人和其他组织对某些具体行政行为不服提起的行政诉讼。

**2. 法院不受理的行政诉讼**

国防、外交等国家行为；行政法规、规章或者行政机关制定、发布的具有普遍约束力的决定、命令；行政机关对行政机关工作人员的奖惩、任免等决定；法律规定由行政机关最终裁决的具体行政行为。

### 知识点 2：行政诉讼管辖

**1. 级别管辖**

**（1）基层人民法院。**其适用于一般行政案件。

**（2）中级人民法院。**其适用于对国务院各部门或者县级以上地方人民政府所作的具体行政行为提起诉讼的案件；海关处理的案件；本辖区内重大、复杂的案件。

**2. 地域管辖**

**（1）普通管辖。**行政案件由最初作出具体行政行为的行政机关所在地人民法院管辖；经行政复议的案件，也可以由复议机关所在地人民法院管辖。

**（2）跨区管辖。**经最高人民法院批准，高级人民法院可以根据审判工作的实际情况，确定若干人民法院跨行政区域管辖行政案件。

**（3）专属管辖。**因不动产提起的行政诉讼，由不动产所在地人民法院管辖；对限制人身自由的行政强制措施不服提起的行政诉讼案件，由被告所在地或者原告所在地人民法院管辖。

## 知识点 3：行政诉讼程序

**1. 起诉和受理**

**（1）必经复议的情况。**复议机关决定不予受理或受理后超过复议期限不作答复，申请人可以自收到不予受理决定书之日起或者行政复议期满之日起 15 日内起诉。

**（2）选择复议的情况。**公民、法人或其他组织直接向人民法院提起诉讼的，应当自知道或者应当知道作出行政行为之日起 6 个月内提出。

**（3）行政机关不作为的情况。**公民、法人或其他组织申请行政机关履行保护其人身权、财产权等合法权益的法定职责，行政机关在接到申请之日起 2 个月内不履行的，可以起诉（紧急情况下不受该期限限制）。

**（4）行政诉讼时效期间。**因不动产提起诉讼的案件自行政行为作出之日起超过 20 年，其他案件自行政行为作出之日起超过 5 年提起诉讼的，人民法院不予受理。

**（5）起诉形式。**起诉应当向人民法院递交起诉状，并按照被告人数提出副本。书写起诉状确有困难的，可以口头起诉。

**（6）法院受理。**人民法院在接到起诉状时对符合《中华人民共和国行政诉讼法》规定的起诉条件的，应当登记立案。对当场不能判定是否符合规定的起诉条件的，应当接收起诉状，出具注明收到日期的书面凭证，并在 7 日内决定是否立案。不符合起诉条件的，作出不予立案的裁定。裁定书应当载明不予立案的理由。原告对裁定不服的，可以提起上诉。

**2. 审理和判决**

**（1）公开。**涉及国家秘密、个人隐私和法律另有规定的除外。涉及商业秘密的案件，当事人申请不公开审理的，可以不公开审理。

**（2）合议庭制。**

**（3）回避制度。**

**（4）调解。**一般行政案件不适用调解。适用于调解的案例包括：行政赔偿、补偿；行政机关行使法律、法规规定的自由裁量权的案件。

**（5）审理依据。**

可作为审理依据的有法律和行政法规、当地的地方性法规。

可作为审理参照的有其他规章。

**（6）上诉期。**

第一审判决——判决书送达之日起 15 日内。

第一审裁定——裁定书送达之日起 10 日内。

## 案例分析

**情景描述：**浩宇科技是一家初创公司，计划与一位投资者签订一份投资协议。投资者是一位17岁的高中生，热衷于科技创业。合同条款包括投资额、收益分配和退出机制。在签订协议前，浩宇科技发现投资者尚未成年。

**法律分析：**投资者的权利能力——分析未成年投资者的法律主体权利能力；投资者的行为能力——考虑未成年人的民事行为能力和合同的有效性；合同的法律后果——评估合同在投资者未成年的情况下的法律效力。

**此案例主要考查以下方面：**学生对于法律主体权利能力与行为能力的理解，并将其应用于实际法律场景中。通过本案例分析，学生能够更好地理解和分析法律关系中的关键要素。

## 本章小结

本章探讨了法的本质、特征，以及法在经济中的应用，通过介绍法律概念、法律关系三要素、法律事实等基础知识，为学生构建了一个全面的法律知识框架。同时，本章通过分析民事、行政、刑事责任等，强调了法律在规范经济活动中的关键作用。此外，本章还融入了国家法治建设的最新成就。“党的二十大精神与法律总论”专栏引导学生正确理解和把握法治国家、法治政府、法治社会的构建原则。通过本章的学习，学生不仅能够掌握法律基础知识，而且能深入理解法治精神在现代社会中的重要性。

## 课证融通

### 一、单选题

1.［2022年真题］张某从赵某开设的网店购买一件手工玩具，因对玩具质量不满意，委托朋友孙某处理退货或退款事宜。孙某与赵某协商达成协议，张某不退货，赵某退还货款100元。随后，赵某依约将100元退还张某。关于该事件的下列表述中，不正确的是（　　）。

A. 孙某受张某委托与赵某达成协议的行为是代理行为

B. 张某委托朋友孙某处理该事件是积极行为

C. 赵某退还给张某100元货款的行为是自主行为

D. 张某购买赵某手工玩具的行为是单方行为

2.［2023年真题］下列法律责任形式中，属于民事责任的是（　　）。

A. 没收财产　　　　B. 吊销许可证件

C. 罚款　　D. 支付违约金

3.［2023 年真题］根据民事法律制度的规定，下列组织中，属于非营利法人的是（　　）。

A. 基金会　　B. 全民所有制企业

C. 个人独资企业　　D. 有限责任公司

4.［2021 年真题］下列法律事实中，属于法律事件的是（　　）。

A. 核酸检测　　B. 捐赠口罩

C. 出口疫苗　　D. 暴发疫情

5.［2021 年真题］下列规范文件中，属于行政法规的是（　　）。

A.《中华人民共和国票据法》　　B.《企业财务会计报告条例》

C.《中华人民共和国香港特别行政区基本法》　D.《企业会计准则——基本准则》

6.［2020 年真题］甲公司因生产的奶制品所含食品添加剂严重超标，被市场监督管理局责令停产停业。甲公司承担的该项法律责任属于（　　）。

A. 刑事责任　　B. 行政处分

C. 民事责任　　D. 行政处罚

7.［2021 年真题］下列属于行政处罚的是（　　）。

A. 没收违法所得　　B. 记过

C. 管制　　D. 返还财产

8.［2021 年真题］下列法律事实中，属于法律事件的是（　　）。

A. 病毒变异　　B. 防疫打卡

C. 检测体温　　D. 研发疫苗

## 二、多选题

1.［2021 年真题］下列关于法的本质与特征的表述中，正确的有（　　）。

A. 法是确定人们在社会关系中的权利和义务的行为规范

B. 法是全体社会成员共同意志的体现

C. 法由统治阶级的物质生活条件所决定

D. 法是由国家制定或认可的规范

2.［2023 年真题］根据民事法律制度的规定，下列关于自然人民事行为能力的表述中，正确的有（　　）。

A. 不能辨认自己行为的成年人为无民事行为能力人

B. 自然人的民事行为能力与民事权利能力同时产生

C. 16 周岁以上的未成年人，以自己的劳动收入为主要生活来源的，视为完全民事行为能力人

D. 限制民事行为能力人可以独立实施纯获利益的民事法律行为

3.［2019 年真题］下列选项中，可以作为法律关系主体的有（　　）。

A. 个人独资企业　　B. 股份有限公司

C. 自然人　　D. 个体工商户

4.［2018 年真题］下列各项中，属于法律关系客体的有（　　）。

A. 有价证券　　B. 库存商品

C. 提供劳务行为　　D. 智力成果

5.［2019 年真题］下列自然人中，属于限制民事行为能力人的有（　　）。

A. 范某，20 周岁，有精神障碍，不能辨认自己的行为

B. 孙某，7 周岁，不能辨认自己的行为

C. 周某，15 周岁，系体操队专业运动员

D. 杨某，13 周岁，系大学少年班在校学生

6.［2018 年真题］下列各项中，能够成为法律关系主体的有（　　）。

A. 甲市财政局　　B. 大学生张某

C. 乙农民专业合作社　　D. 智能机器人阿尔法

7.［2020 年真题］下列各项中，属于法的特征的有（　　）。

A. 行为规范性　　B. 国家意志性

C. 国家强制性　　D. 普遍约束性

## 三、判断题

1.［2021 年真题］拾得遗失物属于法律事件。（　　）

2.［2019 年真题］地方性法规的效力高于行政法规的效力。（　　）

3.［2021 年真题］管制是对犯罪分子实行关押的刑罚方法。（　　）

4.［2021 年真题］附加刑不得独立适用。（　　）

5.［2021 年真题］中国人民银行发布的《支付结算办法》属于行政法规。（　　）

6.［2020 年真题］国务院发布的《企业财务会计报告条例》属于行政法规。（　　）

7.［2019 年真题］行政法规的制定主体是国家最高行政机关即国务院。（　　）

8.［2018 年真题］国务院制定和发布的规范性文件都是法律。（　　）

# 第二章　会计法律制度

## 学习目标

### ◆ 知识目标

掌握会计法律制度的概念、主要体系、会计关系及会计工作管理体制
掌握会计核算基本要求
掌握会计凭证、会计账簿、财务会计报告、财务核对、财产清查具体内容和处理程序
掌握会计档案管理规定
掌握会计监督、会计机构和代理记账相关规定
掌握会计岗位、人员和工作交接规定和程序
熟悉会计职业道德
熟悉违反会计法律制度的法律责任

### ◆ 能力目标

能根据会计法律制度相关规定处理实际会计业务
能识别不同会计业务所遵循的法律制度要求
能明确不同会计监督部门所具有的监督职责

### ◆ 素质目标

内化会计职业道德，建立其与社会主义核心价值观直接的理性连接
强化自身对会计法律责任的理解，遵守法律对会计人员的工作要求

## 专栏 2：党的二十大精神与会计法律制度

### 关于进一步加强财会监督工作的意见（节选）

（一）指导思想。以习近平新时代中国特色社会主义思想为指导，深入贯彻党的二十大精神，完整、准确、全面贯彻新发展理念，加快构建新发展格局，着力推动高质量发展，更好统筹发展和安全，坚持以完善党和国家监督体系为出发点，以党内监督为主导，突出政治属性，严肃财经纪律，健全财会监督体系，完善工作机制，提升财会监督效能，促进财会监督与其他各类监督贯通协调，推动健全党统一领导、全面覆盖、权威高效的监督体系。

（二）工作要求

——坚持党的领导，发挥政治优势。坚持加强党的全面领导和党中央集中统一领导，把党的领导落实到财会监督全过程各方面，确保党中央、国务院重大决策部署有效贯彻落实。

——坚持依法监督，强化法治思维。按照全面依法治国要求，健全财经领域法律法规和政策制度，加快补齐法治建设短板，依法依规开展监督，严格执法、严肃问责。

——坚持问题导向，分类精准施策。针对重点领域多发、高发、易发问题和突出矛盾，分类别、分阶段精准施策，强化对公权力运行的制约和监督，建立长效机制，提升监督效能。

——坚持协同联动，加强贯通协调。按照统筹协同、分级负责、上下联动的要求，健全财会监督体系，构建高效衔接、运转有序的工作机制，与其他各类监督有机贯通、相互协调，形成全方位、多层次、立体化的财会监督工作格局。

（三）主要目标。到 2025 年，构建起财政部门主责监督、有关部门依责监督、各单位内部监督、相关中介机构执业监督、行业协会自律监督的财会监督体系；基本建立起各类监督主体横向协同，中央与地方纵向联动，财会监督与其他各类监督贯通协调的工作机制；财会监督法律制度更加健全，信息化水平明显提高，监督队伍素质不断提升，在规范财政财务管理、提高会计信息质量、维护财经纪律和市场经济秩序等方面发挥重要保障作用。

# 第一节 会计法律制度概述与会计核算基本要求

## 一、会计法律制度概述

微课：会计法律制度概述与会计核算基本要求

### 知识点1：会计法律制度的概念、主要体系、会计关系

**1. 会计法律制度的概念**

会计法律制度是指国家权力机关和行政机关制定的关于会计工作的法律、法规、规章和规范性文件的总称。

**2. 会计法律制度主要体系**

会计法律制度主要体系如表2-1所示。

**表2-1 会计法律制度主要体系**

| 会计法律制度 | 制定机关 | 法律文件 |
|---|---|---|
| 法律 | 全国人大常委会 | 《中华人民共和国会计法》 |
| 行政法规 | 国务院 | 《总会计师条例》《企业财务会计报告条例》 |
| 部门规章 | 财政部 | 《代理记账管理办法》《企业内部控制基本规范》《会计基础工作规范》《企业会计准则——基本准则》及其解释 |
| | 财政部与国家档案局 | 《会计档案管理办法》 |

国家机关、社会团体、公司、企业、事业单位和其他组织办理会计事务必须依照《中华人民共和国会计法》（以下简称《会计法》）规定。

**3. 会计关系**

**（1）会计关系的内容。**会计关系的内容包括：会计机构和会计人员从事会计业务处理中的经济关系；国家在管理会计工作中发生的经济关系。

**（2）会计关系的主体与客体。**

主体：会计机构和会计人员。

客体：与会计工作相关的具体事务。

### 知识点2：会计制度与会计工作管理体制

**1. 会计制度**

我国施行国家统一的会计制度。国家统一的会计制度，是指国务院财政部门根据《会计法》制定的关于会计核算、会计监督、会计机构、会计人员以及会计工作管理的制度。

**2. 会计工作管理体制**

**（1）会计工作的主管部门。**会计工作的主管部门即代表国家对会计工作行使管理职能的政府部门。我国采用统一领导、分级管理的管理体制。统一领导，是指国务院财政部门

主管全国的会计工作；分级管理，是指县级以上地方各级人民政府财政部门管理本行政区域内的会计工作。

**（2）单位内部的会计工作管理。**

一是单位负责人负责。法人组织由单位法定代表人负责；非法人企业由法律、行政法规规定代表单位行使职权的主要负责人负责。

二是单位负责人负责的内容。单位负责人对本单位的会计工作和会计资料的真实性、完整性负责；应当保证会计机构、会计人员依法履行职责，不得授意、指使、强令会计机构、会计人员违法办理会计事项。

三是单位负责人工作要求。单位负责人是本单位会计行为的责任主体，但不要求单位负责人事必躬亲地办理具体会计事项；单位负责人的责任不能免除办理具体事务的会计人员的责任。

## 二、会计核算基础

### 知识点1：会计核算的概念和相关事项

**1. 会计核算的概念**

会计核算，是指以货币为主要计量单位，运用专门的会计方法，对生产经营活动或预算执行过程及其结果进行连续、系统、全面的记录、计算、分析，定期编制并提供财务会计报告和其他会计资料，为经营决策和宏观经济管理提供依据的一项会计活动。

会计核算是会计工作的基本职能之一，是会计工作的重要环节。

**2. 依法建账**

各单位必须依法建立会计账簿，不得私设会计账簿。各单位有且只能有“一套账”，不能不设置，也不能账外设账，如设置“小金库”、设置内外账。

**3. 根据实际发生的经济业务进行会计核算**

会计核算应当以实际发生的经济业务为依据，如实地反映经济业务、财务状况和经营成果，做到内容真实、数字准确、资料可靠。

**4. 保证会计资料的真实和完整**

**（1）会计资料。**会计资料包括会计凭证、会计账簿、财务会计报告等会计核算专业资料。

**（2）会计资料基本质量要求。**

真实性：会计资料的内容和结果与单位实际发生的经济业务相一致。

完整性：构成会计资料的各项要素都必须齐全，要如实、全面地记录和反映经济业务发生情况。

**（3）区别“伪造”与“变造”会计资料。**

“伪造”会计资料：以虚假的经济业务为前提来编制会计凭证和会计账簿——无中

生有。

“变造”会计资料：用涂改、挖补等手段改变会计凭证和会计账簿的真实内容，以歪曲事实真相——篡改事实。

**（4）具体要求**。任何单位不得以虚假的经济业务事项或者资料进行会计核算。任何单位和个人不得伪造、变造会计凭证、会计账簿及其他会计资料，不得提供虚假的财务会计报告。

**5. 正确采用会计处理方法**

各单位的会计核算应当以实际发生的经济业务为依据，按照规定的会计处理方法进行，保证会计指标的口径一致、相互可比和会计处理方法的前后各期相一致。

**6. 正确使用会计记录文字**

一是一般情况：会计记录的文字应当使用中文。

二是民族自治地方：会计记录可以同时使用当地通用的一种民族文字。

三是中国境内的外商投资企业、外国企业和其他外国组织：会计记录可以同时使用一种外国文字。

**7. 电子计算机会计核算要求**

使用电子计算机进行会计核算的单位，其会计软件、生成的会计资料、会计账簿的登记、更正，应当符合国家统一的会计制度的规定。

### 知识点 2：会计核算基本要求

**1. 核算内容**

各单位发生的下列事项，应当及时办理会计手续，进行会计核算：款项和有价证券的收付；财物的收发、增减和使用；债权债务的发生和结算；资本、基金的增减；收入、支出、费用、成本的计算；财务成果的计算和处理；其他需要办理会计手续、进行会计核算的事项。

**2. 会计年度**

我国的会计年度（公历年度）：自公历 1 月 1 日起至 12 月 31 日止。每一个会计年度还可以按照公历日期具体划分为半年度、季度、月度。

**3. 记账本位币**

记账本位币，是指日常登记账簿和编制财务会计报告用以计量的货币，也就是单位进行会计核算业务时所使用的货币。会计核算以人民币为记账本位币。业务收支以人民币以外的货币为主的单位，可以选定其中一种货币作为记账本位币（日常核算），但是编报的财务会计报告应当折算为人民币。

# 第二节　会计核算具体要求与会计档案管理

## 一、会计核算具体要求

### 知识点1：会计凭证

**1. 会计凭证的概念**

会计凭证，是指具有一定格式、用以记录经济业务事项发生和完成情况，明确经济责任，并作为记账凭证的书面证明，是会计核算的重要会计资料。

**2. 会计凭证的分类**

按其来源和用途，会计凭证可分为原始凭证、记账凭证。

**3. 原始凭证填制的基本要求**

**（1）原始凭证的概念。**原始凭证是经济业务发生时，业务经办人员所取得或填制的凭据，用以证明经济业务的发生或完成，并明确相关的经济责任。

**（2）原始凭证的内容。**这包括：凭证的名称；填制凭证的日期；填制凭证单位名称或填制人姓名；经办人员的签名或者盖章；接受凭证单位名称；经济业务内容；数量、单价和金额。

**（3）取得和开具要求。**取得原始凭证时，须确保外单位提供的凭证带有公章，个人提供的凭证有签名或盖章。自制凭证须由领导或指定人员签字或盖章。对外开具的凭证必须加盖本单位公章，金额的大写和小写必须一致。实物购买须附验收证明，款项支付须有收款证明。

**（4）报销和退款退货处理。**处理报销和退款退货时，一式多联的凭证应明确各联用途，并仅以一联作报销依据。退货需退货发票及验收证明，退款需收款收据或银行凭证，不能仅凭退货发票。

**（5）审核和更正。**会计人员必须根据国家会计制度规定审核原始凭证，对不真实或不合法的凭证不予接受，并报告负责人；对不准确或不完整的凭证应退回要求更正。凭证内容不得涂改，如有错误，应由出具单位重开或更正，并盖章确认。

**（6）保管。**原始凭证应妥善保管。数量众多时可以装订保管。重要凭证如合同、保证金收据及涉外文件应单独编目登记。

**（7）外借。**原始凭证不得外借，其他单位如因特殊原因需要使用原始凭证时，经本单位会计机构负责人、会计主管人员批准，可以复制。向外单位提供的原始凭证复制件，应当在专设的登记簿上登记，并由提供人员和收取人员共同签名或者盖章。

**（8）遗失处理。**若原始凭证遗失，应从开出单位获得带公章的证明，并注明原凭证号码、金额等信息，经会计负责人和领导批准后，方可替代原始凭证。如无法取得证明，当事人须详述情况，经批准后亦可替代。

**（9）记账凭证后附原始凭证的处理。**记账时，除结账或更正错误外，记账凭证必须附上原始凭证，并标明张数。一张原始凭证若涉及多张记账凭证，则附在主要记账凭证后，并在其他记账凭证上注明主记账凭证编号或附上复印件。

**4. 记账凭证填制的基本要求**

**（1）记账凭证的概念。**记账凭证是财会部门根据原始凭证填制，记载经济业务主要内容，确定会计分录，作为记账依据的会计凭证。记账凭证具有分类归纳原始凭证和满足登记会计账簿需要的作用。

**（2）记账凭证的种类。**记账凭证的种类包括收款凭证、付款凭证、转账凭证，亦可使用通用记账凭证。

**（3）记账凭证的内容。**记账凭证的内容包括填制凭证的日期、凭证编号、经济业务摘要、会计科目、金额、所附原始凭证张数，以及填制凭证人员、稽核人员、记账人员、会计机构负责人（会计主管人员）的签名或盖章。收款和付款记账凭证还须出纳人员签名或盖章。

**（4）记账凭证的填制。**对记账凭证进行连续编号，若一笔经济业务需要两张以上记账凭证，可采用分数编号法。不得将不同内容和类别的原始凭证合并填制在一张记账凭证上。除结账和更正错误的记账凭证外，其他记账凭证必须附有原始凭证。若一张原始凭证所列支出须多个单位共同负担，应向对方提供原始凭证分割单进行结算，其中分割单须包括原始凭证基本内容和费用分摊情况。

**（5）错账更正。**若在填制记账凭证时发生错误，应重新填制。已登记入账的记账凭证可通过红字更正或补充登记方式进行调整。对于当年错账，可采用红字更正法和补充登记法。红字更正法包括红字冲销＋蓝字重填（科目错误）以及红字冲销多记金额（金额多记）。补充登记法则包括蓝字补充登记少记金额（金额少记）。若是以前年度的记账凭证有误，采用蓝字填写，更正凭证。

**（6）记账凭证保管。**完成会计凭证登记后，按分类和编号的顺序保管。数量较多的原始凭证可单独装订保管。对于重要原始凭证，如经济合同、存出保证金收据以及涉外文件，应另编目录，单独登记保管，并在相关的记账凭证和原始凭证上相互注明日期和编号。

## 知识点 2：会计账簿

**1. 会计账簿的概念**

会计账簿，是指全面记录和反映一个单位经济业务事项，把大量分散的数据或者资料进行归类整理，逐步加工成有用会计信息的簿籍。它是编制财务会计报告的重要依据。

**2. 会计账簿的种类**

**（1）总账。**总账是指根据会计科目开设的账簿，用于分类登记单位的全部经济业务事项，提供资产、负债、所有者权益、费用、成本、收入等总括核算的资料，一般有订本账和活页账两种。

**（2）明细账。**明细账是指根据总账科目所属的明细科目设置的账簿，用于分类登记某一类经济业务事项，提供有关明细核算资料，通常使用活页账。

**（3）日记账（序时账）。**日记账（序时账）是指按照经济业务事项发生的时间先后顺序，逐日逐笔地进行登记的账簿。日记账（序时账）包括现金日记账和银行存款日记账，必须采用订本账，不得用银行对账单或者其他方法代替日记账。

**（4）其他辅助性账簿（备查账）。**这类账簿为备忘备查而设置，主要包括各种租借设备、物资的辅助登记或有关应收、应付款项的备查簿，担保、抵押备查簿等。

**3. 会计账簿启用**

在账簿封面注明单位名称和账簿名称。账簿扉页附启用表，包括启用日期、页数、记账人员、会计机构负责人（会计主管人员）姓名，须盖名章和单位公章。调动工作时，标明交接日期、接办人员或监交人员姓名，由双方签名或盖章。订本式账簿应按顺序编页，不得跳页、缺号。使用活页式账页，按账户编号，须定期装订成册。

**4. 会计账簿登记**

登记完毕后，要在记账凭证上签名或者盖章，并标明已经登账的符号，表示已经记账。账簿中书写的文字和数字上面要留有适当空格，不要写满格，一般应占格距的二分之一。登记账簿要用蓝黑墨水或碳素墨水书写，不得使用圆珠笔（银行的复写账簿除外）或者铅笔书写。红色墨水可用于冲销、登记减少数等情形。各种账簿按页次顺序连续登记，不得跳行、隔页。凡需要结出余额的账户，结出余额后，应当在“借或贷”栏内写明“借”或者“贷”等字样。没有余额的账户，应当在“借或贷”栏内写“平”字，并在余额栏内用“Q”表示。现金日记账和银行存款日记账必须逐日结出余额。账簿有“过次页”和“承前页”的规定。会计电算化单位的打印账簿要连续编号，经审核后装订成册，并由相关人员签字或盖章。

**5. 会计账簿更正**

账簿记录发生错误，不准涂改、挖补、刮擦或者用药水消除字迹，不准重新抄写。对于错误的数字，应当将错误的文字或者数字划红线注销，但必须使原有字迹仍可辨认；然后在划线上方填写正确的文字或者数字，并由记账人员在更正处盖章。对于错误的数字，应当全部划红线更正，不得只更正其中的错误数字。对于文字错误，可只划去错误的部分。由于记账凭证错误而使账簿记录发生错误，应当按更正的记账凭证登记账簿。

**6. 会计账簿结账**

一是结账前，必须将本期内所发生的各项经济业务全部登记入账。

二是结账时，应当结出每个账户的期末余额。年度终了结账时，所有总账账户都应当结出全年发生额和年末余额。

三是年度终了，要把各账户的余额结转到下一会计年度，并在摘要栏注明“结转下年”字样；在下一会计年度新建有关会计账簿的第一余额栏内填写上年结转的余额，并在摘要栏注明“上年结转”字样。

## 知识点3：财务会计报告

### 1. 财务会计报告的概念

财务会计报告，是指单位对外提供的、反映单位某一特定日期财务状况和某一会计期间经营成果、现金流量等会计信息的文件。

### 2. 财务会计报告的作用

财务会计报告既是对单位会计核算工作的全面总结，也是及时提供真实、完整会计资料的重要环节。

### 3. 财务会计报告的构成

财务会计报告分为会计报表、会计报表附注和财务情况说明书。企业财务会计报告按编制时间分为年度、半年度、季度和月度财务会计报告。会计报表应当包括资产负债表、利润表、现金流量表及相关附表。季度、月度财务会计报告通常仅指会计报表，会计报表至少应当包括资产负债表和利润表。“凭证、账簿、计划、审计报告”都不属于财务会计报告的组成部分。

### 4. 财务会计报告对外提供

财务会计报告对外提供须遵循以下规定：

一是法律和行政法规要求经注册会计师审计的报表，注册会计师及其所在会计师事务所应提供审计报告。

二是由单位负责人、主管会计工作负责人、会计机构负责人签名盖章，总会计师也须签名盖章；单位负责人须确保报告真实、完整。

三是国有企业及主导地位企业每年至少向职工代表大会公布报告，重点披露与职工利益相关信息、内部审计发现、注册会计师审计及国家审计机关发现的问题。

四是接受报告的组织或个人在正式披露前须对内容保密。

五是提供报告时，编制基础、依据、原则和方法应保持一致。

## 知识点4：账务核对和财产清查

### 1. 账务核对

账务核对，又称对账，是保证会计账簿记录质量的重要程序。它包括账账核对——账簿记录与账簿记录、账证核对——账簿记录与会计凭证、账实核对——账簿记录与实物资产的实有数额。对账工作每年至少进行一次。所有的对账工作均须用账簿记录核对，而非账簿。

### 2. 财产清查

财产清查制度是通过定期或不定期、全面或部分地对各项财产物资进行实地盘点和对库存现金、银行存款、债权债务进行清查核实的一种制度。编制年度财务会计报告之前，必须进行财产清查，并对账实不符等问题根据国家统一的会计制度的规定进行会计处理，以保证财务会计报告反映的会计信息真实、完整。

## 二、会计档案管理

### 知识点1：会计档案的概念、归档、移交与利用

**1. 会计档案的概念**

会计档案，是指单位在进行会计核算等过程中接收或形成的，记录和反映单位经济业务事项的，具有保存价值的文字、图表等各种形式的会计资料，包括通过计算机等电子设备形成、传输和存储的电子会计档案。

**2. 会计档案的归档**

**（1）归档范围。**

一是会计凭证，包括原始凭证、记账凭证。

二是会计账簿，包括总账、明细账、日记账、固定资产卡片及其他辅助性账簿。

三是财务会计报告，包括月度、季度、半年度、年度财务会计报告。

四是其他会计资料，包括银行存款余额调节表、银行对账单、纳税申报表、会计档案移交清册、会计档案保管清册、会计档案销毁清册、会计档案鉴定意见书及其他具有保存价值的会计资料。

此外，各单位的预算、计划、制度等文件材料属于文书档案，不属于会计档案。

**（2）归档要求。**单位可以利用计算机、网络通信等信息技术手段管理会计档案。符合条件的电子会计资料可仅以电子形式保存，形成电子会计档案。条件包括来源真实有效，使用的会计核算系统能准确、完整、有效接收和读取电子会计资料，具备审签程序，使用的电子档案管理系统符合长期保管要求，有防篡改措施，建立备份制度。对于外部接收的附有电子签名的符合法规的电子会计资料，同样可仅以电子形式归档。单位会计管理机构负责按要求整理、立卷、编制会计档案保管清册。

**（3）归档时间。**

当年形成的会计档案，在会计年度终了后，可由单位会计管理机构临时保管 1 年，再移交单位档案管理机构保管。

因工作需要确需推迟移交的，应当经单位档案管理机构同意。单位会计管理机构临时保管会计档案最长不超过 3 年。

此外，出纳人员不得兼管会计档案。

**3. 会计档案的移交和利用**

**（1）会计档案的移交。**单位会计管理机构在办理会计档案移交时，应当编制会计档案移交清册，并按照国家档案管理的有关规定办理移交手续。纸质会计档案移交时应当保

持原卷的封装。电子会计档案移交时应当将电子会计档案及其元数据一并移交，且文件格式应当符合国家档案管理的有关规定。特殊格式的电子会计档案应当与其读取平台一并移交。单位档案管理机构接收电子会计档案时，应当对电子会计档案的准确性、完整性、可用性、安全性进行检测，符合要求的才能接收。

**（2）会计档案的利用。**单位应当严格按照相关制度利用会计档案，在进行会计档案查阅、复制、借出时履行登记手续，严禁篡改和损坏。单位保存的会计档案一般不得对外借出。确因工作需要且根据国家有关规定必须借出的，应当严格按照规定办理相关手续。会计档案借用单位应当妥善保管和利用借入的会计档案，确保借入会计档案的安全性和完整性，并在规定时间内归还。

## 知识点 2：会计档案保管期限

### 1. 会计档案保管期限一般规定

一是保管期限包括永久、定期两类。

二是定期保管期限包括 10 年、30 年两类。

三是会计档案保管期限的起算时间为会计年度终了后的第一天。

### 2. 企业和其他组织会计档案的保管期限

一是永久保管，包括年度财务报告、会计档案保管清册、会计档案销毁清册、会计档案鉴定意见书。

二是保管期限为 30 年，包括会计凭证、会计账簿、会计档案移交清册。

三是保管期限为 10 年，包括月度、季度、半年度财务会计报告，银行存款余额调节表、银行对账单、纳税申报表。

四是特殊保管期限。固定资产卡片账在固定资产报废清理后保管 5 年。

### 3. 其他单位和税收会计档案保管期限

财政总预算、行政单位、事业单位和税收会计档案保管期限如表 2-2 所示。

**表 2-2　财政总预算、行政单位、事业单位和税收会计档案保管期限**

| 序号 | 档案名称 | 保管期限 | | | 备注 |
|---|---|---|---|---|---|
| | | 财政总预算 | 行政单位、事业单位 | 税收会计 | |
| 一 | 会计凭证 | | | | |
| 1 | 国家金库编送的各种报表及缴库退库凭证 | 10 年 | | 10 年 | |
| 2 | 各收入机关编送的报表 | 10 年 | | | |
| 3 | 行政单位和事业单位的各种会计凭证 | | 30 年 | | 包括：原始凭证、记账凭证和传票汇总表 |

续表

| 序号 | 档案名称 | 保管期限 | | | 备注 |
|---|---|---|---|---|---|
| | | 财政总预算 | 行政单位、事业单位 | 税收会计 | |
| 4 | 财政总预算拨款凭证和其他会计凭证 | 30 年 | | | 包括：拨款凭证和其他会计凭证 |
| 二 | 会计账簿 | | | | |
| 5 | 日记账 | | 30 年 | 30 年 | |
| 6 | 总账 | 30 年 | 30 年 | 30 年 | |
| 7 | 税收日记账（总账） | | | 30 年 | |
| 8 | 明细分类、分户账或登记簿 | 30 年 | 30 年 | 30 年 | |
| 9 | 行政单位和事业单位固定资产卡片 | | | | 固定资产报废清理后保管 5 年 |
| 三 | 财务会计报告 | | | | |
| 10 | 政府综合财务报告 | 永久 | | | 下级财政、本级部门和单位报送的保管 2 年 |
| 11 | 部门财务报告 | | 永久 | | 所属单位报送的保管 2 年 |
| 12 | 财政总决算 | 永久 | | | 下级财政、本级部门和单位报送的保管 2 年 |
| 13 | 部门决算 | | 永久 | | 所属单位报送的保管 2 年 |
| 14 | 税收年报（决算） | | | 永久 | |
| 15 | 国家金库年报（决算） | 10 年 | | | |
| 16 | 基本建设拨、贷款年报（决算） | 10 年 | | | |
| 17 | 行政单位和事业单位会计月、季度报表 | | 10 年 | | 所属单位报送的保管 2 年 |
| 18 | 税收会计报表 | | | 10 年 | 所属税务机关报送的保管 2 年 |
| 四 | 其他会计资料 | | | | |
| 19 | 银行存款余额调节表 | 10 年 | 10 年 | | |
| 20 | 银行对账单 | 10 年 | 10 年 | 10 年 | |
| 21 | 会计档案移交清册 | 30 年 | 30 年 | 30 年 | |
| 22 | 会计档案保管清册 | 永久 | 永久 | 永久 | |
| 23 | 会计档案销毁清册 | 永久 | 永久 | 永久 | |
| 24 | 会计档案鉴定意见书 | 永久 | 永久 | 永久 | |

## 知识点3：会计档案处置

### 1. 会计档案鉴定和销毁

单位应当定期对已到保管期限的会计档案进行鉴定，并形成会计档案鉴定意见书。经鉴定，对保管期满，确无保存价值的会计档案，可以销毁。

会计档案鉴定工作应当由单位档案管理机构主导，组织单位会计、审计、纪检监察等机构或人员共同进行。

负责人和经办人在销毁清册上签署意见。单位档案管理机构负责组织会计档案销毁工作，并与会计管理机构共同派员监销。电子会计档案的销毁还应当符合国家有关电子档案的规定，并由单位档案管理机构、会计管理机构和信息系统管理机构共同派员监销。

保管期满但未结清的债权债务会计凭证和涉及其他未了事项的会计凭证不得销毁，纸质会计档案应当单独抽出立卷，电子会计档案单独转存，保管到未了事项完结时为止。单独抽出立卷或转存的会计档案，应当在会计档案鉴定意见书、会计档案销毁清册和会计档案保管清册中列明。

### 2. 特殊情况下会计档案处置

**（1）单位分立。**

一是单位分立（原单位存续），由分立后的存续方统一保管，其他方可以查阅、复制与其业务相关的会计档案。

二是单位分立（原单位解散），经各方协商后由其中一方代管或按照国家档案管理的有关规定处置，各方可以查阅、复制与其业务相关的会计档案。

三是未结清的会计事项所涉及的会计凭证，应当单独抽出，由业务相关方保存，并按规定办理交接手续。

**（2）单位合并。**

一是单位合并（原各单位解散或者一方存续其他方解散），原各单位的会计档案应当由合并后的单位统一保管。

二是单位合并（原单位存续），由原各单位保管。

**（3）单位之间会计档案交接。**

一是建设单位在项目建设期间形成的会计档案，需要移交给建设项目接受单位的，应当在办理竣工财务决算后及时移交，并按照规定办理交接手续。

二是移交会计档案的单位，应当编制会计档案移交清册。交接会计档案时，交接双方应当按照会计档案移交清册所列内容逐项交接，并由交接双方的单位有关负责人负责监督。交接完毕后，交接双方经办人和监督人应当在会计档案移交清册上签名或盖章。

三是电子会计档案应当与其元数据一并移交，特殊格式的电子会计档案应当与其读取平台一并移交。档案接受单位应当对保存电子会计档案的载体及其技术环境进行检验，确保所接收电子会计档案的准确、完整、可用和安全。

# 第三节　会计监督、会计机构和代理记账

## 一、会计监督

微课：会计监督

### 知识点 1：会计监督的概念与体系

**1. 会计监督的概念**

会计监督，是指对经济活动的本身进行检查监督，借以控制经济活动，使经济活动能够根据一定的方向、目标、计划，遵循一定的原则正常进行。

**2. “三位一体”的会计监督体系**

“三位一体”的会计监督体系如表 2–3 所示。

表 2–3　“三位一体”的会计监督体系

| 监督体系 | 属性 | 层次 | 效力 |
| --- | --- | --- | --- |
| 单位内部会计监督 | 内部监督 | 层次最低 | 单位的自我监督 |
| 社会监督 | 外部监督 | 层次居中 | 对单位内部监督的再监督 |
| 政府监督 | 外部监督 | 层次最高 | 对单位和社会监督的再监督 |

### 知识点 2：会计工作单位内部监督

**1. 单位内部会计监督的概念**

单位内部会计监督，是指各单位的会计机构、会计人员（主体）依照法律、法规和国家统一的会计制度及单位内部会计管理制度等的规定，通过会计手段对本单位经济活动（对象）的合法性、合理性和有效性进行监督。

**2. 单位内部会计监督的主体、对象**

监督主体：会计机构、会计人员。

监督对象：单位的经济活动。

**3. 单位内部会计监督的基本要求**

一是记账人员与经济业务事项和会计事项审批人员、经办人员、财物保管人员的职责权限应当明确，并相互分离、相互制约。

二是重大对外投资、资产处置、资金调度和其他重要经济业务事项的决策和执行的相互监督、相互制约程序应当明确。

三是财产清查的范围、期限和组织程序应当明确。

四是对会计资料定期进行内部审计的办法和程序应当明确。

### 4. 会计机构和会计人员在单位内部会计监督中的职责

一是对违反《会计法》和国家统一的会计制度规定的会计事项，有权拒绝办理或者按照职权予以纠正。

二是发现会计账簿记录与实物、款项及有关资料不相符的，按照国家统一的会计制度的规定有权自行处理的，应当及时处理；无权处理的，应当立即向单位负责人报告，请求查明原因，作出处理。

### 5. 内部控制

**（1）内部控制的概念。** 内部控制是指单位为实现控制目标，通过制定制度、实施措施和执行程序，对经济活动的风险进行防范和管控。

**（2）内部控制原则。**

对于一般企业而言，内部控制原则包括全面性、重要性、制衡性、适应性、成本效益。

对于小企业而言，内部控制原则包括风险导向、适应性、成本效益、实质重于形式。

**（3）内部控制措施。**

对于企业而言，内部控制措施包括不相容职务分离控制、授权审批控制、会计系统控制、财产保护控制、预算控制、运营分析控制、绩效考评控制。

对于行政事业单位而言，内部控制措施包括不相容岗位相互分离、内部授权审批控制、会计控制、财产保护控制、预算控制、归口管理、单据控制、信息内部公开。

不相容职务包括授权批准与业务经办、业务经办与会计记录、会计记录与财产保管、业务经办与稽核检查、授权批准与监督检查。

## 知识点3：会计工作政府监督

### 1. 会计工作政府监督的概念

会计工作政府监督，是指财政部门代表国家对各单位和单位中相关人员的会计行为实施的监督检查，以及对发现的违法会计行为实施行政处罚。

### 2. 会计工作政府监督的主体

一是主要监督主体，包括国务院财政部门、省级以上人民政府财政部门派出机构和县级以上人民政府财政部门。

二是其他监督主体，包括审计、税务、人民银行、证券监管、保险监管等部门依照有关法律、行政法规规定的职责和权限，可以对有关单位的会计资料实施监督检查。依法实施监督检查后，监督主体应当出具检查结论。

### 3. 会计工作政府监督的主要内容

一是是否依法设置会计账簿；会计凭证、会计账簿、财务会计报告和其他会计资料是否真实、完整；会计核算是否符合《会计法》和国家统一的会计制度的规定；从事会计工作的人员是否具备专业能力、遵守职业道德。

二是发现重大违法嫌疑时，国务院财政部门及其派出机构可向与被监督单位有经济业务往来的单位和被监督单位开立账户的金融机构查询有关情况，有关单位和金融机构应予以支持。依法对有关单位的会计资料实施监督检查的部门及其工作人员对在监督检查中知悉的国家秘密和商业秘密负有保密义务。

## 知识点 4：会计工作社会监督

### 1. 会计工作社会监督主体

会计工作社会监督主体为注册会计师及其所在的会计师事务所。任何单位和个人对违反《会计法》和国家统一的会计制度规定的行为，有权检举。在监督过程中，委托方和受托方的职责如下：

注册会计师及其所在的会计师事务所等中介机构接受委托，依法对单位的经济活动进行审计，出具审计报告，发表审计意见。

须经注册会计师进行审计的单位，应当向受委托的会计师事务所如实提供会计资料以及有关情况。任何单位或者个人不得以任何方式要求或者示意注册会计师及其所在的会计师事务所出具不实或者不当的审计报告。

### 2. 注册会计师审计报告

**（1）审计报告的概念。**审计报告，是指注册会计师根据审计准则的规定，在执行审计工作的基础上，对被审计单位财务报表发表审计意见的书面文件。注册会计师应当就财务报表是否在“所有重大方面”按照适用的财务报告编制基础的规定编制并实现公允反映形成审计意见。

**（2）审计报告要素。**审计报告要素是所有意见类型的审计报告均必须包括的内容，不包括“非标准审计报告”中增加的，如“强调事项段”或“其他事项段”等要素。其具体包括标题、收件人、引言段、管理层对财务报表的责任段、注册会计师的责任段、审计意见段、注册会计师的签名和盖章、会计师事务所的名称 / 地址和盖章、报告日期。

**（3）审计报告种类和审计意见类型。**

一是标准审计报告。标准审计报告是指不含有“说明段、强调事项段、其他事项段或其他任何修饰性用语”的无保留意见的审计报告。包含“其他报告责任段”，但不含有“强调事项段”或“其他事项段”的无保留意见的审计报告也被视为标准审计报告。

二是非标准审计报告。非标准审计报告具体分为：无保留意见的审计报告，如带“强调事项段”或“其他事项段”；非无保留意见的审计报告，如保留意见、否定意见、无法表示意见。

**（4）注册会计师发表各类意见的情形。**

一是无保留意见。财务报表在“所有重大方面”按照适用的财务报告编制基础的规定编制并实现公允反映。但需要注意的是，注册会计师发表无保留意见的前提并非是被审计单位的财务报告没有“任何”错误。

二是保留意见。在“获取”充分、适当的审计证据后，认为错报单独或汇总起来对财务报表影响“重大”，但“不具有广泛性”；“无法获取”充分、适当的审计证据以作为形成审计意见的基础，但认为未发现的错报（如存在）对财务报表可能产生的影响“重大”，但“不具有广泛性”。

三是否定意见。在“获取”充分、适当的审计证据后，认为错报单独或汇总起来对财务报表的影响“重大且具有广泛性”。

四是无法表示意见。“无法获取”充分、适当的审计证据以作为形成审计意见的基础，但认为未发现的错报（如存在）对财务报表可能产生的影响“重大且具有广泛性”。在极其特殊的情况下，可能存在多个不确定事项。尽管注册会计师对每个单独的不确定事项获取了充分、适当的审计证据，但由于不确定事项之间可能存在相互影响，以及可能对财务报表产生累积影响，注册会计师不可能对财务报表形成审计意见，应当发表“无法表示意见”审计报告。

## 二、会计机构、会计岗位设置、会计人员和会计工作交接

### 知识点1：会计机构

微课：会计机构、会计岗位设置、会计人员、会计工作交接和代理记账

#### 1. 会计机构的定义与设置

**（1）会计机构的定义。**会计机构是指为各单位办理会计事务的职能部门。

**（2）会计机构的设置。**各单位应当根据会计业务的需要，设置会计机构，或者在有关机构中设置会计人员并指定会计主管人员；不具备设置条件的，应当委托经批准设立从事会计代理记账业务的中介机构代理记账。

#### 2. 其他规定

一是小型单位经过批准可以没有会计但要有账（个体工商户除外）。

二是个人可以做兼职会计但不属于代理记账。

### 知识点2：会计岗位设置

#### 1. 主要会计工作岗位

主要会计工作岗位包括会计机构负责人或会计主管人员、出纳、财产物资核算、工资核算、成本费用核算、财务成果核算、资金核算、往来结算、总账报表、稽核、档案管理等。

此外，总会计师、内部审计、档案管理部门的人员管理会计档案，不属于会计岗位。

#### 2. 会计岗位设置要求

一是各单位应当根据会计业务需要设置会计工作岗位。

二是可以一人一岗、一人多岗或者一岗多人。

三是出纳人员不得兼任（兼管）稽核、会计档案保管和收入、支出、费用、债权债务

账目登记工作。

四是会计人员的工作岗位应当有计划地进行轮换。

### 知识点 3：会计人员

**1. 会计人员的概念、工作范围、一般要求与禁入规定**

**（1）会计人员的概念。**会计人员，是指根据《会计法》的规定，在国家机关、社会团体、公司、企业、事业单位和其他组织（以下统称单位）中从事会计核算、实行会计监督等会计工作的人员。此外，单位会计机构负责人（会计主管人员）、总会计师也属于会计人员。

**（2）会计人员工作范围。**会计人员工作范围包括：出纳，稽核，资产、负债和所有者权益（净资产）的核算，收入、费用（支出）的核算，财务成果（政府预算执行结果）的核算，财务会计报告（决算报告）编制，会计监督，会计机构内会计档案管理，其他会计工作。

**（3）会计人员一般要求。**

遵守《会计法》和国家统一的会计制度等法律法规；具备良好的职业道德；按照国家有关规定参加继续教育；具备从事会计工作所需要的专业能力。

担任单位会计机构负责人（会计主管人员）的，应当具备会计师以上专业技术职务资格或者从事会计工作三年以上经历。

**（4）禁入规定。**

因有提供虚假财务会计报告，做假账，隐匿或者故意销毁会计凭证、会计账簿、财务会计报告，贪污，挪用公款，职务侵占等与会计职务有关的违法行为被依法追究刑事责任的人员，不得再从事会计工作。

因伪造、变造会计凭证、会计账簿，编制虚假财务会计报告，隐匿或者故意销毁依法应当保存的会计凭证、会计账簿、财务会计报告，尚不构成犯罪的，五年内不得从事会计工作。

会计人员具有违反国家统一的会计制度的一般违法行为，情节严重的，五年内不得从事会计工作。

**2. 会计专业职务与会计专业技术资格、总会计师、继续教育、回避制度**

**（1）会计专业职务与会计专业技术资格。**

会计专业职务是区别会计人员业务技能的技术等级。会计专业职务分为正高级会计师、高级会计师、会计师、助理会计师、会计员。高级会计师为高级职务，会计师为中级职务，助理会计师与会计员为初级职务。

会计专业技术资格证是证明会计技能的水平证书，具有初、中、高级技术资格证说明会计人员具备相应级别的会计技能水平。初级、中级会计资格实行全国统一考试制度，高级会计师资格实行考试与评审相结合制度。

通过全国统一考试取得初级或中级会计专业技术资格的会计人员，表明其已具备担任相应级别会计专业技术职务的任职资格。

**(2)总会计师。**

总会计师是主管本单位会计工作的行政领导，协助单位主要行政领导人工作，直接对单位主要行政领导人负责。

凡设置总会计师的单位，在单位行政领导成员中，不设与总会计师职权重叠的副职。

总会计师组织领导本单位的财务管理、成本管理、预算管理、会计核算和会计监督等方面的工作，参与本单位重要经济问题的分析和决策。

国有的和国有资产占控股地位或者主导地位的大、中型企业必须设置总会计师。大、中型企业、事业单位、业务主管部门应当根据法律和国家有关规定设置总会计师。总会计师由具有会计师以上专业技术资格的人员担任。

其他单位可以根据业务需要，自行决定是否设置总会计师。

**(3)继续教育。**会计专业人员享有参加继续教育的权利和义务。持有会计专业技术资格者应自次年开始每年参加继续教育，获取规定学分。未取得专业技术资格但从事会计工作者也须自从事会计工作的次年起每年参加继续教育。教育内容包括公需科目和专业科目，涵盖法规、职业道德、财务会计等。专业人员每年须获得不少于90学分，其中专业科目不少于总学分的三分之二。学分在当年有效，不得结转至后年。继续教育情况作为评定职务或资格的重要条件，须进行登记管理。

**(4)回避制度。**

国家机关、国有企业、事业单位任用会计人员应当实行回避制度。

单位领导人的直系亲属不得担任本单位的会计机构负责人、会计主管人员。

会计机构负责人、会计主管人员的直系亲属不得在本单位会计机构中担任出纳工作。

需要回避的直系亲属为：夫妻关系、直系血亲关系、三代以内旁系血亲以及配偶亲关系。

## 知识点4：会计工作交接

### 1. 会计工作交接的概念和总原则

**(1)会计工作交接的概念。**会计工作交接，是指会计人员工作调动或者因故离职时，与接管人员办理交接手续的一种工作程序。

**(2)会计工作交接的总原则。**交接清楚、分清责任、谁的责任谁承担。

### 2. 会计工作交接情形与人员要求

**(1)会计工作交接情形。**会计人员工作调动或者因故离职；会计人员临时离职或者因病不能工作且需要接替或者代理；临时离职或者因病不能工作的会计人员恢复工作。

**(2)会计工作交接人员要求。**没有办清交接手续的，不得调动或者离职；移交人员对所移交的会计凭证、会计账簿、会计报表和其他有关资料的合法性、真实性承担法律责任；移交人员因病或者其他特殊原因不能亲自办理移交的，经单位领导人批准，可由移交人员委托他人代办移交，但委托人应当承担对所移交的会计凭证、会计账簿、会计报表和其他有关资料的合法性、真实性的法律责任；单位撤销时，必须留有必要的会计人员，会同有关人员办理清理工作，编制决算。未移交前，不得离职。

**3. 会计工作交接准备工作与监交**

**（1）会计工作交接准备。**

一是工作要求。已经受理的经济业务尚未填制会计凭证的，应当填制完毕；尚未登记的账目，应当登记完毕，并在最后一笔余额后加盖经办人员印章；整理应该移交的各项资料，对未了事项写出书面材料。

二是编制移交清册要求。列明应当移交的会计凭证、会计账簿、会计报表、印章、现金、有价证券、支票簿、发票、文件、其他会计资料和物品等内容；实行会计电算化的单位，从事该项工作的移交人员还应当在移交清册中列明会计软件及密码、会计软件数据磁盘（磁带等）及有关资料、实物等内容。

**（2）对会计工作交接的监交。**

一是一般会计人员交接，由会计机构负责人、会计主管人员负责监交。

二是会计机构负责人、会计主管人员交接，由单位领导人负责监交，必要时可由上级主管部门派人会同监交。

**4. 会计工作交接的具体内容和要求**

一是移交人员在办理移交时，要按移交清册逐项移交；接替人员要逐项核对点收。

二是现金、有价证券要根据会计账簿有关记录进行点交。库存现金、有价证券必须与会计账簿记录保持一致。不一致时，移交人员必须限期查清。

三是会计凭证、会计账簿、会计报表和其他会计资料必须完整无缺。如有短缺，必须查清原因，并在移交清册中注明，由移交人员负责。

四是银行存款账户余额要与银行对账单核对，如不一致，应当编制银行存款余额调节表调节相符，各种财产物资和债权债务的明细账户余额要与总账有关账户余额核对相符；必要时，要抽查个别账户的余额，与实物核对相符，或者与往来单位、个人核对清楚。

五是移交人员经管的票据、印章和其他实物等，必须交接清楚；移交人员从事会计电算化工作的，要对有关电子数据在实际操作状态下进行交接。

六是会计机构负责人、会计主管人员移交时，还必须将全部财务会计工作、重大财务收支和会计人员的情况等，向接替人员详细介绍。对需要移交的遗留问题，应当写出书面材料。

七是交接完毕后，交接双方和监交人员要在移交清册上签名或者盖章，并应在移交清册上注明：单位名称，交接日期，交接双方和监交人的职务、姓名，移交清册页数以及需要说明的问题和意见等。

八是移交清册一般应当填制一式三份，交接双方各执一份，存档一份。

九是接替人员应当继续使用移交的会计账簿，不得自行另立新账，以保持会计记录的连续性。

## 三、代理记账

### 知识点1：代理记账的相关规定、资格审批和业务范围

**1. 代理记账的相关规定**

一是代理记账机构接受委托办理会计业务。

二是代理记账机构为依法取得代理记账资格，从事代理记账业务的机构。

三是没有设置会计机构或者配备会计人员的单位，应当根据《代理记账管理办法》的规定，委托会计师事务所或者持有代理记账许可证书的代理记账机构进行代理记账。

**2. 代理记账资格审批**

除会计师事务所以外的机构从事代理记账业务，应当经县级以上人民政府财政部门批准，领取由财政部统一规定样式的代理记账许可证书。

**3. 代理记账业务范围**

代理记账机构可以接受委托办理下列业务：根据委托人提供的原始凭证和其他资料，按照国家统一的会计制度的规定进行会计核算，包括审核原始凭证、填制记账凭证、登记会计账簿、编制财务会计报告等；对外提供财务会计报告；向税务机关提供税务资料；委托人委托的其他会计业务。

### 知识点2：代理记账委托合同和双方义务

**1. 代理记账委托合同（书面）**

委托合同应明确双方对会计资料真实性、完整性各自应当承担的责任；会计资料传递程序和签收手续；编制和提供财务会计报告的要求；会计档案的保管要求及相应的责任；终止委托合同应当办理的会计业务交接事宜。

**2. 委托人应当履行的义务**

一是对本单位发生的经济业务事项，应当填制或者取得符合国家统一的会计制度规定的原始凭证。

二是应当配备专人负责日常货币收支和保管。

三是及时向代理记账机构提供真实、完整的原始凭证和其他相关资料。

四是对于代理记账机构退回的，要求按照国家统一的会计制度的规定进行更正、补充的原始凭证，应当及时予以更正、补充。

**3. 代理记账机构及其从业人员应当履行的义务**

一是遵守有关法律、法规和国家统一的会计制度的规定，按照委托合同办理代理记账业务。

二是对在执行业务中知悉的商业秘密予以保密。

三是对委托人要求其作出不当的会计处理，提供不实的会计资料，以及其他不符合法律、法规和国家统一的会计制度行为的，予以拒绝。

四是对委托人提出的有关会计处理相关问题予以解释。

## 第四节　会计职业道德及法律责任

### 一、会计职业道德

#### 知识点1：会计职业道德的概念及与会计法律的联系和区别

**1. 会计职业道德的概念**

会计职业道德，是指会计人员在会计工作中应当遵循的、体现会计职业特征、调整会计职业关系的职业行为准则和规范。

**2. 会计职业道德与会计法律的联系和区别**

**（1）联系。**内容上相互渗透、相互吸收；作用上相互补充、相互协调。会计职业道德是对会计法律制度的重要补充，会计法律制度是对会计职业道德的最低要求。

**（2）区别。**

一是性质不同。会计法律由国家行政权力强制执行，具有他律性；会计职业道德凭借会计从业人员的自觉，具有自律性。

二是范围不同。会计法律是对会计人员的外在行为和结果的合法化；会计职业道德不仅调整会计人员的外在行为，还调整会计人员的内在精神世界。

三是表现形式不同。会计法律有具体的、明确的、正式形成文字的成文规定；会计职业道德出自会计人员的职业生活和职业实践，既有成文的规范，也有不成文的规范。

四是实施保障机制不同。会计法律由国家强制力保证其贯彻执行；会计职业道德主要依靠道德教育、社会舆论、传统习俗和道德评价来实现。

五是评价标准不同。会计法律以法律规定为评价标准；会计职业道德以道德评价为标准。

#### 知识点2：会计职业道德的主要内容及指导意见

**1. 会计职业道德的主要内容**

一是爱岗敬业。正确认识会计职业，树立职业荣誉感，热爱会计工作，敬重会计职业，安心工作，任劳任怨，严肃认真，一丝不苟，忠于职守，尽职尽责。

二是诚实守信。做老实人，说老实话，办老实事，不搞虚假，保密守信，不为利益所诱惑，执业谨慎。

三是信誉至上。廉洁自律，树立正确的人生观和价值观，公私分明，不贪不占，遵纪守法，一身正气。

四是客观公正。端正态度、依法办事，实事求是、不偏不倚，如实反映，保持应有的独立性。

五是坚持准则。熟悉准则，按准则工作，发生道德冲突时，应坚持准则，维护国家利益、社会公众利益和正常的经济秩序。

六是提高技能。具有不断提高会计专业技能的意识和愿望，具有勤学苦练的精神和科学的学习方法，刻苦钻研，不断进取，提高业务水平。

七是参与管理。做好本职工作的同时，努力钻研业务，全面熟悉本单位经营活动和业务流程，主动提出合理化建议，积极参与管理，使管理活动更有针对性和实效性。

八是强化服务。树立服务意识，提高服务质量，努力维护和提升会计职业的良好社会形象。

#### 2. 财政部《关于加强会计人员诚信建设的指导意见》

建立严重失信会计人员“黑名单”制度。将有提供虚假财务会计报告，做假账，隐匿或者故意销毁会计凭证、会计账簿、财务会计报告，贪污，挪用公款，职务侵占等与会计职务有关违法行为的会计人员，作为严重失信会计人员列入“黑名单”，纳入全国信用信息共享平台，依法通过“信用中国”网站等途径，向社会公开披露相关信息。

## 二、违反会计法律制度的法律责任

### 知识点1：违反会计法律制度的法律责任（不依法设置会计账簿等）

#### 1. 具体情形

不依法设置会计账簿的；私设会计账簿的；未按照规定填制、取得原始凭证或者填制、取得的原始凭证不符合规定的；以未经审核的会计凭证为依据登记会计账簿或者登记会计账簿不符合规定的；随意变更会计处理方法的；向不同的会计资料使用者提供的财务会计报告编制依据不一致的；未按照规定使用会计记录文字或者记账本位币的；未按照规定保管会计资料，致使会计资料毁损、灭失的；未按照规定建立并实施单位内部会计监督制度或者拒绝依法实施的监督或者不如实提供有关会计资料及有关情况的；任用会计人员不符合《会计法》规定的。会计人员有上述行为之一，情节严重的，五年内不得从事会计工作。

#### 2. 处罚主体

县级以上人民政府财政部门。

#### 3. 法律责任

由县级以上人民政府财政部门责令限期改正，可以对单位并处三千元以上五万元以下的罚款；对其直接负责的主管人员和其他直接责任人员，可以处二千元以上二万元以下的罚款；属于国家工作人员的，还应当由其所在单位或者有关单位给予行政处分。构成犯罪的，依法追究刑事责任。

## 知识点2：违反会计法律制度的法律责任（伪造、变造会计凭证、会计账簿，编制虚假财务会计报告等）

### 1. 违反会计法律制度的法律责任1

**（1）违反内容。**伪造、变造会计凭证、会计账簿，编制虚假财务会计报告行为。

**（2）法律责任。**尚不构成犯罪的，由县级以上人民政府财政部门予以通报，可以对单位并处五千元以上十万元以下的罚款；对其直接负责的主管人员和其他直接责任人员，可以处三千元以上五万元以下的罚款；属于国家工作人员的，还应当由其所在单位或者有关单位依法给予撤职直至开除的行政处分；其中的会计人员，五年内不得从事会计工作。构成犯罪的，依法追究刑事责任。

### 2. 违反会计法律制度的法律责任2

**（1）违反内容。**隐匿或者故意销毁依法应当保存的会计凭证、会计账簿、财务会计报告行为。

**（2）法律责任。**尚不构成犯罪的，由县级以上人民政府财政部门予以通报，可以对单位并处五千元以上十万元以下的罚款；对其直接负责的主管人员和其他直接责任人员，可以处三千元以上五万元以下的罚款；属于国家工作人员的，还应当由其所在单位或者有关单位依法给予撤职直至开除的行政处分；其中的会计人员，五年内不得从事会计工作。构成犯罪的，依法追究刑事责任。情节严重的，处五年以下有期徒刑或者拘役，并处或者单处二万元以上二十万元以下罚金。单位犯前款罪的，对单位判处罚金，并对其直接负责的主管人员和其他直接责任人员，依照前述个人规定处罚。

### 3. 违反会计法律制度的法律责任3

**（1）违反内容。**授意、指使、强令会计机构、会计人员及其他人员伪造、变造会计凭证、会计账簿，编制虚假财务会计报告或者隐匿、故意销毁依法应当保存的会计凭证、会计账簿、财务会计报告的行为。

**（2）法律责任。**构成犯罪的，依法追究刑事责任；尚不构成犯罪的，可以处五千元以上五万元以下的罚款；属于国家工作人员的，还应当由其所在单位或者有关单位给予降级、撤职、开除的行政处分。

### 4. 违反会计法律制度的法律责任4

**（1）违反内容。**单位负责人对依法履行职责、抵制违反本法规定行为的会计人员以降级、撤职、调离工作岗位、解聘或者开除等方式实行打击报复的行为。

**（2）法律责任。**尚不构成犯罪的，由其所在单位或者有关单位依法给予行政处分。对受打击报复的会计人员，应当恢复其名誉和原有职务、级别。《中华人民共和国刑法》规定，公司、企业、事业单位、机关、团体的领导人，对依法履行职责、抵制违反会计法、统计法行为的会计、统计人员实行打击报复，情节恶劣的，处三年以下有期徒刑或者拘役。

**5. 违反会计法律制度的法律责任 5**

**（1）违反内容。**行政部门及有关行政部门的工作人员在实施监督管理职务中的违法行为。

**（2）法律责任。**相关人员滥用职权、玩忽职守、徇私舞弊或者泄露国家秘密、商业秘密，尚不构成犯罪的，依法给予行政处分。收到检举的部门及负责处理检举的部门，将检举人姓名和检举材料转给被检举单位和被检举人个人的，由所在单位或者有关单位依法给予行政处分。

## 案例分析

**情景描述：**甲公司公开招聘会计机构负责人，录用张某接替即将退休的会计机构负责人陈某。张某与陈某办理工作交接后，法定代表人刘某安排张某梳理并检查公司的会计工作。在检查中，张某发现出纳王某错账更正的方法有误，账簿金额“78 900”被误登记为“79 800”，王某仅划红线更正了登记错误的百位和千位数字。张某指出此处的不当后，王某改正了此项登记。检查完毕后，甲公司会计机构将临时保管期限届满的会计档案移交给公司档案管理机构保管。

**法律分析：**在工作交接过程中，甲公司会计机构负责人张某和即将退休的负责人陈某应遵循哪些规定或程序？张某作为会计机构负责人，满足任职资格的关键条件是什么？在会计账簿的登记错误更正中，王某应采取哪些措施？甲公司会计机构在移交会计档案时应遵循哪些规定或程序？

**此案例主要考查以下方面：**会计机构负责人的交接程序——包括交接的细节、责任和文档的正式化；会计机构负责人的任职资格——涉及必要的法律知识、业务管理能力、专业资格和工作经验；会计记录的正确更正方法——关注于会计记录的更正程序和遵循的规范；会计档案的移交程序——包括电子和纸质档案的处理、移交的准备工作和档案管理的要求。这些问题涵盖了会计实务中的关键方面，如程序遵循、专业资格要求、记录管理和档案保管，反映出会计人员对会计管理和操作规范的全面理解和应用能力。

## 本章小结

本章深入探讨了会计法律制度的概念、主要体系、会计关系、会计核算基本要求以及会计监督等方面，通过对会计法律制度的全面解读，强调了会计人员遵循法律规定、坚守职业道德的重要性，并提出了相关的工作管理体制。此外，本章还特别指出了在经济活动中，遵守法律和规范性文件的必要性，体现了法治思维在会计实务中的应用。通过本章的学习，学生不仅加深了对会计法律制度的理解，而且强化了将法律知识运用到实际工作中的能力，体现了以法治促进会计行业高质量发展的重要路径。

## 课证融通

### 一、单选题

1.［2022 年真题］根据会计法律制度的规定，担任单位会计机构负责人的，应当具备会计师以上专业技术职务资格或者从事会计工作达到一定期限以上。该期限为（　　）。

A.1 年　　B.2 年　　C.5 年　　D.3 年

2.［2023 年真题］根据会计法律制度的规定，下列关于会计档案管理的表述中，正确的是（　　）。

A. 会计档案的保管期限从会计年度的最后一天算起

B. 单位的预算方案属于会计档案

C. 当年形成的会计档案，可由单位会计管理机构临时保管 4 年

D. 单位会计管理机构临时保管会计档案期间，出纳人员不得兼管会计档案

3.［2023 年真题］根据会计法律制度的规定，下列关于会计岗位设置的表达中，不正确的是（　　）。

A. 档案管理部门的人员管理会计档案属于会计岗位

B. 会计人员的工作岗位应当有计划地进行轮换

C. 出纳人员不得兼任债权债务账目的登记工作

D. 会计工作岗位可以一岗多人

4.［2021 年真题］根据会计法律制度的规定，下列各项中，属于账账核对的是（　　）。

A. 会计部门的财产物资明细账与财产物资保管部门的明细账核对

B. 原材料明细账账面余额与库存原材料实存数核对

C. 银行存款日记账账面余额与银行对账单核对

D. 现金日记账账面余额与现金实际库存数核对

5.［2021 年真题］根据会计法律制度的规定，下列情形中，不属于会计违法行为的是（　　）。

A. 私设会计账簿　　B. 拒绝接受金额错误的原始凭证

C. 未按照规定使用会计记录文字　　D. 随意变更会计处理方法

6.［2020 年真题］根据会计法律制度的规定，下列各项中，不属于会计核算内容的是（　　）。

A. 递延税款的余额调整　　B. 货物买卖合同的审核

C. 有价证券溢价的摊销　　D. 资本公积的增减变动

7.［2021 年真题］甲外商投资企业的业务收支以欧元为主，兼有少量人民币业务。下

列关于甲企业记账本位币适用的表述中，正确的是（　　）。

A. 可同时选择欧元和人民币作为记账本位币

B. 可从欧元和人民币选择一种作为记账本位币

C. 只能选择人民币作为记账本位币

D. 只能选择欧元作为记账本位币

8.［2021年真题］甲代理记账机构接受乙公司委托为其办理代理记账业务，不属于甲代理机构业务范围的是（　　）。

A. 填制记账凭证　　B. 日常货币收支和保管

C. 向税务机关提供税务资料　　D. 向外提供财务报告

9.［2021年真题］甲企业的下列会计工作中，出纳人员宋某可以兼任的是（　　）。

A. 应付账款明细账登记　　B. 会计档案保管

C. 管理费用明细账登记　　D. 固定资产明细账登记

10.［2021年真题］会计人员宋某将其经管的全部会计资料移交给接替人员王某，会计机构负责人孙某监交，事后发现会计资料真实性、合法性存在问题，应对会计资料真实性、合法性承担法律责任的是（　　）。

A. 宋某　　B. 宋某和王某　　C. 王某　　D. 孙某

## 二、多选题

1.［2022年真题］甲公司会计人员王某填制了一张收款凭证，该凭证必须具备的内容有（　　）。

A. 经济业务摘要　　B. 所附原始凭证张数

C. 单价　　D. 出纳人员签名或盖章

2.［2018年真题］根据会计法律制度的规定，下列关于单位之间会计档案交接的表述中，正确的有（　　）。

A. 电子会计档案应当与其元数据一并移交

B. 档案接受单位应当对保存电子会计档案的载体和其技术环境进行检验

C. 交接双方的单位有关负责人负责监督会计档案交接

D. 交接双方经办人和监督人应当在会计档案移交清册上签名或盖章

3.［2019年真题］根据会计法律制度的规定，下列各项中，属于甲公司内部会计监督主体的有（　　）。

A. 甲公司纪检部门　　B. 甲公司债权人　　C. 甲公司会计机构　　D. 甲公司会计人员

4.［2020年真题］根据会计法律制度的规定，下列职务中，属于不相容职务的有（　　）。

A. 业务经办与稽核检查　　B. 会计记录与财产保管

C. 授权批准与监督检查　　D. 业务经办与会计记录

5.［2023年真题］根据会计法律制度的规定，下列关于会计核算基本要求的表述中，正确的有（ ）。

A. 伪造、变造会计资料是造成会计资料不真实、不完整的重要手段

B. 会计核算以实际发生的经济业务为依据

C. 在中国境内的外国企业，可同时使用中文和其本国文字进行会计记录

D. 任何单位和个人不得伪造会计凭证

6. [2021 年真题] 甲公司会计人员赵某审核原始凭证所采取的下列处理方式中，符合法律规定的有（ ）。

A. 发现原始凭证有涂改，要求出具单位重开

B. 退回记载不完整的原始凭证，要求补充

C. 发现原始凭证金额有错误，要求出具单位更正

D. 拒绝接受不真实的原始凭证，并向单位负责人报告

7. [2021 年真题] 甲公司的下列人员中，在满足其他基本条件下，符合会计机构负责人任职资格的有（ ）。

A. 具备高级会计师专业技术职务资格的李某

B. 曾因提供虚假财务会计报告被追究刑事责任的原会计师赖某

C. 已从事会计工作 5 年的张某

D. 具备初级会计专业技术资格且从事会计工作 2 年的王某

8. [2021 年真题] 根据会计法律制度的规定，下列各项中，属于会计岗位的有（ ）。

A. 财务成果核算

B. 档案管理部门的会计档案管理

C. 会计机构负责人

D. 单位内部审计

## 三、判断题

1. [2022 年真题] 单位分立后原单位存续的，其会计档案应当由分立后的存续方统一保管。（ ）

2. [2021 年真题] 企业向不同的会计资料使用者提供的财务会计报告，其编制依据可以不一致。（ ）

3. [2021 年真题] 审计报告分为标准审计报告和非标准审计报告。（ ）

4. [2021 年真题] 甲国有企业会计机构负责人张某的女儿可以在该单位会计机构内担任出纳工作。（ ）

5. [2021 年真题] 会计师事务所不得从事代理记账业务。（ ）

6. [2023 年真题] 向税务机关提供委托人的税务资料不属于代理记账机构的业务范围。（ ）

7. [2021 年真题] 会计档案鉴定工作应当由单位会计机构牵头，组织单位审计、纪检监察等机构或人员共同进行。（ ）

8. [2021 年真题] 会计工作的单位内部监督对象是各单位的会计机构和会计人员。（ ）

# 第三章 增值税法律制度

## 学习目标

### ◆ 知识目标

掌握税收基本特征、构成要素
掌握增值税征收原理、征税范围
掌握增值税销项税额计算
掌握增值税进项税额计算
掌握增值税应纳税额计算
掌握增值税免税项目
掌握增值税即征即退、起征点
熟悉增值税出口退（免）税规定
熟悉增值税征收管理
熟悉增值税发票管理

### ◆ 能力目标

能从增值税发票中识别价内税和价外税
能从流转税的角度理解增值税的征收

### ◆ 素质目标

从农产品角度明晰增值税征收背景下我国对农业的支持
从财政收支的角度正确理解增值税作为我国第一大税种的贡献

## 专栏 3：党的二十大精神与增值税法律制度

**国务院新闻办就财政贯彻落实党的二十大重大决策部署有关情况举行发布会（节选）**

2022 年，面对需求收缩、供给冲击、预期转弱三重压力，以习近平同志为核心的党中央统揽全局、科学决策，完善和创新宏观调控，及时果断实施了组合式税费支持政策，培育壮大市场主体，推动经济恢复向好。

回顾 2022 年的减税降费政策，主要呈现以下三个特点：

一是力度大。全年新增减税降费和退税缓税缓费超 4.2 万亿元，其中增值税留抵退税约 2.46 万亿元，超过 2021 年办理留抵退税规模的 3.8 倍，力度是近年来最大的。

二是发力早。大规模增值税留抵退税扩围加力提速，上半年即大头落地。全年存量留抵退税任务提前到二季度集中完成。各项优惠政策早出快出，尽早见效。

三是更协同。加强协调联动，接连推出小规模纳税人免征增值税、阶段性缓缴社会保险费、减征部分乘用车购置税等一揽子政策，形成纾困合力。

# 第一节　税法基础与增值税基本概念

## 一、税法概述

### 知识点 1：税收特征、税收法律关系、现行税种与征收机关

微课：税收法律制度概述

**1. 税收特征**

**（1）强制性。**税收是国家为实现其职能，凭借政治权力征收的。

**（2）无偿性。**税收是国家无偿取得财政收入的一种特定分配形式。

**（3）固定性。**税收是国家按照法定标准征收的。

**2. 税收法律关系**

**（1）主体。**

一是代表国家行使征税职责的税务机关：各级税务机关、海关。

二是履行纳税义务人：法人、自然人、其他组织。

**（2）客体。**它是指税收法律关系主体的权利和义务所共同指向的对象，即征税对象。

**（3）内容。**它是指税收法律关系主体所享受的权利和所承担的义务。

**3. 现行税种与征收机关**

**（1）由税务机关负责征收的税种。**除绝大多数税收收入外，由税务机关负责征收的还包括非税收入和社会保险费。

**（2）由海关负责征收的税种。**

一是征收：关税、船舶吨税。

二是委托代征：进口环节增值税和消费税。

## 知识点2：税收构成要素

**1. 纳税人**

**（1）纳税人的概念。**纳税人是指依法直接负有纳税义务的自然人、法人和其他组织。

**（2）负税人与扣缴义务人。**负税人是指税收的实际负担者；扣缴义务人是指负有代扣税款并向国库缴纳义务的单位和个人。

**2. 征税对象**

**（1）征税对象性质。**征税对象，又称课税对象，是税收法律关系的客体。

**（2）征税对象地位。**征税对象是区别不同税种的重要标志。

**（3）征税对象税目。**税法中对征税对象分类规定的具体的征税项目。

**3. 税率**

**（1）税率的性质与地位。**税率是计算税额的尺度，税率是税法的核心要素。

**（2）税率的分类。**

一是比例税率。它是指不论征税对象数量或金额的多少，统一按同一百分比征税的税率。

二是定额税率（固定税额）。它是指按征税对象的数量单位，直接规定的征税数额。

三是累进税率。它是指根据征税对象数量或金额的多少，分级规定递增的多级税率。我国税法体系采用累进税率，包括超额累进税率和超率累进税率两种形式。超额累进税率按征税对象分级，每级设定不同税率，随着应税数量或金额的增加，税率逐级提高。个人所得税中的综合所得采用这一税制。超率累进税率则以征税对象数额的相对率分级，规定不同的差别税率。当超过一个级距时，超过部分按高一级税率计算。土地增值税是超率累进税率的代表。累进税率随着征税对象的增加而递增，实现根据征税对象数量或金额的大小逐级调整税率。

**4. 计税依据**

**（1）从价计征。**

应纳税额 = 计税金额 × 适用税率

**（2）从量计征。**

应纳税额 = 计税数量 × 单位适用税额

**（3）复合计征。**

应纳税额 = 从价计征税额 + 从量计征税额

**5. 纳税环节**

纳税环节，是指税法规定的征税对象在从生产到消费的流转过程中应当缴纳税款的环节。

**6. 纳税期限**

纳税期限，是指纳税人“纳税义务发生后”应依法缴纳税款的期限。

**7. 纳税地点**

纳税地点，是指根据各个税种的纳税环节和有利于对税款的源泉控制而规定的纳税人的具体纳税地点。

**8. 税收优惠**

**（1）减税与免税。**

区分：减税是对应纳税款少征一部分税款；免税是对应纳税额全部免征。

措施：分为长期减免税项目、一定期限内的减免税措施。

**（2）起征点与免征额。**

起征点：税法规定对征税对象开始征税的起点数额。征税对象的数额达到或超过起征点的就全部数额征税，未达到起征点的不征税。

免征额：征税对象全部数额中免予征税的部分，只就超过免征额的部分计征税款。

**9. 法律责任**

法律责任，是指违反税法规定的行为人对违法行为所应承担的具有强制性的法律后果。

## 二、增值税基本原理

### 知识点1：流转税

**1. 流转税的概念**

流转税，又称流转课税、流通税，是指以纳税人商品生产、流通环节的流转额或者数量以及非商品交易的营业额为征税对象的一类税收，是商品生产和商品交换的产物。增值税、消费税、关税是流转税的主要税种。

**2. 流转税的特点**

**（1）税源充足。**由于流转税是在流动环节征收，因此征税范围广，既包含货物的流通，也包含服务和部分劳务。

**（2）可提供及时、稳定、可靠的财政收入。**由于我国是以增值税等流转税为主的税收体系，以商品、劳务的销售额和营业收入作为计税依据，因此一般不受生产、经营成本和费用变化的影响。

**（3）有间接税性质。**在从价征税的情况下，税收与价格密切相关，便于国家通过征税体现产业政策和消费政策。

### 知识点 2：增值税征收原理

**1. 增值税的概念**

增值税是一种按照货物和劳务的增值额来征税的间接税制。购进扣税法和链条式征纳税方式是增值税的两个核心概念，它们共同构成了增值税的基本运作机制。

**2. 购进扣税法（税款抵扣制）**

**（1）原理。**增值税的购进扣税法基于货物或服务的增值链，企业可以扣除其购进货物或接受服务时支付的增值税。

**（2）操作方式。**企业在购进商品或接受服务时支付的增值税金额可以在销售商品或提供服务后扣除，从而减少最终纳税金额。

**（3）优势。**购进扣税法鼓励生产环节的纳税人，促进生产者参与增值税的抵扣链条，降低税负。

**3. 链条式征纳税方式**

**（1）原理。**链条式征纳税方式强调增值税在生产和销售链条中的连续性，涵盖了整个生产过程，从而形成纳税链条。

**（2）操作方式。**税收在增值链条的每个环节都征收，并且每个环节的纳税人都可以扣除前一环节支付的增值税。

**（3）优势。**链条式征纳税方式确保了在整个生产和销售过程中的公平和透明，减少了逃税可能性，促使企业更好地遵守税收规定。

**4. 价外税与价内税的区别**

**（1）价外税（税金不作为计税依据）。**

应纳税款＝[含税价格÷（1+税率）]×税率

＝不含税价格×税率

增值税为典型的价外税。

**（2）价内税（税金作为计税依据）。**

应纳税款＝含税价格×税率

消费税为典型的价内税。

## 三、增值税法律制度概述

### 知识点 1：增值税纳税人

**1. 增值税纳税人的概念**

在中华人民共和国境内销售货物或者加工、修理修配劳务（以下简称劳务），销售服务、无形资产、不动产以及进口货物的单位和个人，为增值税的纳税人。单位以承包、承租、挂靠方式经营的，承包人、承租

**微课：**增值税纳税人、征税范围

人、挂靠人（以下统称承包人）以发包人、出租人、被挂靠人（以下统称发包人）名义对外经营并由发包人承担相关法律责任的，以该发包人为纳税人。否则，以承包人为纳税人。

**2. 增值税纳税人的分类**

根据纳税人的经营规模以及会计核算的健全程度不同，增值税的纳税人，可以分为小规模纳税人和一般纳税人。

**（1）划分标准。**增值税纳税人划分标准为年应税销售额500万元。年应税销售额是指纳税人在连续不超过12个月或四个季度的经营期内累计应征增值税销售额，包括纳税申报销售额、稽查查补销售额、纳税评估调整销售额。

一是一般纳税人：年应税销售额超过500万元的企业和企业性单位。

二是小规模纳税人：年应税销售额500万元及以下。

**（2）特殊情形。**

一是年应税销售额超过小规模纳税人标准的其他个人（除个体工商户以外的其他自然人），（必须）按小规模纳税人纳税。

二是非企业性单位，不经常发生应税行为的企业，可选择按小规模纳税人纳税。

三是年应税销售额未超过小规模纳税人标准的纳税人会计核算健全，能够提供准确税务资料的，可以向主管税务机关办理一般纳税人登记。

**3. 增值税纳税人管理要求**

自2015年3月30日起，增值税一般纳税人资格实行登记制。纳税人登记为一般纳税人后，不得转为小规模纳税人，国家税务总局另有规定的除外。

纳税人自一般纳税人生效之日起，按照增值税一般计税方法计算应纳税额。生效之日，是指纳税人办理登记的当月1日或者次月1日，由纳税人在办理登记手续时自行选择。

**4. 增值税纳税人发票使用和增值税核算方式**

**（1）发票使用。**

一是对于一般纳税人而言，可以自行开具增值税专用发票。

二是对于小规模纳税人而言，可以自行开具普通发票；需要开具增值税专用发票的，可以到税务机关代开增值税专用发票，也可以自愿使用增值税发票管理系统自行开具（其他个人除外）。选择自行开具增值税专用发票的小规模纳税人，税务机关不再为其代开增值税专用发票。

**（2）增值税核算方式。**

一是对于一般纳税人而言，即采用一般计税方法（采用税率计算应纳税额，并可抵扣进项税额）。

应纳税额＝销项税额－进项税额

二是对于小规模纳税人而言，即采用简易计税方法。

应纳税额＝销售额×征收率

### 5. 扣缴义务人

境外单位或个人在境内销售劳务，在境内未设有经营机构的，以其境内代理人为扣缴义务人；在境内没有代理人的，以购买方为扣缴义务人。

## 知识点 2：增值税征税范围

### 1. 销售货物

销售货物，是指通常情况下，在中国境内有偿转让货物的所有权。货物是指除土地、房屋和其他建筑物等不动产之外的有形动产，包括电力、热力、气体在内；有偿是指从购买方取得货币、货物或者其他经济利益。

### 2. 销售劳务

提供加工、修理修配劳务，是指有偿提供加工、修理修配劳务。单位或者个体工商户聘用的员工为本单位或者雇主提供加工、修理修配劳务，不包括在内。具体定义及要求如下：

一是关于加工。委托方提供原料及主要材料，受托方按照委托方的要求，制造货物并收取加工费的业务，属于加工业务，此时受托方可提供辅料。但受托方提供原料不属于加工业务，属于销售货物。

二是关于修理修配。它是指受托对损伤和丧失功能的货物进行修复，使其恢复原状和功能的业务。

### 3. 销售服务

**（1）交通运输服务**。它是指利用运输工具将货物或者旅客送达目的地，使其空间位置得到转移的业务活动，包括陆路运输服务、水路运输服务、航空运输服务和管道运输服务。

**（2）邮政服务**。它是指中国邮政集团公司及其所属邮政企业提供的业务活动，包括邮政普遍服务（邮件寄递、邮票发行、报刊发行、邮政汇兑等，不包括邮政储蓄），邮政特殊服务（指义务兵平常信函、机要通信、盲人读物和革命烈士遗物的寄递等业务活动），其他邮政服务（邮册等邮品销售、邮政代理等）。

**（3）电信服务**。

一是基础电信服务：利用固网、移动网、卫星、互联网，提供语音通话服务的业务活动，以及出租或者出售带宽、波长等网络元素的业务活动。

二是增值电信服务：利用固网、移动网、卫星、互联网、有线电视网络，提供短信和彩信服务、电子数据和信息的传输及应用服务、互联网接入服务等业务活动；卫星电视信号落地转接服务。

自 2016 年 2 月 1 日起，纳税人通过楼宇、隧道等室内通信分布系统，为电信企业提供的语音通话和移动互联网等无线信号室分系统传输服务，分别按照基础电信服务和增值电信服务缴纳增值税。

**（4）建筑服务**。它是指各类建筑物、构筑物及其附属设施的建造、修缮、装饰，线路、管道、设备、设施等的安装以及其他工程作业的业务活动，包括工程服务、安装服务、修缮服务、装饰服务和其他建筑服务。其中，安装服务主要包括固定电话、有线电视、宽带、水、电、燃气、暖气等经营者向用户收取的安装费、初装费、开户费、扩容费以及类似收费；其他建筑服务主要包括钻井（打井）、拆除建筑物或者构筑物、平整土地、园林绿化、疏浚（不包括航道疏浚）、建筑物平移、搭脚手架、爆破、矿山穿孔、表面附着物（包括岩层、土层、沙层等）剥离和清理等工程作业。

**（5）金融服务。**

一是贷款服务：各种占用、拆借资金取得的收入，包括金融商品持有期间利息收入、信用卡透支利息收入、买入返售金融商品利息收入、融资融券收取的利息收入，以及融资性售后回租、押汇、罚息、票据贴现、转贷等业务取得的利息及利息性质的收入。以货币资金投资收取的固定利润或者保底利润，按照“金融服务——贷款服务”缴纳增值税。融资性售后回租属于“金融服务——贷款服务”，但融资租赁属于“现代服务——租赁服务”。

二是直接收费金融服务：货币兑换、账户管理、电子银行、信用卡等服务。

三是保险服务。

四是金融商品转让：转让外汇、有价证券、非货物期货和其他金融商品所有权的业务活动。

**（6）现代服务。**

一是研发和技术服务。它包括研发服务、合同能源管理服务、工程勘察勘探服务、专业技术服务。但技术转让服务属于销售无形资产，技术咨询服务属于“现代服务——鉴证咨询服务”，技术开发服务属于“现代服务——研发和技术服务”。

二是信息技术服务。它包括软件服务、电路设计及测试服务、信息系统服务、业务流程管理服务和信息系统增值服务。

三是文化创意服务。它包括设计服务、知识产权服务、广告服务和会议展览服务。但商标和著作权转让服务属于销售无形资产。

四是物流辅助服务。它包括航空服务、港口码头服务、货运客运场站服务、打捞救助服务、装卸搬运服务、仓储服务和收派服务。但货物运输属于交通运输服务；对货物的装卸搬运、仓储、收派属于物流辅助服务；货物运输代理服务、代理报关服务属于“现代服务——商务辅助服务——经纪代理服务”。

五是租赁服务。它包括有形动产或者不动产的融资租赁服务和经营租赁服务。但融资性售后回租属于“金融服务——贷款服务”。

六是鉴证咨询服务。它包括认证服务、鉴证服务和咨询服务。其中，咨询服务包括翻译服务、市场调查服务、技术咨询服务。

七是广播影视服务。它包括广播影视节目（作品）的制作服务、发行服务和播映（含放映）服务。但广告的制作、发行属于“现代服务——文化创意服务”。

八是商务辅助服务。它包括企业管理服务，如物业管理；经纪代理服务，如金融代理、知识产权代理、货物运输代理、代理报关、法律代理、房地产中介、职业中介、婚姻中介、代理记账、拍卖等；其他现代服务。

**（7）生活服务。**生活服务，是指为满足城乡居民日常生活需求提供的各类服务活动，包括文化体育服务、教育医疗服务、旅游娱乐服务、餐饮住宿服务、居民日常服务等其他生活服务。

#### 4. 销售无形资产及不动产

**（1）销售无形资产。**销售无形资产，是指转让无形资产所有权或者使用权的业务活动。无形资产包括技术、商标、著作权、商誉、自然资源使用权和其他权益性无形资产。

**（2）销售不动产。**销售不动产，是指转让不动产所有权的业务活动。不动产包括建筑物、构筑物和其他土地附着物。

#### 5. 进口货物

进口货物，是指申报进入中国海关境内的货物。报关进口的应税货物应当征收进口环节增值税。

### 知识点 3：视同销售

#### 1. 视同销售货物

单位或者个体工商户的行为，虽然没有取得销售收入，也视同销售货物，缴纳增值税。具体有三方面：

**（1）委托代销行为。**委托代销行为包含委托方和受托方，其中委托方将货物交付他人代销，受托方销售代销货物。委托方一般是纳税义务发生时间为收到代销清单或代销款二者之中的较早者，受托方纳税义务发生时间为货物售出时，并就收到的手续费按“现代服务——商务辅助服务——经纪代理服务”缴纳增值税。

**（2）移送。**设有两个以上机构并实行统一核算的纳税人，将货物从一个机构移送至其他机构用于销售，但相关机构设在同一县（市）的除外。移送当天发生增值税纳税义务。

**（3）自产、委托加工或者购进的货物。**将自产、委托加工的货物用于集体福利或者个人消费；将自产、委托加工或者购进的货物作为投资，提供给其他单位或者个体工商户；将自产、委托加工或者购进的货物分配给股东或者投资者；将自产、委托加工或者购进的货物无偿赠送其他单位或者个人。

#### 2. 视同销售服务、无形资产或者不动产

对于单位或者个体工商户而言无偿提供服务视同销售；对于单位或者个人而言无偿转让无形资产或者不动产视同销售。但用于公益事业或者以社会公众为对象的除外。

### 知识点 4：不征收增值税

#### 1. 下列非经营活动不视为销售

**（1）行政单位收取的政府性基金或者行政事业性收费。**行政单位收取的同时满足以下

条件不视为销售：由国务院或者财政部批准设立的政府性基金，由国务院或者省级人民政府及其财政、价格主管部门批准设立的行政事业性收费；收取时开具省级以上（含省级）财政部门监（印）制的财政票据；所收款项全额上缴财政。

**（2）单位或个体工商户与员工之间的下列交易。**单位或者个体工商户聘用的员工为本单位或雇主提供取得工资的服务，销售加工、修理修配劳务；单位或者个体工商户为聘用的员工提供服务。

**2. 不属于在境内销售服务或者无形资产的情形**

境外单位或者个人向境内单位或者个人销售完全在境外发生的服务；境外单位或者个人向境内单位或者个人销售完全在境外使用的无形资产；境外单位或者个人向境内单位或者个人出租完全在境外使用的有形动产。

属于境内销售的情形有：销售货物，货物的起运地或者所在地在境内；提供加工、修理修配劳务，提供的应税劳务发生在境内；销售服务（租赁不动产除外）或者无形资产（自然资源使用权除外），销售方或者购买方在境内；销售或者租赁的不动产，所销售或租赁的不动产在境内；销售自然资源使用权，所销售的自然资源在境内。

## 知识点 5：增值税税率和征收率

微课：增值税的税率和征收率

**1. 增值税税率**

**（1）增值税税率 13%。**销售或进口货物（适用 9% 低税率的除外）；提供加工、修理修配劳务；提供有形动产租赁服务。

**（2）增值税税率 9%。**

一是销售基本生活资料：粮食等农产品、食用植物油、食用盐。关于农产品必须是销售非自产农产品，且必须是初级农产品。

二是销售基本生活能源：自来水、暖气、冷气、热水、煤气、石油液化气、天然气、二甲醚、沼气、居民用煤炭制品。

三是销售关于精神文明建设的产品：图书、报纸、杂志、音像制品、电子出版物。

四是销售关于农业生产的产品：饲料、化肥、农药、农机、农膜。

五是销售其他类型的产品：交通运输、邮政、基础电信服务；销售建筑、不动产租赁服务，销售不动产，转让土地使用权。

**（3）增值税税率 6%。**销售增值电信服务、金融服务、现代服务（有形动产租赁除外）、生活服务、转让无形资产（转让土地使用权除外）。

**（4）增值税零税率。**

一是符合条件的出口货物。

二是境内单位或个人的跨境应税行为。国际运输服务，具体包括在境内载运旅客或者货物出境、在境外载运旅客或者货物入境、在境外载运旅客或者货物；航天运输服务；向境外单位提供的完全在境外消费的服务，具体包括研发服务、合同能源管理服务、设计服务、广播影视节目（作品）的制作和发行服务、软件服务、电路设计及测试服务、信息系统服务、业务流程管理服务、离岸服务外包业务、转让技术。

增值税税率归类如表 3-1 所示。

**表 3-1 增值税税率归类**

| 情形 | | 税率 |
|---|---|---|
| 电信业务 | 基础电信 | 9% |
| | 增值电信 | 6% |
| 租赁业务 | 有形动产租赁 | 13% |
| | 不动产租赁、销售 | 9% |
| 无形资产 | 转让土地使用权 | 9% |
| | 销售其他无形资产 | 6% |

**2. 增值税征收率**

小规模纳税人的增值税征收率一般为 3%，特殊业务适用 5%。一般纳税人特殊情形下也可以选择适用征收率。

**（1）一般纳税人销售自己使用过的物品。**

一是属于条例规定不得抵扣且未抵扣进项税额的固定资产，按简易办法依照 3% 的征收率减按 2% 征收。增值税计税公式：

应纳增值税 = 含税销售额 ÷（1+3%）× 2%

二是不属于条例规定不得抵扣且未抵扣进项税额的固定资产和其他物品，适用税率征税，不适用征收率。增值税计税公式：

销项税额 = 含税价 ÷（1+13%）× 13%

已使用过的固定资产，是指纳税人根据财务会计制度已经计提折旧的固定资产。

**（2）小规模纳税人增值税处理。**

一是销售自己使用过的固定资产，按简易办法依照 3% 的征收率减按 2% 征收。增值税计税公式：

应纳增值税 = 含税销售额 ÷（1+3%）× 2%

二是销售自己使用过的除固定资产以外的物品，按 3% 的征收率征税。增值税计税公式：

应纳增值税 = 含税销售额 ÷（1+3%）× 3%

**（3）销售旧货。**

纳税人销售旧货，按简易办法依照 3% 的征收率减按 2% 征收增值税。

旧货，是指进入二次流通的具有部分使用价值的货物，但不包括自己使用过的物品。

增值税计税公式：

应纳增值税 = 含税销售额 ÷（1+3%）× 2%

**（4）二手车经销，减按 0.5% 征收增值税。**自 2020 年 5 月 1 日至 2027 年 12 月 31 日，从事二手车经销的纳税人销售其收购的二手车，由原按照简易办法依 3% 征收率减按 2% 征收增值税，改为减按 0.5% 征收增值税。

增值税计税公式：

应纳增值税 = 含税销售额 ÷（1+ 0.5%）× 0.5%

**（5）一般纳税人采取简易办法征收。**采取简易办法征收，计算中不得抵扣进项。

一是销售自产货物。一般纳税人销售自产的下列货物，可选择按照简易办法依 3% 征收率缴纳增值税：县级及县级以下小型水力发电单位（5 万千瓦以下）生产的电力；建筑用和生产建筑材料所用的砂、土、石料；以自己采掘的砂、土、石料或其他矿物连续生产的砖、瓦、石灰（不含黏土实心砖、瓦）；用微生物、微生物代谢产物、动物毒素、人或动物的血液或组织制成的生物制品；自来水；商品混凝土（仅限于以水泥为原料生产的水泥混凝土）。一般纳税人选择简易办法计算缴纳增值税后，36 个月内不得变更。

二是其他业务。一般纳税人销售下列货物的，暂按简易办法依照 3% 征收率计算缴纳增值税：寄售商店代销寄售物品（包括居民个人寄售的物品在内）；典当业销售死当物品。一般纳税人为建筑工程老项目提供的建筑服务，可选择简易计税方法依照 3% 的征收率征收增值税。建筑工程老项目是指《建筑工程施工许可证》注明的合同开工日期在 2016 年 4 月 30 日前的建筑工程项目；未取得《建筑工程施工许可证》的，建筑工程承包合同注明的开工日期在 2016 年 4 月 30 日前的建筑工程项目。

三是“营改增”对销售服务的影响。公共交通运输服务，包括轮客渡、公共客运、地铁、城市轻轨、出租车、长途客运、班车；电影放映服务、仓储服务、装卸搬运服务、收派服务、文化体育服务；经认定的动漫企业为开发动漫产品提供的动漫脚本编撰、设计、制作等服务，以及在境内转让动漫版权；以纳入“营改增”试点之日前取得的有形动产为标的物提供的经营租赁服务；在纳入“营改增”试点之日前签订的尚未执行完毕的有形动产租赁合同。

**（6）适用 5% 征收率的特殊业务。**

一是转让、出租不动产。对于小规模纳税人而言，非房地产开发企业转让、出租其取得的不动产（不含个人出租住房）应当适用；房地产开发企业销售自行开发的房地产老项目应当适用。对于一般纳税人而言，非房地产开发企业转让、出租其 2016 年 4 月 30 日前取得的不动产可选择适用；房地产企业销售自行开发的房地产老项目可选择适用，购入未完工的房地产老项目继续开发后，以自己名义立项销售的不动产，属于房地产老项目。

二是提供劳务派遣服务。纳税人提供劳务派遣服务，选择差额纳税的，按照 5% 的征收率征收增值税。

# 第二节 增值税应纳税额

## 一、一般计税方法应纳税额

### 知识点1：增值税应纳税额计算基本原理

**1. 适用类型**

增值税应纳税额基本原理适用一般纳税人绝大部分业务。小规模纳税人不采用一般计税方法，其适用简易计税。

**2. 基本原理**

应纳税额 = 当期销项税额 – 当期进项税额

**3. 注意事项**

**（1）当期销项税额。**

一是计算方法。

当期销项税额 = 销售额（组成计税价格）× 税率

二是确定销售额不含税。

三是确认是否当期。

**（2）当期进项税额。**

一是确定是否能够抵扣。

二是确认是否当期。

### 知识点2：当期销项税额确定

**1. 一般规则**

当期销项税额 = 不含税销售额 × 税率

当期销项税额 = 组成计税价格 × 税率

**2. 销售额确定**

销售额 = 价款 + 价外费用

价外费用包括价外向购买方收取的手续费、补贴、基金、集资费、返还利润、奖励费、违约金、滞纳金、延期付款利息、赔偿金、代收款项、代垫款项、包装费、包装物租金、储备费、优质费、运输装卸费以及其他各种性质的价外收费。

增值税属于价外税，不包含在销售收入中。表述的含税销售收入是指含增值税。如果销售额含销项税额，则需要做价税分离。

不含税销售额 = 含税销售额 ÷（1+ 税率）

属于含税销售收入的表述有普通发票注明的价款、零售价格、价外收入、价税合计收取的金额。

### 3. 不属于价外费用情形

**（1）消费税。**它是指受托加工应征消费税的消费品所代收代缴的消费税。

**（2）运费。**它是指同时符合以下条件的代垫运费：承运部门的运输费用发票开具给购买方的；纳税人将发票转交给购货方的。

一是关于收取的运费。符合条件的代垫运费不属于价外费用，销售企业不能作为进项税额抵扣，也不能作为销项税额；运输企业按照交通运输服务计征销项税额；销售企业属于混合销售。除非分别开票，运费作为价外费用处理，否则统一按货物销售计征增值税。

二是支付的运费作为进项税额抵扣。

**（3）政府性基金或者行政事业性收费。**它是指同时符合以下条件代为收取的政府性基金或者行政事业性收费：由国务院或者财政部批准设立的政府性基金，由国务院或者省级人民政府及其财政、价格主管部门批准设立的行政事业性收费；收取时开具省级以上财政部门印制的财政票据；所收款项全额上缴财政。

**（4）其他。**它是指销售货物的同时代办保险等而向购买方收取的保险费，以及向购买方收取的代购买方缴纳的车辆购置税、车辆牌照费。

### 4. 须核定销售额的情形

销售价格明显偏低并无正当理由或有视同销售行为而无销售额的，应按下列顺序核定其销售额：

一是按纳税人最近时期同类货物的平均销售价格确定。

二是按其他纳税人最近时期同类货物的平均销售价格确定。

三是按组成计税价格确定。

非应税消费品组成计税价格＝成本×（1+成本利润率）

如果该货物属于消费税征税范围，其组成计税价格中应加消费税税额。

组成计税价格＝成本×（1+成本利润率）+消费税税额

＝成本×（1+成本利润率）÷（1−消费税税率）

除属于从价定率计征消费税的货物外，成本利润率统一为10%；从价定率计征消费税的货物，根据不同场景会给出成本利润率。

### 5. 增值税和消费税

**（1）增值税。**

增值税为价外税。

价款＝成本＋利润

**（2）消费税。**

消费税为价内税，若属于应税消费品，则：

价款＝成本＋利润＋消费税

＝成本×（1＋成本利润率）/（1−消费税税率）

## ＊知识点 3：特殊销售方式当期销项税额确定

### 1. 包装物押金

包装物押金需要与包装费、包装物租金进行区分。包装费、包装物租金属于价外费用，包装物押金不一定属于价外费用。包装物押金是否属于价外费用需要从产品类型和是否逾期两个角度进行综合判断。逾期是指超过合同约定的期限或者虽未超过合同约定期限，但已经超过 1 年的。

不含税押金 = 含税押金 ÷（1+ 所包装货物适用税率）

判断包装物押金是否属于价外费用可参见表 3–2。

表 3–2　判断包装物押金是否属于价外费用

| 产品 | 取得时 | 逾期时 |
|---|---|---|
| 除酒类产品以外的其他货物 | 不属于 | 属于 |
| 白酒、其他酒 | 属于 | — |
| 啤酒、黄酒 | 不属于 | 属于 |

### 2. 折扣销售、销售折让与销售退回

折扣销售、销售折让与销售退回的具体规定如表 3–3 所示。

表 3–3　折扣销售、销售折让与销售退回的具体规定

<table>
<tr><th>项目</th><th colspan="3">具体规定</th></tr>
<tr><td rowspan="3">折扣销售</td><td rowspan="2">销售额和折扣额在同一张发票上分别注明</td><td>均记录在金额栏</td><td>按折扣后的销售额征收增值税</td></tr>
<tr><td>销售额记录在金额栏，折扣额记录在备注栏</td><td>不得从销售额中减除折扣额</td></tr>
<tr><td colspan="2">销售额和折扣额分别开具发票</td><td>不得从销售额中减除折扣额</td></tr>
<tr><td rowspan="2">销售折让与退回</td><td colspan="2">按规定开具红字增值税专用发票</td><td>从发生退回或折让当期的销项税额中扣减</td></tr>
<tr><td colspan="2">未按规定开具红字增值税专用发票</td><td>不得扣减销项税额或者销售额</td></tr>
</table>

### 3. 以旧换新

（1）**非金银首饰**。非金银首饰按新货物的同期销售价格确定销售额，不得扣减旧货物的收购价格。

新货物的销售价格 = 实际收取的价款 + 旧货物的收购价格

（2）**金银首饰**。金银首饰按销售方实际收取的不含增值税的全部价款确定销售额。

实际收取的价款 = 新货物的销售价格 – 旧货物的收购价格

### 4. 以物易物

以物易物双方都应作购销处理，以各自发出的货物核算销售额并计算销项税额，以各自收到的货物按规定核算购货额并计算进项税额。

### 5. 还本销售

还本销售税法上按正常销售处理。

销售额＝货物销售价格（不得在销售额中减除还本支出）× 销售数量

## 知识点4：其他特殊规定

### 1. “营改增”行业销售额确定的特殊规定

**（1）全额征税。**

一是贷款服务以提供贷款服务取得的全部利息及利息性质的收入为销售额。

二是直接收费金融服务以提供直接收费金融服务收取的手续费、佣金、酬金、管理费、服务费、经手费、开户费、过户费、结算费、转托管费等各类费用为销售额。

**（2）余额征税。**

一是金融商品转让，销售额计算公式为：

销售额＝卖出价－买入价

转让金融商品发生的正负差，按盈亏相抵后的余额为销售额。负差不得转入下一个纳税年度，但可以在本年度不同纳税期结转。金融商品的买入价，可以选择按照加权平均法或者移动加权平均法进行核算，选择后36个月内不得变更。金融商品转让，不得开具增值税专用发票。

二是经纪代理服务，销售额计算公式为：

销售额＝取得的全部价款和价外费用－向委托方收取并代为支付的政府性基金或者行政事业性收费

向委托方收取的政府性基金或行政事业性收费，不得开具增值税专用发票。

三是航空运输企业，销售额计算公式为：

销售额＝取得的全部价款和价外费用－代收的机场建设费－代售其他航空运输企业客票而代收转付的价款

四是提供客运场站服务，销售额计算公式为：

销售额＝取得的全部价款和价外费用－支付给承运方运费

五是提供旅游服务，销售额计算公式为：

销售额＝取得的全部价款和价外费用－支付给其他单位或者个人的住宿费、餐饮费、交通费、签证费、门票费和支付给其他接团旅游企业的旅游费用

选择上述方法的纳税人，向旅游服务购买方收取并支付的上述费用，不得开具增值税专用发票（可以开具普通发票）。

六是提供建筑服务适用简易计税方法的，销售额计算公式为：

销售额＝取得的全部价款和价外费用－支付的分包款

七是房地产开发企业中的一般纳税人销售其开发的房地产项目（选择简易计税方法的房地产老项目除外），销售额计算公式为：

销售额＝取得的全部价款和价外费用－受让土地时向政府部门支付的土地价款

#### 2. 销售额确定的特殊规定

一是纳税人发生开票有误或者销售折让、中止、退回等情形的，应当开具红字增值税专用发票；未按照规定开具红字增值税专用发票的，不得扣减销项税额或者销售额。

二是纳税人适用简易计税方法计税的，因销售折让、中止或者退回而退还给购买方的销售额，应当从当期销售额中扣减。扣减当期销售额后仍有余额造成多缴的税款，可以从以后的应纳税额中扣减。

三是外币销售额的折算：折合率可以选择销售额发生的当天或者当月 1 日的人民币汇率中间价。纳税人应当事先确定采用何种折合率，确定后 12 个月内不得变更。

## 二、当期进项税额确定

### 知识点 1：可以抵扣的情形

#### 1. 增值税专用发票、专用缴款书、代扣代缴税款的完税凭证

**（1）增值税专用发票。**从销售方取得的增值税专用发票（含税控机动车销售统一发票）上注明的增值税额，进项税额可以抵扣。

**（2）增值税专用缴款书。**从海关取得的海关进口增值税专用缴款书上注明的增值税额，进项税额可以抵扣。

**（3）代扣代缴税款的完税凭证。**自境外单位或个人购进劳务、服务、无形资产或者境内的不动产，从税务机关或扣缴义务人取得的代扣代缴税款的完税凭证上注明的增值税税额，进项税额可以抵扣。可以用于抵扣的凭证：增值税专用发票、机动车销售统一发票、海关进口增值税专用缴款书、农产品收购发票、农产品销售发票、税收缴款凭证。

#### 2. 纳税人购进农产品

农产品深加工业务纳税人购进用于生产销售或受托加工 13% 税率货物的农产品按照 10% 的扣除率计算进项税额。纳入农产品增值税进项税额核定扣除试点范围的纳税人，其进项税额采用核定扣除。农产品非深加工业务主要包括纳税人购进农产品用于生产销售或委托加工 9% 税率货物（如农产品简单加工业务）以及用于“营改增”应税服务（如餐饮服务）等情形。计算公式为：

进项税额 = 买价 × 扣除率

具体情形如下：

一是取得一般纳税人开具的增值税专用发票或海关进口增值税专用缴款书的，以发票或专用缴款书上注明的增值税额为进项税额。

二是从按照简易计税方法依照 3% 征收率计算缴纳增值税的小规模纳税人，取得增值税专用发票的，以增值税专用发票上注明的金额和 9% 的扣除率计算进项税额。

三是取得（开具）农产品销售发票或收购发票的（购进免税农产品），以农产品销售发票或收购发票上注明的农产品买价和 9% 的扣除率计算进项税额。买价包括按规定缴纳的烟叶税。

**3. 纳税人购进国内旅客运输服务**

其进项税额允许从销项税额中抵扣。未取得增值税专用发票的，暂按照以下规定确定进项税额。

一是取得增值税电子普通发票的为发票上注明的税额。

二是取得注明旅客身份信息的航空运输电子客票行程单的，

航空旅客运输进项税额 =（票价 + 燃油附加费）/（1+9%）×9%

三是取得注明旅客身份信息的铁路车票的，

铁路旅客运输进项税额 = 票面金额 /（1+9%）×9%

四是取得注明旅客身份信息的公路、水路等其他客票的，

公路、水路等其他旅客运输进项税额 = 票面金额 /（1+3%）×3%

## 知识点 2：不得抵扣项目的范围

**1. 一般规定**

用于简易计税方法计税项目、免征增值税项目、集体福利或者个人消费的购进货物、加工修理修配劳务、服务、无形资产和不动产，进项税额不可抵扣。其中涉及的固定资产、无形资产、不动产，仅指专用于上述项目的固定资产、无形资产（不包括其他权益性无形资产）、不动产。

**2. 非正常损失**

非正常损失，是指因管理不善造成货物被盗、丢失、霉烂变质的损失。若因不可抗力或者发生合理损耗，进项税额可以抵扣。非正常损失主要包括：

一是非正常损失的购进货物，以及相关的加工修理修配劳务或交通运输服务；

二是非正常损失的在产品、产成品所耗用的购进货物（不包括固定资产）、加工修理修配劳务和交通运输业服务；

三是非正常损失的不动产，以及该不动产所耗用的购进货物、设计服务和建筑服务；

四是非正常损失的不动产在建工程所耗用的购进货物、设计服务和建筑服务。

**3. 特殊外购业务**

一是购进的贷款服务、餐饮服务、居民日常服务和娱乐服务。

二是纳税人接受贷款服务向贷款方支付的与该笔贷款直接相关的投融资顾问费、手续费、咨询费等费用，其进项税额不得从销项税额中抵扣。

## *知识点 3：进项税额确认的其他规定

**1. 兼营情形**

兼营简易计税方法计税项目、免征增值税项目而无法划分不得抵扣进项税额的处理按照下列公式计算不得抵扣的进项税额：

不得抵扣的进项税额＝当期无法划分的全部进项税额×（当期简易计税方法计税项目销售额＋免征增值税项目销售额）÷当期全部销售额

**2. 已抵扣进项税额，后用途改变**

一是已抵扣进项税额的购进货物、劳务、服务，发生不得从销项税额中抵扣情形（简易计税方法计税项目、免征增值税项目除外），将该进项税额从当期的进项税额中扣减，无法确定的，按当期实际成本计算进项税额。

二是已抵扣进项税额的无形资产或不动产，发生不得从销项税额中抵扣情形，按照下列公式计算不得抵扣的进项税额：

不得抵扣的进项税额＝无形资产或者不动产净值×适用税率

**3. 不得抵扣且未抵扣进项税额，后用途改变**

按照规定不得抵扣且未抵扣进项税额的固定资产、无形资产、不动产，发生用途改变，用于允许抵扣进项税额的应税项目，可在用途改变的次月按照下列公式计算可以抵扣的进项税额：

可以抵扣的进项税额＝固定资产、无形资产、不动产净值÷（1+适用税率）×适用税率

**4. 销售折让、中止或者退回（影响本期）**

退还给购买方的增值税额，应当从当期的销项税额中扣减，收回的增值税额从当期的进项税额中扣减。

## *知识点4：增值税期末留抵退税

**1. 增值税期末留抵退税**

自2019年4月1日起，试行增值税期末留抵税额退税制度。增量留抵税额是指与2019年3月底相比新增加的期末留抵税额。

**2. 申请退还增量留抵税额**

同时符合以下条件的纳税人，可以向主管税务机关申请退还增量留抵税额：自2019年4月税款所属期起，连续6个月（按季纳税的，连续两个季度）增量留抵税额均大于零，且第6个月增量留抵税额不低于50万元；纳税信用等级为A级或者B级；申请退税前36个月未发生骗取留抵退税、出口退税或虚开增值税专用发票情形的；申请退税前36个月未因偷税被税务机关处罚两次及以上的；自2019年4月1日起未享受即征即退、先征后返（退）政策的。

**3. 出口货物劳务、发生跨境应税行为**

适用免抵退税办法的，办理免抵退税后，仍符合规定条件的，可以申请退还留抵税额；适用免退税办法的，相关进项税额不得用于退还留抵税额。

**4. 公式计算**

允许退还的增量留抵税额 = 增量留抵税额 × 进项构成比例 ×60%

进项构成比例 = 当期专用票类注明的（进项）税额 ÷ 当期抵扣的全部（进项）税额 ×100%

进项构成比例，为 2019 年 4 月至申请退税前一税款所属期内已抵扣的增值税专用发票（含税控机动车销售统一发票）、海关进口增值税专用缴款书、解缴税款完税凭证注明的增值税额占同期全部已抵扣进项税额的比重。

**5. 退税的管理**

一是纳税人取得退还的留抵税额后，应相应调减当期留抵税额。

二是再次满足退税条件的，可以继续向主管税务机关申请退还留抵税额，但上述规定的连续期间，不得重复计算。

三是纳税人按照规定取得增值税留抵退税款的，不得再申请享受增值税即征即退、先征后返（退）政策。

**6. 部分先进制造业增值税期末留抵退税**

**（1）部分先进制造业纳税人。**这是指生产并销售非金属矿物制品、通信设备、专用设备及计算机、通信和其他电子设备，销售额占全部销售额的比重超过 50% 的纳税人。

**（2）同时满足条件。**这是指纳税信用等级为 A 级或者 B 级；申请退税前 36 个月未发生骗取留抵退税、出口退税或虚开增值税专用发票情形的；申请退税前 36 个月未因偷税被税务机关处罚两次及以上的；自 2019 年 4 月 1 日起未享受即征即退、先征后返（退）政策的。

**（3）计算公式。**

允许退还的增量留抵税额 = 增量留抵税额 × 进项构成比例

## 三、简易计税方法与进口货物应纳税额

### 知识点 1：简易计税方法应纳税额

增值税的简易计税方法适用于增值税小规模纳税人和部分一般纳税人（针对某些业务可选择采用简易计税）。

**1. 一般情况**

应纳税额 = 不含税销售额 × 征收率

　　　　 = 含税销售额 ÷（1+ 征收率）× 征收率

**2. 销售自己使用过的固定资产或旧货**

应纳税额 = 含税销售额 ÷（1+3%）×2%

**3. 其他**

应纳税额 = 含税销售额 ÷（1+3%）×3%

小规模纳税人不得抵扣进项税额，取得增值税专用发票也不得抵扣。

### 知识点 2：进口货物应纳税额

**1. 含消费税情况**

纳税人进口货物，按照组成计税价格和税率计算应纳税额。组成计税价格和应纳税额计算公式：

组成计税价格 = 关税完税价格 + 关税 + 消费税

= （关税完税价格 + 关税）/（1– 消费税税率）

= 关税完税价格 ×（1+ 关税税率）+ 消费税

= 关税完税价格 ×（1+ 关税税率）/（1– 消费税税率）

应纳税额 = 组成计税价格 × 税率

**2. 不含消费税情况**

如果进口的货物不征消费税，则组成计税价格公式不包括消费税。

组成计税价格 = 关税完税价格 + 关税

**3. 具体规定**

进口环节应纳增值税不得抵扣任何税额。

进口环节在海关已纳增值税，凭海关完税凭证抵扣国内销售环节的进项税额。

# 第三节 增值税税收优惠、征收管理和发票管理

## 一、增值税税收优惠

### 知识点 1：销售免征增值税项目

**1. 销售货物类免征增值税项目**

一是农业生产者销售的自产农产品（不含外购），农业是指种植业、养殖业、林业、牧业、水产业。

二是避孕药品和用具。

三是古旧图书。

四是直接用于科学研究、科学试验和教学的进口仪器、设备。

五是外国政府、国际组织无偿援助的进口物资和设备（不含外国企业）。

六是由残疾人的组织直接进口供残疾人专用的物品。

七是其他个人销售自己使用过的物品。

八是生产销售有机肥、农膜。

九是批发零售种子、种苗、农药、农机。

**2. 服务、销售不动产及无形资产类免征增值税项目**

**（1）与老百姓基本生活直接相关的免税项目。**

一是托儿所、幼儿园提供的保育和教育服务。

二是养老机构提供的养老服务。

三是残疾人福利机构提供的育养服务。

四是婚姻介绍服务。

五是殡葬服务。

六是医疗机构提供的医疗服务。

**（2）扶持弱势群体。**

一是残疾人员本人为社会提供的服务。

二是学生勤工俭学提供的服务。

**（3）鼓励教育文化的推广。**

一是从事学历教育的学校提供的教育服务（不含非学历教育）。

二是政府举办的从事学历教育的高等、中等和初等学校，举办进修班、培训班取得的全部归该学校所有的收入。

三是纪念馆、博物馆、文化馆、文物保护单位管理机构、美术馆、展览馆、书画院、图书馆在自己的场所提供文化体育服务取得的第一道门票收入。

四是寺院、宫观、清真寺和教堂举办文化、宗教活动的门票收入。

**（4）运输相关。**

一是台湾航运公司、航空公司从事海峡两岸海上直航、空中直航业务在大陆取得的运输收入。

二是纳税人提供的直接或间接国际货物运输代理服务。

**（5）针对个人。**

一是个人转让著作权。

二是个人销售自建自用住房。

三是涉及家庭财产分割的个人无偿转让不动产、土地使用权。

**（6）利息收入。**

一是国家助学贷款。

二是国债、地方政府债。

三是人民银行对金融机构的贷款。

四是住房公积金管理中心在指定的委托银行发放的个人住房贷款。

五是境外投资境内债券市场取得的债券利息等。

**（7）金融保险业相关。**

一是保险公司开办的 1 年期以上返还性人身保险产品取得的保费收入。

二是金融商品转让收入：合格境外投资者委托境内公司在我国从事证券买卖业务；香港市场投资者通过沪港通买卖上交所上市 A 股；对香港市场投资者通过基金互认买卖内地基金份额；证券投资基金管理人运用基金买卖股票、债券；个人从事金融商品转让业务。

三是金融同业往来利息收入。

**（8）其他情形。**

一是福利彩票、体育彩票的发行收入。

二是行政单位之外的其他单位收取的符合规定的政府性基金和行政事业性收费。

三是纳税人提供技术转让、技术开发和与之相关的技术咨询、技术服务。

四是农业机耕、排灌、病虫害防治、植物保护、农牧保险以及相关技术培训业务，家禽、牲畜、水生动物的配种和疾病防治。

五是农村电网维护费；农村饮水安全工程。

六是 2027 年 12 月 31 日前，企业集团内单位（含企业集团）之间的资金无偿借贷行为。

七是纳税人将国有农用地出租给农业生产者用于农业生产。

## 知识点 2：增值税即征即退、起征点与其他减免税规定

### 1. 增值税即征即退

一般纳税人提供管道运输服务、有形动产融资租赁服务与有形动产融资性售后回租服务，实际税负超过 3% 的部分实行增值税即征即退政策。

经中国人民银行、国家金融监督管理总局或者商务部批准从事融资租赁业务的试点纳税人中的一般纳税人，提供有形动产融资租赁服务和有形动产融资性售后回租服务，对其增值税实际税负超过 3% 的部分实行增值税即征即退政策。

增值税实际税负，是指纳税人当期提供应税服务实际缴纳的增值税额占纳税人当期提供应税服务取得的全部价款和价外费用的比例。

### 2. 增值税起征点

增值税的起征点适用范围仅限于个人，且不适用于登记为一般纳税人的个体工商户。有关增值税起征点幅度的规定如下：

按期纳税的，为月销售额 5 000～20 000 元（含本数）。

按次纳税的，为每次（日）销售额 300～500 元（含本数）。

纳税人销售额未达到增值税起征点的，免征增值税；达到起征点的，全额计算缴纳增值税。

### 3. 其他减免税规定

纳税人兼营免税、减税项目的，应当分别核算免税、减税项目的销售额；未分别核算

的，不得免税、减税。

纳税人发生应税销售行为适用免税规定的，可以放弃免税，放弃免税后，36个月内不得再申请。

纳税人发生应税销售行为同时适用免税或零税率规定的，可选择适用免税或零税率。

## 二、征收管理

### 知识点1：纳税地点

**1. 固定业户**

**（1）一般规定。**固定业户应当向其机构所在地的主管税务机关申报纳税。

**（2）总分机构不在同一县（市）。**固定业户总机构和分支机构不在同一县（市）的，应当分别向各自所在地的主管税务机关申报纳税；经国务院财政、税务主管部门或者其授权的财政、税务机关批准，可以由总机构汇总向总机构所在地的主管税务机关申报纳税。

**（3）到外县（市）销售货物或者应税劳务。**固定业户应当向其机构所在地的主管税务机关报告外出经营事项，并向其机构所在地的主管税务机关申报纳税；未报告的，应当向销售地或者劳务发生地的主管税务机关申报纳税；未向销售地或者劳务发生地的主管税务机关申报纳税的，由其机构所在地的主管税务机关补征税款。

**2. 非固定业户**

非固定业户销售货物或者劳务，应当向销售地或者劳务发生地的主管税务机关申报纳税；未向销售地或者劳务发生地的主管税务机关申报纳税的，由其机构所在地或者居住地的主管税务机关补征税款。

**3. 进口货物**

应当向报关地海关申报纳税。

**4. 其他个人**

提供建筑服务、销售或者租赁不动产、转让自然资源使用权，应向建筑劳务发生地、不动产所在地、自然资源所在地主管税务机关申报纳税。

**5. 扣缴义务人**

扣缴义务人应当向其机构所在地或者居住地的主管税务机关申报缴纳其扣缴的税款。

### 知识点2：纳税义务发生时间

**1. 一般规定**

销售货物或提供应税劳务的，其纳税义务发生的时间为收讫销售款或者取得销售款项凭据的当天；先开具发票的，为开具发票的当天。进口货物的，其纳税义务的发生时间为报关进口的当天。增值税扣缴义务发生时间为纳税人增值税纳税义务发生的当天。

**2. 按销售结算方式的不同**

**（1）采取直接收款方式销售货物。**不论货物是否发出，纳税业务发生时间均为收到销售款或者取得索取销售款凭据的当天。

**（2）采取托收承付和委托银行收款方式销售货物。**纳税业务发生时间为发出货物并办妥托收手续的当天。

**（3）采取赊销和分期收款方式销售货物。**纳税业务发生时间为书面合同约定的收款日期的当天；无书面合同的或者书面合同没有约定收款日期的，为货物发出的当天。

**（4）采取预收货款方式销售货物。**纳税业务发生时间为货物发出的当天，但生产销售生产工期超过 12 个月的大型机械设备、船舶、飞机等货物，为收到预收款或者书面合同约定的收款日期的当天。

**（5）委托其他纳税人代销货物。**纳税业务发生时间为收到代销单位的代销清单或者收到全部或者部分货款的当天。未收到代销清单及货款的，为发出代销货物满 180 天的当天。

**（6）销售应税劳务。**纳税业务发生时间为提供劳务同时收讫销售款或者取得索取销售款的凭据的当天。

**（7）采取预收款方式提供租赁服务。**纳税业务发生时间为收到预收款的当天。

**（8）金融商品转让。**纳税业务发生时间为金融商品所有权转移的当天。

**（9）发生视同销售货物、服务、无形资产或不动产行为（代销除外）。**纳税业务发生时间为货物移送的当天、服务完成的当天、无形资产转让完成的当天、不动产权属变更的当天。

### 知识点 3：纳税期限和申报纳税期限

**1. 纳税期限**

纳税期限分为 1 日、3 日、5 日、10 日、15 日、1 个月或 1 个季度。以 1 个季度为纳税期限的规定适用于小规模纳税人、银行、财务公司、信托投资公司、信用社等。

**2. 申报纳税时限**

一是以 1 日、3 日、5 日、10 日或者 15 日为 1 个纳税期：自期满之日起 5 日内预缴税款，于次月 1 日起 15 日内申报纳税并结清税款。

二是以 1 个月或者 1 个季度为 1 个纳税期的，自期满之日起 15 日内申报纳税。

三是进口货物应当自海关填发海关进口增值税专用缴款书之日起 15 日内缴纳税款。

四是出口货物按月向税务机关办理该项出口货物退税。

## 三、发票管理

### 知识点 1：增值税专用发票

**1. 增值税专用发票的概念**

增值税专用发票，是增值税一般纳税人发生应税销售行为开具的发票，是购买方支付增值税税额并可按照增值税有关规定据以抵扣增值税进项税额的凭证。

**2. 不得开具增值税专用发票的情形**

一是向消费者个人销售货物或者应税劳务的。

二是销售货物或者应税劳务适用免税规定的。

三是商业企业一般纳税人零售的烟、酒、食品、服装、鞋帽（不包括劳保专用部分）、化妆品等消费品不得开具专用发票。

**3. 增值税专用发票的基本联次**

**（1）发票联。**它是购买方持有核算进项税额的记账凭证。

**（2）抵扣联。**它是购买方持有报送主管税务机关认证和备查的扣税凭证。

**（3）记账联。**它是销售方持有核算销项税额的记账凭证。

**4. 增值税专用发票的开票限额**

最高开票限额为 10 万元及以下的，由区县级税务机关审批。

最高开票限额为 100 万元的，由地市级税务机关审批。

最高开票限额为 1 000 万元及以上的，由省级税务机关审批。

**5. 增值税专用发票的领购**

一般纳税人凭《发票领购簿》、IC 卡和经办人身份证明领购专用发票。具有下列情形之一的，不得领购专用发票：

一是会计核算不健全，不能提供相关税务资料。

二是具有税收违法行为，拒不接受税务机关处理。

三是具有专用发票违规行为，经税务机关责令限期改正而仍未改正的。

**6. 增值税专用发票违规行为**

有下列行为之一，经税务机关责令限期改正而仍未改正的，均为增值税专用发票违规行为：

一是虚开、私自印制、借用他人增值税专用发票。

二是向税务机关以外的单位和个人买取专用发票。

三是未按规定开具专用发票。

四是未按规定保管专用发票和专用设备。

五是未按规定申请办理防伪税控系统变更发行。

六是未按规定接受税务机关检查。

### 知识点 2：电子专票

电子专票由各省税务局监制，采用电子签名代替发票专用章，属于增值税专用发票，其法律效力、基本用途、基本使用规定等与增值税纸质专用发票相同。

自各地专票电子化实行之日起，本地区需要开具增值税纸质普通发票、增值税电子普通发票、纸质专票、电子专票、纸质机动车销售统一发票和纸质二手车销售统一发票的新办纳税人，统一领取税务 UKey 并核定对应票种后开具发票。

税务机关按照电子专票和纸质专票的合计数，为纳税人核定增值税专用发票领用数量。电子专票和纸质专票的增值税专用发票（增值税税控系统）最高开票限额应当相同。

纳税人开具增值税专用发票时，既可以开具电子专票，也可以开具纸质专票。受票方索取纸质专票的，开票方应当开具纸质专票。

## 案例分析

**情景描述：**［2022 年真题］甲旅游公司为增值税一般纳税人，主要从事旅游服务。2021 年 10 月有关经营情况如下：（1）提供旅游服务取得含增值税销售额 3 604 000 元。替游客支付交通费 901 000 元、餐饮住宿费 1 441 600 元、门票费 720 800 元，甲旅游公司选择差额计税方法计算增值税。（2）出售旅游纪念商品取得含增值税销售额 113 000 元，同时收取旅游纪念商品包装费 13 560 元。（3）购进广告服务，取得的增值税专用发票上注明税额 6 000 元；购进办公室装修用建筑服务，取得的增值税专用发票上注明税额 6 300 元，购进一批办公用品，取得的增值税电子专用发票上注明税额 3 900 元，因管理不善，该批办公用品中的 20% 被盗；购进用于员工的餐饮服务，取得的增值税普通发票上注明税额 30 元。（4）出售 2015 年购入的一辆使用过的小汽车，取得含增值税销售额 73 542 元，开具增值税普通发票。已知：旅游服务增值税税率为 6%、销售货物增值税税率为 13%、销售自己使用过的固定资产按照简易办法依照 3% 征收率减按 2% 征收增值税；取得的扣税凭证均符合规定，并于当月抵扣。

**法律分析：**在甲旅游公司的进项税额中，哪些税额可以准予全额抵扣？如何正确计算甲旅游公司当月提供旅游服务的增值税销项税额？如何计算甲旅游公司出售旅游纪念商品时的增值税销项税额？如何计算甲旅游公司出售自用小汽车的增值税税额？

**此案例主要考查以下方面：**进项税额的抵扣规则理解——考查对不同类型进项税额抵扣条件的理解和应用；增值税计算方法——涉及对销售旅游服务和纪念商品的增值税销项税额计算的理解，包括差额计税方法和普通计税方法的区别；特定场景下增值税的应用——如出售自用固定资产的增值税计算，考查对简易计税方法的理解和运用；增值税法规的综合运用——整体案例反映出对增值税相关法规的全面理解和实际运用能力。通过这些问题的分析，可以看出案例涉及增值税法规的综合应用，考查税务计算、税法规定的理解以及实务操作能力。

## 本章小结

本章深入分析了增值税的基本原理、征收原则、纳税人分类、应纳税额计算等关键内容。通过具体的税法知识，本章强调了遵守税法的重要性，同时指出税法在促进经济合理流转、维护市场公平竞争中的作用。此外，本章还阐述了税法与国家宏观经济政策的关系，提升了学生对税法在现代经济体系中作用的理解，强化了法律知识在实际经济活动中的应用意识。

## 课证融通

### 一、单选题

1.［2022 年真题］甲粮油公司为增值税一般纳税人，2021 年 10 月向农民收购一批大豆，开具的农产品收购发票上注明买价 99 190 元，从农场购进花生，取得农产品销售发票注明买价 273 000 元。当月购进的大豆和花生均用于生产食用植物油。已知购进农产品按 9% 的扣除率计算进项税额。计算甲粮油公司当月上述业务准予抵扣的进项税额的下列算式中，正确的是（　　）。

A. 99 190 × 9%+273 000 × 9%=33 497.1（元）

B. 273 000 ÷（1–9%）× 9%=27 000（元）

C. 99 190 ÷（1–9%）× 9%=9 810（元）

D. 99 190 ÷（1–9%）× 9%+273 000 ÷（1–9%）× 9%=36 810（元）

2.［2023 年真题］根据增值税法律制度的规定，下列情形中，应缴纳增值税的是（　　）。

A. 孙某将购买 1 年的一套住房对外销售

B. 钱某销售一套自建自用的住房

C. 涉及家庭财产分割的陈某无偿向其妻子转让一套住房

D. 甲公司为配合国家住房制度改革而按房改成本价出售住房

3.［2021 年真题］甲公司为增值税一般纳税人，2020 年 7 月从小规模纳税人乙公司购进一批农产品用于生产饲料，取得增值税专用发票注明金额 10 000 元、税额 300 元。甲公司购进的该批农产品当月申报抵扣进项税额。已知，农产品扣除率为 9%。甲公司当月购进该批农产品准予抵扣的进项税额为（　　）元。

A. 927　　B. 900　　C. 873　　D. 300

4.［2023 年真题］甲公司为增值税一般纳税人，2022 年 10 月采取以旧换新方式销售 100 台 W 型家电，该型家电同期含增值税销售价格为 5 650 元 / 台，扣减旧家电收购价格后实际收取增值税价格 5 141.5 元 / 台，已知增值税税率为 13%，计算甲公司当月该业务增值税销项税额的下列算式中，正确的（　　）。

A. 100×5 141.5×13%=66 839.5（元）

B. 100×5 650÷（1+13%）×13%=65 000（元）

C. 100×5 650×13%=73 450（元）

D. 100×5 141.5÷（1+13%）×13%=59 150（元）

5.［2023 年真题］根据增值税法律制度的规定，下列各项中，属于增值税混合销售行为的是（　　）。

A. 超市既销售货物也提供快餐服务

B. 药材厂向客户销售药材的同时又为其提供研磨加工劳务

C. 建筑公司向客户销售自产钢结构件的同时又为其提供安装服务

D. 歌舞厅向客户提供娱乐服务的同时又向其销售食品

6.［2023 年真题］2022 年 1 月乙公司购买 P 公司股票支付不含税价款 530 万元，当月又无偿转让给甲公司。甲公司在当年 5 月售出，取得含增值税收入 848 万元，同时支付手续费和印花税 1.102 4 万元。已知金融商品转让适用的增值税税率为 6%。上述业务中甲公司应缴纳的增值税税额为（　　）。

A.（848–530）×6%=19.08（万元）

B. [848÷（1+6%）–530]×6%=16.2（万元）

C. [（848–1.102 4÷（1+6%）–530]×6%=16.14（万元）

D.（848–530–1.102 4）×6%=19.01（万元）

7.［2021 年真题］根据增值税法律制度的规定，下列各项中，应按“现代服务——租赁服务”缴纳增值税的是（　　）。

A. 水路运输的程租业务　　B. 融资性售后回租

C. 航空运输的湿租业务　　D. 车辆停放业务

8.［2020 年真题］根据增值税法律制度的规定，下列各项中，应征收增值税的是（　　）。

A. 物业管理单位代收的住宅专项维修资金

B. 商业银行提供直接收费金融服务收取的手续费

C. 存款人取得的存款利息

D. 被保险人获得的保险赔付

## 二、多选题

1.［2022 年真题］根据增值税法律制度的规定，下列应税行为中，应按照“销售无形资产”税目计缴增值税的有（　　）。

A. 转让采矿权　　B. 转让专利技术

C. 转让土地使用权　　D. 转让金融商品

2.［2021 年真题］根据增值税法律制度的规定，下列情形中，属于混合销售行为的有（　　）。

A. 商场销售办公设备同时提供送货服务

B. 酒店既提供餐饮服务也销售旅游纪念品

C. 商场既销售商品也提供健身服务

D. 家用空调经销商销售空调同时提供安装服务

3. [ 2021 年真题 ] 根据增值税法律制度的规定，一般纳税人发生的下列销售行为中，不得开具增值税专用发票的有（　　）。

A. 律师事务所向消费者个人提供法律咨询服务

B. 商场向一般纳税人零售劳保用品

C. 超市向消费者个人零售食品

D. 农机厂向农场提供免税的农业机耕业务

4. [ 2023 年真题 ] 增值税一般纳税人提供下列应税服务，可以选择适用简易计税方法计税的有（　　）。

A. 劳务派遣　　B. 建筑企业老项目

C. 装卸搬运服务　　D. 电影发行服务

5. [ 2023 年真题 ] 根据增值税法律制度的规定，境外 P 国 W 公司发生的下列业务中，属于在境内销售无形资产或者不动产的有（　　）。

A. 将其位于 P 国的办公大楼出售给境内丁公司

B. 将其在境内使用的经销权转让给境内乙公司

C. 向境外 Q 国丙公司销售位于境内的办公楼

D. 向境内甲公司转让一项完全在境内使用的专利

6. [ 2020 年真题 ] 根据增值税法律制度的规定，一般纳税人购进货物、服务取得的下列合法凭证中，属于增值税扣税凭证的有（　　）。

A. 农产品销售发票

B. 增值税专用发票

C. 注明旅客身份信息的国内航空运输电子客票行程单

D. 海关进口增值税专用缴款书

7. [ 2021 年真题 ] 根据增值税法律制度的规定，单位或者个体工商户的下列行为中，应视同销售货物征收增值税的有（　　）。

A. 将自产的货物分配给股东　　B. 将委托加工的货物用于个人消费

C. 将购进的货物用于集体福利　　D. 销售代销货物

8. [ 2021 年真题 ] 甲酒厂为增值税一般纳税人，2019 年 8 月销售白酒一批。在销售价款之外同时收取包装物租金、包装物押金、品牌使用费以及优质费等款项。甲酒厂收取的上述款项中，应计入白酒销售额计算缴纳消费税的有（　　）。

A. 品牌使用费　　B. 优质费

C. 包装物租金　　D. 包装物押金

## 三、判断题

1.［2022 年真题］增值税一般纳税人将租入的大楼兼用于办公和职工宿舍的，其进项税额不得从销项税额中抵扣。(　　)

2.［2021 年真题］医疗器械公司直接进口供残疾人专用的轮椅，免征增值税。(　　)

3.［2023 年真题］增值税一般纳税人外购的货物因违反法律法规被依法销毁的，其进项税额不得从销项税额中抵扣。(　　)

4.［2019 年真题］航空运输企业的增值税销售额包括代收的机场建设费、民航发展基金和代售其他航空运输企业客票而代收转付的价款。(　　)

5.［2018 年真题］将建筑物的广告位出租给其他单位用于发布广告，应按照“广告服务”税目计缴增值税。(　　)

6.［2019 年真题］个人销售自建自用住房，应缴纳增值税。(　　)

7.［2020 年真题］银行以 1 个季度为纳税期限申报缴纳增值税。(　　)

8.［2019 年真题］甲酒店为增值税小规模纳税人，出售其拥有的临街店铺，可自行开具增值税专用发票。(　　)

# 第四章　消费税法律制度

## 学习目标

### ◆ 知识目标

掌握消费税与增值税的区别

掌握消费税纳税人、税目、税率、征税范围

掌握消费税计算方式

掌握不同环节消费税征收

掌握特殊情况下消费税销售额的确定

掌握已纳消费税的扣除

掌握消费税组成计税价格的计算

熟悉消费税纳税义务发生时间

熟悉消费税纳税期限

熟悉不同应税消费品的纳税地点

### ◆ 能力目标

能从应纳税环节准确识别消费税对应商品

能准确计算应纳税商品的消费税和增值税

### ◆ 素质目标

从人与环境长远发展的角度理解为什么要征收消费税

从抑制不平等的角度思考对于奢侈品征收消费税

## 专栏 4：党的二十大精神与消费税法律制度

**构建初次分配、再分配、第三次分配协调配套的制度体系（节选）**

规范收入分配秩序。这是消除分配不公、防止两极分化的重要措施。第一，保护合法收入。要保护劳动和要素收入，保护居民财产，保护产权和知识产权，保护并调动企业家积极性。第二，调节过高收入。要加强反垄断和反不正当竞争，规范资本性所得管理，规范财富积累机制，通过个人所得税、消费税、财产税等加强对高收入的调节。清理规范不合理收入，治理分配乱象，合理缩小行业收入分配差距。第三，取缔非法收入。坚决遏制权钱交易，坚决打击内幕交易、操纵股市、财务造假、偷税漏税等获取非法收入行为。

资料来源：宁吉喆．构建初次分配、再分配、第三次分配协调配套的制度体系 [N]. 人民日报，2022-12-29.

# 第一节 消费税概述

## 一、消费税、消费税纳税人、税目与税率

### 知识点 1：消费税

微课：消费税纳税人、征税范围

**1. 消费税的概念**

消费税不同于增值税，其是对特定的某些消费品和消费行为征收的一种间接税。消费税与增值税、城市维护建设税、关税等相配合，构成我国货物和劳务税体系。

**2. 增值税与消费税的比较**

增值税与消费税的比较如表 4–1 所示。

表 4–1 增值税与消费税的比较

| 税种 | 目的 | 对象 | 计税基础 | 纳税环节 |
|---|---|---|---|---|
| 增值税 | 避免重复征税 | 所有货物 | 价外税 | 多环节 |
| 消费税 | 限制消费 | 特定货物 | 价内税 | 单一环节 |

## 知识点 2：消费税纳税人及有关规定

### 1. 消费税纳税人

**（1）消费税纳税人基本定义。**在中华人民共和国境内生产、委托加工和进口《中华人民共和国消费税暂行条例》（以下简称《消费税暂行条例》）规定的消费品的单位和个人，以及国务院确定的销售《消费税暂行条例》规定的消费品的其他单位和个人，为消费税的纳税人。

**（2）消费税纳税人相关释义。**

在中华人民共和国境内，是指生产、委托加工和进口属于应当缴纳消费税的消费品的起运地或者所在地在境内。

单位，是指企业、行政单位、事业单位、军事单位、社会团体及其他单位。

个人，是指个体工商户及其他个人。

**（3）消费税纳税人与增值税纳税人。**由于消费税是在对所有货物普遍征收增值税的基础上选择部分消费品征收的，因此消费税纳税人同时也是增值税纳税人。

### 2. 消费税纳税人有关规定

**（1）会计核算水平要求。**纳税人兼营不同税率的应税消费品，应当分别核算不同税率应税消费品的销售额、销售数量；未分别核算销售额、销售数量的，从高适用税率。

**（2）套装与礼盒。**纳税人将不同税率的应税消费品组成成套消费品销售的，从高适用税率。纳税人将非应税消费品与应税消费品组成成套消费品销售的，依销售额全额计算消费税。套装与礼盒无单独核算要求，均从高适用税率。

## 知识点 3：消费税税目与税率

### 1. 消费税税目

依据《消费税暂行条例》及相关法律法规，目前征收消费税的有 15 个税目，分别是烟，酒，高档化妆品，贵重首饰及珠宝玉石，鞭炮、焰火，成品油，摩托车，小汽车，高尔夫球及球具，高档手表，游艇，木制一次性筷子，实木地板，电池，涂料；部分税目还进一步划分若干子目。

**（1）烟。**烟类有卷烟、雪茄烟、烟丝和电子烟 4 个子目。其中按照价格差异，卷烟又分为甲类卷烟和乙类卷烟；以每标准条调拨价格 70 元为界限，调拨价格≥ 70 元 / 条的为甲类卷烟，调拨价格＜ 70 元 / 条的为乙类卷烟。

**（2）酒。**酒包括白酒、黄酒、啤酒和其他酒 4 个子目。饮食业、商业、娱乐业举办的啤酒屋（酒坊）利用啤酒生产设备生产的啤酒，应当征收消费税。果啤属于啤酒税目；药酒属于其他酒税目；葡萄酒按照其他酒征收消费税（以葡萄为原料的蒸馏酒除外）；调味料酒不属于消费税的征税范围。

**（3）高档化妆品。**本税目征收范围包括高档美容、修饰类化妆品和高档护肤类化妆品和成套化妆品。高档美容、修饰类化妆品和高档护肤类化妆品是指生产（进口）环节销售（完税）价格（不含增值税）在 10 元 / 毫升或 15 元 / 片及以上的美容、修饰类化妆品和护肤类化妆品。该税目不包括舞台、戏剧、影视演员化妆用的上妆油、卸妆油、油彩。

**（4）贵重首饰及珠宝玉石。**这包括以金、银、铂金、宝石、珍珠、钻石、翡翠、珊瑚、玛瑙等高贵稀有物质以及其他金属、人造宝石等制作的各种纯金银首饰及镶嵌首饰和经采掘、打磨、加工的各种珠宝玉石。对出国人员免税商店销售的金银首饰征收消费税。

**（5）鞭炮、焰火。**不含体育上用的发令纸、鞭炮药引线。

**（6）成品油。**成品油包括汽油、柴油、航空煤油、石脑油、溶剂油、润滑油、燃料油 7 个子目。

**（7）摩托车。**其包括轻便摩托车和摩托车两种。气缸容量在 250 毫升（不含）以下的小排量摩托车不征收消费税。

**（8）小汽车。**小汽车是指由动力驱动，具有 4 个或 4 个以上车轮的非轨道承载的车辆。本税目征收范围包括乘用车（不超过 9 座）、中轻型商用客车（10～23 座）、超豪华小汽车。其中超豪华小汽车为每辆零售价格 130 万元（不含增值税）及以上的乘用车和中轻型商用客车。电动汽车以及沙滩车、雪地车、卡丁车、高尔夫车等均不属于本税目征税范围，不征收消费税。

**（9）高尔夫球及球具。**其是指从事高尔夫球运动所需的各种专用装备，包括高尔夫球、高尔夫球杆、高尔夫球包（袋）、高尔夫球杆的杆头、杆身和握把。

**（10）高档手表。**其是指不含增值税价每只在 10 000 元（含）以上的各类手表。

**（11）游艇。**其是指长度大于 8 米小于 90 米，船体由玻璃钢、钢、铝合金、塑料等多种材料制作，可以在水上移动的水上浮载体。

**（12）木制一次性筷子。**其是指以木材为原料，经过锯段、浸泡、旋切、刨切、烘干、筛选、打磨、倒角、包装等环节加工而成的各类一次性使用的筷子。本税目征收范围包括各种规格的木制一次性筷子；不包括未经打磨、倒角的木制一次性筷子。

**（13）实木地板。**本税目征税范围包括各类规格的实木地板、实木复合地板、实木指接地板和实木装饰板。此外，未经涂饰的素板也属于本税目征税范围。

**（14）电池。**本税目征税范围包括原电池、蓄电池、燃料电池、太阳能电池和其他电池。

**（15）涂料。**自 2015 年 2 月 1 日起对涂料征收消费税，施工状态下挥发性有机物含量低于 420 克 / 升（含）的涂料免征消费税。

### 2. 消费税税率形式

**（1）基本规定。**税率形式：比例税率和定额税率。

**（2）比例税率。**比例税率适用于绝大多数应税消费品。

**（3）定额税率。**定额税率适用于黄酒、啤酒、成品油。

**（4）执行复合计征的特殊应税消费品。**其包括卷烟（包括批发环节）、白酒。

**3. 消费税税率**

消费税税率如表 4–2 所示。

**表 4–2　消费税税率**

<table>
<tr><th rowspan="2">税目</th><th colspan="3">税率</th></tr>
<tr><th>生产（进口）环节</th><th>批发环节</th><th>零售环节</th></tr>
<tr><td>一、烟</td><td></td><td></td><td></td></tr>
<tr><td>1. 卷烟</td><td></td><td></td><td></td></tr>
<tr><td>（1）甲类卷烟</td><td>56% 加 0.003 元 / 支</td><td rowspan="2">11% 加 0.005 元 / 支</td><td></td></tr>
<tr><td>（2）乙类卷烟</td><td>36% 加 0.003 元 / 支</td><td></td></tr>
<tr><td>2. 雪茄烟</td><td>36%</td><td></td><td></td></tr>
<tr><td>3. 烟丝</td><td>30%</td><td></td><td></td></tr>
<tr><td>4. 电子烟</td><td>36%</td><td>11%</td><td></td></tr>
<tr><td>二、酒</td><td></td><td></td><td></td></tr>
<tr><td>1. 白酒</td><td>20% 加 0.5 元 /500 克（或者 500 毫升）</td><td></td><td></td></tr>
<tr><td>2. 黄酒</td><td>240 元 / 吨</td><td></td><td></td></tr>
<tr><td>3. 啤酒</td><td></td><td></td><td></td></tr>
<tr><td>（1）甲类啤酒</td><td>250 元 / 吨</td><td></td><td></td></tr>
<tr><td>（2）乙类啤酒</td><td>220 元 / 吨</td><td></td><td></td></tr>
<tr><td>4. 其他酒</td><td>10%</td><td></td><td></td></tr>
<tr><td>三、高档化妆品</td><td>15%</td><td></td><td></td></tr>
<tr><td>四、贵重首饰及珠宝玉石</td><td></td><td></td><td></td></tr>
<tr><td>1. 金银首饰、铂金首饰和钻石及钻石饰品</td><td></td><td></td><td>5%</td></tr>
<tr><td>2. 其他贵重首饰和珠宝玉石</td><td>10%</td><td></td><td></td></tr>
<tr><td>五、鞭炮、焰火</td><td>15%</td><td></td><td></td></tr>
<tr><td>六、成品油</td><td></td><td></td><td></td></tr>
<tr><td>1. 汽油</td><td>1.52 元 / 升</td><td></td><td></td></tr>
<tr><td>2. 柴油</td><td>1.20 元 / 升</td><td></td><td></td></tr>
<tr><td>3. 航空煤油</td><td>1.20 元 / 升</td><td></td><td></td></tr>
<tr><td>4. 石脑油</td><td>1.52 元 / 升</td><td></td><td></td></tr>
<tr><td>5. 溶剂油</td><td>1.52 元 / 升</td><td></td><td></td></tr>
<tr><td>6. 润滑油</td><td>1.52 元 / 升</td><td></td><td></td></tr>
</table>

续表

| 税目 | 税率 | | |
|---|---|---|---|
| | 生产（进口）环节 | 批发环节 | 零售环节 |
| 7. 燃料油 | 1.20 元 / 升 | | |
| 七、摩托车 | | | |
| 1. 气缸容量（排气量，下同）为 250 毫升的 | 3% | | |
| 2. 气缸容量在 250 毫升以上的 | 10% | | |
| 八、小汽车 | | | |
| 1. 乘用车 | | | |
| （1）气缸容量（排气量，下同）在 1.0 升（含 1.0 升）以下的 | 1% | | |
| （2）气缸容量在 1.0 升以上至 1.5 升（含 1.5 升）的 | 3% | | |
| （3）气缸容量在 1.5 升以上至 2.0 升（含 2.0 升）的 | 5% | | |
| （4）气缸容量在 2.0 升以上至 2.5 升（含 2.5 升）的 | 9% | | |
| （5）气缸容量在 2.5 升以上至 3.0 升（含 3.0 升）的 | 12% | | |
| （6）气缸容量在 3.0 升以上至 4.0 升（含 4.0 升）的 | 25% | | |
| （7）气缸容量在 4.0 升以上的 | 40% | | |
| 2. 中轻型商用客车 | 5% | | |
| 3. 超豪华小汽车 | 按照乘用车和中轻型商用客车的规定征收 | | 10% |
| 九、高尔夫球及球具 | 10% | | |
| 十、高档手表 | 20% | | |
| 十一、游艇 | 10% | | |
| 十二、木制一次性筷子 | 5% | | |
| 十三、实木地板 | 5% | | |
| 十四、电池 | 4% | | |
| 十五、涂料 | 4% | | |

## 二、消费税征税范围

### 知识点 1：生产、委托加工环节应税消费品

**1. 生产环节应税消费品**

**（1）纳税环节**。纳税人生产的应税消费品，于销售时纳税。

**（2）纳税人自产自用的应税消费品。**

用于连续生产应税消费品不纳税。

用于其他方面，应当缴纳消费税。所谓用于其他方面，是指纳税人将自产自用应税消费品用于生产非应税消费品、在建工程、管理部门、非生产机构、提供劳务、馈赠、赞助、集资、广告、样品、职工福利、奖励等方面。

**2. 委托加工应税消费品**

**（1）委托加工条件。**由委托方提供原料和主要材料，受托方只收取加工费和代垫部分辅助材料加工的应税消费品。由受托方提供原材料或其他情形的，一律不能视同加工应税消费品。

**（2）受托方为个人的。**委托加工的应税消费品，除受托方为个人外，由受托方向委托方交货时代收代缴税款；委托个人加工的应税消费品，由委托方收回后缴纳消费税。

**（3）收回应税消费品的用途。**

一是直接出售。委托方将收回的应税消费品直接出售，不再缴纳消费税。直接出售，是指以不高于受托方的计税价格出售。

二是连续生产应税消费品。委托加工的应税消费品，委托方用于连续生产应税消费品的，所纳税款准予按规定抵扣。

## 知识点 2：进口和批发、零售环节应税消费品

**1. 进口和批发环节应税消费品**

**（1）进口应税消费品。**单位和个人进口应税消费品，于报关进口时由海关代征消费税。进口环节同时由海关代征增值税。

**（2）批发销售卷烟。**烟草批发企业将卷烟销售给零售企业的，要再加征消费税，此时比例税率为 11%，定额税率为 0.005 元 / 支；烟草批发企业将卷烟销售给其他烟草批发企业的，不缴纳消费税。

**2. 零售环节应税消费品**

**（1）金银首饰、铂金首饰、钻石及钻石饰品。**

金银首饰在零售环节缴纳消费税，生产环节不再缴纳。

金银首饰仅限于金、银以及金基、银基合金首饰和金基、银基合金的镶嵌首饰，不包括镀金首饰和包金首饰。

**（2）超豪华小汽车。**

超豪华小汽车是指每辆零售价格为 130 万元（不含增值税）及以上的乘用车和中轻型商用客车，即乘用车和中轻型商用客车子税目中的超豪华小汽车。

纳税环节（多次课征）包括生产环节、进口环节、零售环节。

零售环节纳税义务人是将超豪华小汽车销售给消费者的单位和个人。

# 第二节 消费税应纳税额与征收管理

## 一、消费税应纳税额

### 知识点1：基本计算方式与特殊情况下销售额的确定

微课：消费税应纳税额

**1. 基本计算方式**

**（1）从价定率。**

应纳税额 = 销售额 × 税率

销售额是纳税人销售应税消费品向购买方收取的全部价款和价外费用，不包括向购买方收取的增值税税款。

**（2）从量定额。**

计算方式：

应纳税额 = 应税消费品的销售数量 × 单位税额

销售数量的确定：销售应税消费品的，为应税消费品的销售数量；自产自用应税消费品的，为应税消费品的移送使用数量；委托加工应税消费品的，为纳税人收回的应税消费品数量；进口应税消费品的，为海关核定的应税消费品进口征税数量。

**（3）复合计征（卷烟、白酒）。**

应纳税额 = 销售额 × 比例税率 + 销售数量 × 定额税率

**2. 特殊情况下销售额的确定**

**（1）独立核算门市部。**纳税人通过自设非独立核算门市部销售的自产应税消费品，应当按照门市部对外销售额或者销售数量征收消费税。

**（2）换、抵、投。**纳税人用于换取生产资料和消费资料、投资入股和抵偿债务等方面的应税消费品，应当以纳税人同类应税消费品的最高销售价格作为计税依据计算消费税。

**（3）增值税与消费税计税依据**（见表4-3）。

**表4-3 增值税与消费税计税依据**

| 情形 | 增值税 | 消费税 |
| --- | --- | --- |
| 换取生产资料/换取消费资料 | 以纳税人同类货物平均销售价格作为计税依据 | 以纳税人同类货物的最高销售价格作为计税依据 |
| 投资入股 | | |
| 抵偿债务 | | |

**（4）包装物押金的处理**（见表4-4）。

表 4–4　包装物押金的涉增值税与消费税处理

| 包装物押金 | 增值税 | | 消费税 | |
|---|---|---|---|---|
| | 取得时 | 逾期时 | 取得时 | 逾期时 |
| 一般货物 | 不计入处理 | 计入处理 | 不计入处理 | 计入处理 |
| 除啤酒、黄酒以外的其他酒 | 计入处理 | — | 计入处理 | — |
| 啤酒、黄酒 | 不计入处理 | 计入处理 | 不计入处理 | 不计入处理 |

**（5）品牌使用费。**白酒生产企业向商业销售单位收取的品牌使用费应并入白酒的销售额中缴纳消费税。

**（6）以旧换新。**

对于非金银首饰而言，以新货物的销售额作为消费税的计税基础，不扣减旧货物的回收价格。

对于金银首饰而言，按实际收取的不含增值税的全部价款征收消费税。

## 知识点 2：组成计税价格与已纳税额的扣除

### 1. 组成计税价格

**（1）自产自用。**

首先，按照纳税人生产的同类消费品的销售价格计算纳税。

其次，无同类消费品销售价格的，按照组成计税价格计算纳税。

一般应税消费品组成计税价格公式：

组成计税价格 =（成本 + 利润）÷（1– 比例税率）

复合计征应税消费品组成计税价格公式：

组成计税价格 =（成本 + 利润 + 自产自用数量 × 定额税率）÷（1– 比例税率）

以上组成计税价格只是复合计征消费品从价税的计税依据，在计算应缴纳消费税总额时，汇总计算从量税部分。

**（2）委托加工。**

首先，按照受托方的同类消费品销售价格计算纳税。

其次，没有同类消费品销售价格的，按照组成计税价格计算纳税。

一般应税消费品组成计税价格公式：

组成计税价格 =（材料成本 + 加工费）÷（1– 比例税率）

复合计征应税消费品组成计税价格公式：

组成计税价格 =（材料成本 + 加工费 + 委托加工数量 × 定额税率）÷（1– 比例税率）

**（3）进口应税消费品。**

一般应税消费品组成计税价格公式：

组成计税价格 =（关税完税价格 + 关税）÷（1– 消费税比例税率）

复合计征应税消费品组成计税价格公式：

组成计税价格 =（关税完税价格 + 关税 + 进口数量 × 消费税定额税率）÷（1– 消费税比例税率）

**2. 已纳消费税的扣除**

**（1）扣除范围。**

一是以外购或委托加工收回的已税烟丝为原料生产的卷烟。

二是以外购或委托加工收回的已税高档化妆品为原料生产的高档化妆品。

三是以外购或委托加工收回的已税珠宝、玉石原料生产的贵重首饰及珠宝、玉石。

四是以外购或委托加工收回的已税鞭炮、焰火原料生产的鞭炮、焰火。

五是以外购或委托加工收回的已税杆头、杆身和握把为原料生产的高尔夫球杆。

六是以外购或委托加工收回的已税木制一次性筷子为原料生产的木制一次性筷子。

七是以外购或委托加工收回的已税实木地板为原料生产的实木地板。

八是以外购或委托加工收回的已税石脑油、润滑油、燃料油为原料生产的成品油。

九是以外购或委托加工收回的已税汽油、柴油为原料生产的汽油、柴油。

**（2）不得抵扣的项目。**

一是特殊应税消费品，如酒类产品（不包括葡萄酒）、高档手表、烧油的（小汽车、摩托车、游艇）、电池、涂料。

二是纳税环节不同的项目，如用已税珠宝、玉石加工金银镶嵌首饰。

三是用于生产非应税消费品，如用已税高档化妆品连续生产普通化妆品。

**（3）计算公式。**

当期准予扣除的应税消费品已纳税款 = 当期生产领用数量 × 单价 × 应税消费品的适用税率

当期生产领用数量 = 期初库存外购或委托加工应税消费品成本 + 当期购进或委托加工收回应税消费品成本 – 期末库存的外购或委托加工收回应税消费品的成本

## 二、消费税征收管理

### 知识点 1：纳税义务发生时间与纳税期限

**1. 纳税义务发生时间**

**（1）基本规定。**

纳税人销售应税消费品的，其纳税义务发生时间同增值税销售货物。

微课：消费税征收管理

纳税人自产自用应税消费品的，为移送使用的当天。

纳税人委托加工应税消费品的，为纳税人提货的当天。

纳税人进口应税消费品的，为报关进口的当天。

**（2）增值税与消费税纳税义务发生时间比较**（见表 4-5）。

**表 4-5　增值税与消费税纳税义务发生时间比较**

| 比较项目 | 增值税 | 消费税 |
|---|---|---|
| 直接收款 | 收讫销售款项或取得索取销售款项凭据的当天 | |
| 托收承付委托收款 | 发出货物并办妥托收手续 | |
| 赊销分期收款 | 合同约定当天；<br>无合同或无约定的，为货物发出当天 | |
| 预收货款 | 货物发出当天 | |
| 委托代销 | 收到代销清单当天；<br>收到货款当天；<br>未收到清单或货款，为发出满 180 日当天 | |
| 视同销售自产自用 | 货物移送的当天 | |
| 进口货物 | 报关进口的当天 | |
| 委托加工 | 货物移送的当天 | |

**2. 纳税期限**

增值税与消费税的纳税期限比较如表 4-6 所示。

**表 4-6　增值税与消费税的纳税期限比较**

| 项目 | 增值税 | 消费税 |
|---|---|---|
| 纳税期限 | 1 日、3 日、5 日、10 日、15 日、1 个月或 1 个季度 | |
| 季度纳税 | 小规模纳税人、银行、财务公司、信托投资公司、信用社 | — |
| 申报期限 | 1 个月或 1 个季度：期满之日起 15 日内申报纳税<br>1 日、3 日、5 日、10 日、15 日：期满之日起 5 日内预缴税款，于次月 1 日起 15 日内申报纳税并结清上月应纳税款<br>纳税人进口货物：海关填发海关进口增值税（消费税）专用缴款书之日起 15 日内缴纳税款 | |

## 知识点 2：消费税纳税地点

**1. 销售应税消费品和自产自用、委托加工**

**（1）销售应税消费品和自产自用。**除国务院财政、税务主管部门另有规定外，销售应税消费品和自产自用应当向纳税人机构所在地或者居住地的税务机关申报纳税。

增值税固定业户纳税地点为机构所在地。

**（2）委托加工的应税消费品。**

受托方为单位的，受托方向机构所在地税务机关解缴。

受托方为个人的，委托方向机构所在地的税务机关解缴。

**2. 其他形式**

**（1）进口应税消费品。**消费税纳税地点为报关地海关（同增值税）。

**（2）外县（市）销售。**纳税人到外县（市）销售或者委托外县（市）代销自产应税消费品的，于应税消费品销售后，向机构所在地或者居住地主管税务机关申报纳税。

**（3）销售退回。**纳税人销售的应税消费品，如因质量等原因由购买者退回时，经机构所在地或居住地主管税务机关审核批准后，可退还已缴纳的消费税税款。

## 案例分析

**情景描述：**［2023年真题］甲化妆品公司为增值税一般纳税人，主要从事各类化妆品的生产销售与加工业务。2022年10月有关经营情况如下：（1）与乙公司签订买卖合同，销售自产M型高档化妆品3 000盒，每盒不含增值税售价1 000元。采取直接收款方式销售2 000盒，已取得销售款并开具发票，采取分期收款方式销售1 000盒，合同约定月应收取300盒销售款，但截至月底只收到100盒销售款，甲化妆品公司未开具发票。（2）与丙公司签订买卖合同，销售成套化妆品500盒，每盒不含增值税售价1 700元。每盒中包含Y型高档化妆品和外购的工艺品一套，不含增值税售价分别1 615元、85元。（3）与丁商贸公司签订承揽合同，受托加工其定制的高档化妆品，按合同约定，丁商贸公司提供原料成本212 500元，甲化妆品公司收取不含增值税加工费63 750元，其中包含代垫的辅助材料5 100元。甲化妆品公司无同类高档化妆品销售价格。丁商贸公司已于当月提货。已知：高档化妆品消费税税率为15%。

**法律分析：**如何正确处理甲化妆品公司当月销售自产化妆品及受托加工业务的税务问题？如何正确计算甲化妆品公司销售自产M型高档化妆品的消费税额？如何计算甲化妆品公司销售成套化妆品的消费税额？如何计算甲化妆品公司受托为丁商贸公司加工定制高档化妆品的消费税额？

**此案例主要考查以下方面：**增值税销售额的确定——考查如何根据不同的销售和加工方式确定增值税的销售额；消费税的计算——包括自产化妆品、成套化妆品及受托加工产品的消费税计算，考查对消费税率的适用和计算方法的理解；税务处理的综合应用——展示对不同类型销售和加工业务在税务处理方面的综合应用能力，包括理解相关税法规定和正确计算税额。

综上所述，这个案例通过涉及销售和加工业务的不同税务处理，考验了对税法规定的理解和实际应用能力，特别是在化妆品行业的具体场景中。

## 本章小结

本章全面阐述了消费税的定义、征税范围、税率及征收管理等方面的内容。本章通过详细解读消费税的特点和操作规则，强调了税法在引导消费和调节经济结构中的重要作用。同时，本章还指出了消费税在保障国家财政收入、促进社会公平和生态文明建设中的关键角色。通过对消费税法律制度的学习，学生不仅加深了对税法的认识，而且强化了在实际工作中正确运用税法知识的能力，体现了法律教育在培养学生的社会责任感和法治意识中的重要性。

## 课证融通

### 一、单选题

1.［2022 年真题］甲烟厂为增值税一般纳税人，2021 年 12 月初库存的外购烟丝不含增值税买价 5 万元，当月外购烟丝不含增值税买价 40 万元，月末库存的外购烟丝不含增值税买价 10 万元，领用的烟丝当月全部用于连续生产卷烟。已知烟丝消费税税率为 30%。计算甲烟厂当月准予扣除的外购烟丝已缴纳消费税税额的下列算式中，正确的是（　　）。

A. 40 × 30%=12（万元）　　B.（40−10）× 30%=9（万元）

C.（5+40−10）× 30%=10.5（万元）　　D.（5+40）× 30%=135（万元）

2.［2023 年真题］下列各项中，属于消费税征税范围的是（　　）。

A. 电动汽车　　B. 体育上用的发令纸

C. 调味料酒　　D. 航空煤油

3.［2023 年真题］2022 年 12 月甲地板厂受托为乙公司加工一批实木地板，乙公司提供的材料成本为 45 000 元，甲地板厂收取不含增值税加工费 12 000 元。甲地板厂同类实木地板甲公司销售价格为 100 000 元，乙公司同类实木地板销售价格为 120 000 元，已知消费税税率为 5%。计算甲地板上述业务应代收代缴消费税税额的下列算式中，正确的是（　　）。

A.120 000 × 5%=6 000（元）

B.（45 000+12 000）/（1−5%）× 5%=3 000（元）

C.（45 000+12 000）× 5%=2 850（元）

D.100 000 × 5%=5 000（元）

4.［2021 年真题］根据消费税法律制度的规定，下列情形中，应征收消费税的是（　　）。

A. 甲外贸公司进口果木酒　　B. 乙卷烟厂移送用于连续生产卷烟的自产烟丝

C. 丙汽车厂销售自产高尔夫车　　D. 丁商场零售珍珠项链

5.［2018 年真题］2019 年 9 月甲啤酒厂生产 150 吨啤酒，销售 100 吨，取得不含增值税销售额 30 万元，增值税税额 3.9 万元。甲啤酒厂当月销售啤酒消费税计税依据为（　　）。

A. 100 吨　　B. 33.9 万元　　C. 30 万元　　D. 150 吨

6.［2020 年真题］2019 年 5 月甲石化公司销售自产汽油 800 吨，办公用小汽车领用自产汽油 1 吨，向子公司无偿赠送自产汽油 0.5 吨。已知，汽油消费税定额税率为 1.52 元/升，汽油 1 吨 =1 388 升。计算甲石化公司当月上述业务应缴纳消费税税额的下列算式中，正确的是（　　）。

A.（800+1+0.5）× 1 388 × 1.52=1 690 972.64（元）

B.（800+1）× 1 388 × 1.52=1 689 917.76（元）

C. 800 × 1 388 × 1.52=1 687 808（元）

D.（800+0.5）× 1 388 × 1.52=1 688 862.88（元）

7.［2018 年真题］根据消费税法律制度的规定，企业将自产应税消费品用于下列情形中，不缴纳消费税的是（　　）。

A. 地板厂将自产的实木地板用于装修办公室

B. 摩托车厂将自产的摩托车用于赞助

C. 化妆品厂将自产的高档化妆品用于广告

D. 卷烟厂将自产的烟丝用于连续生产卷烟

8.［2020 年真题］根据消费税法律制度的规定，下列各项中，应按纳税人同类应税消费品的最高销售价格作为计税依据计征消费税的是（　　）。

A. 用于无偿赠送的应税消费品　　B. 用于集体福利的应税消费品

C. 用于换取生产资料的应税消费品　　D. 用于连续生产非应税消费品的应税消费品

## 二、多选题

1.［2022 年真题］根据消费税法律制度的规定，白酒生产企业销售自产白酒收取的下列款项中，应并入白酒销售额缴纳消费税的有（　　）。

A. 包装物租金　　B. 增值税税款　　C. 品牌使用费　　D. 包装物押金

2.［2019 年真题］根据消费税法律制度的规定，下列各项中，属于消费税征税范围的有（　　）。

A. 私人飞机　　B. 高档手表　　C. 珠宝、玉石　　D. 游艇

3.［2020 年真题］根据消费税法律制度的规定，下列关于消费税纳税环节的表述中，正确的有（　　）。

A. 纳税人生产应税消费品对外销售的，在销售时纳税

B. 纳税人自产自用应税消费品，不用于连续生产应税消费品而用于其他方面的，在移送使用时纳税

C. 纳税人委托加工应税消费品，收回后直接销售的，在销售时纳税

D. 纳税人委托加工应税消费品，由受托方向委托方交货时代收代缴税款，但受托方为其他个人和个体工商户的除外

4. [ 2023 年真题 ] 根据消费税法律制度的规定，白酒生产企业销售自产白酒收取的下列款项中，应并入销售额计征消费税的有（　　）。

A. 品牌使用费　　B. 优质费　　C. 增值税税款　　D. 包装物租金

5. [ 2023 年真题 ] 根据消费税法律制度的规定，下列关于确定从量计征销售数量的表述中，正确的有（　　）。

A. 委托加工应税消费品的，为纳税人收回的应税消费品数量

B. 进口应税消费品的，为海关核定的应税消费品进口征税数量

C. 生产销售应税消费品的，为应税消费品的生产数量

D. 自产自用应税消费品的，为应税消费品的移送使用数量

6. [ 2019 年真题 ] 根据消费税法律制度的规定，下列情形中，属于消费税征税范围的有（　　）。

A. 甲服装厂生产销售服装　　B. 丙烟草批发企业将卷烟销售给其他烟草批发企业

C. 丁商场零售金银首饰　　D. 乙汽车贸易公司进口小汽车

7. [ 2018 年真题 ] 根据消费税法律制度的规定，下列情形中，应缴纳消费税的有（　　）。

A. 金银饰品店将购进的黄金首饰用于奖励员工

B. 摩托车厂将自产的摩托车用于广告样品

C. 筷子厂将自产的木制一次性筷子用于本厂食堂

D. 化妆品公司将自产的高档化妆品赠送客户

8. [ 2017 年真题 ] 2016 年 12 月甲酒厂发生的下列业务中，应缴纳消费税的有（　　）。

A. 将自产高度白酒继续加工成低度白酒　　B. 将自产低度白酒奖励给职工

C. 将自产高度白酒馈赠客户　　D. 将自产低度白酒用于市场推广

## 三、判断题

1. [ 2023 年真题 ] 购进货车改装生产的卫星通信车，征收消费税。（　　）

2. [ 2023 年真题 ] 汽车制造厂将一台自产小汽车投资入股到汽车租赁公司，应按该台小汽车的生产成本作为计税依据计算消费税。（　　）

3. [ 2021 年真题 ] 酒厂销售自产葡萄酒收取的包装物押金，应并入销售额征收消费税。（　　）

4. [ 2021 年真题 ] 进口的应税消费品，由进口人或者其代理人向报关地海关申报缴纳消费税。（　　）

5. [ 2020 年真题 ] 百货商店将金银首饰与其他产品组成成套消费品对外销售的，应按销售额全额征收消费税。（　　）

# 第五章　企业所得税法律制度

## 学习目标

### ◆ 知识目标

掌握企业所得税纳税人与扣缴义务人
掌握企业所得税居民企业纳税人与非居民企业纳税人
掌握所得来源地的确定与企业所得税税率
掌握企业所得税计税方式的一般规定
掌握企业所得税不同收入总额的确定
掌握企业所得税免税与不征税收入
掌握企业所得税关于资产税务处理的规定
掌握企业所得税税收优惠政策
熟悉企业所得税征收管理规定
熟悉企业取得境外所得计税时的抵免

### ◆ 能力目标

能区分与计算企业会计利润与企业所得税应纳税所得额
能识别不同企业企业所得税所适用优惠政策和税率

### ◆ 素质目标

从企业所得税的具体征收管理规定明晰我国促进区域经济发展的税收优惠
针对企业所得税定期或定额减税、免税的具体规定，明晰我国对于行业的政策支持

## 专栏 5：党的二十大精神与企业所得税法律制度

**中国式现代化背景下的税制结构优化（节选）**

党的二十大报告指出："中国式现代化是全体人民共同富裕的现代化。共同富裕是中国特色社会主义的本质要求，也是一个长期的历史过程。"共同富裕是中国式现代化的重要特征。当前优化税制结构的一个重要方向应是提高税制的公平性，增强税收对居民收入分配的调节力度，进一步缩小居民收入分配差距，推动共同富裕。

以税负能否转嫁为标准，税收可区分为直接税与间接税。其中，直接税具有税负不易转嫁、累进税率征收等特点，课征直接税有利于调节纳税人收入、推动健全收入分配制度。在世界各国的税收实践中，如果税制政策目标强调社会公平，则直接税占比应加大；反之，如果税制政策目标偏重经济效率，间接税占比应加大。近年来，我国税制结构不断优化，直接税收入占全部税收收入的比重从 2011 年的 28.4% 提高到 2021 年的 36%。但是与世界主要发达国家相比，我国直接税比重仍然明显偏低，并且与国家治理现代化的要求存在一定差距。因此，我国需要提高直接税比重，有效发挥直接税筹集财政收入、调节收入分配和稳定宏观经济的作用，夯实社会治理基础。同时，基于我国目前的经济发展阶段和整体税制架构，"十四五"规划强调"健全直接税体系，适当提高直接税比重"，这是在权衡公平和效率关系的基础上作出的比较符合实际情况的合理要求。

# 第一节　企业所得税概述

## 一、企业所得税的概念和纳税人

### 知识点 1：企业所得税的概念、纳税人与扣缴义务人

**1. 企业所得税的概念**

企业所得税是对中华人民共和国境内的企业和其他取得收入的组织的生产经营所得和其他所得征收的一种所得税。

微课：企业所得税概述、应纳税所得额

**2. 企业所得税纳税人**

企业所得税的纳税义务人，是指在中华人民共和国境内的企业和其他取得收入的组织。其特点是必须具有法人资格。个人独资企业、合伙企业不适用企业所得税法。

### 3. 企业所得税扣缴义务人

非居民企业在中国境内未设立机构、场所的，或者虽设立机构、场所但取得的所得与其所设机构、场所没有实际联系的，其来源于中国境内的所得缴纳企业所得税，以支付人为扣缴义务人。

对非居民企业在中国境内取得工程作业和劳务所得应缴纳的所得税，税务机关可以指定工程价款或者劳务费的支付人为扣缴义务人。

### 知识点 2：企业所得税纳税人分类

按照登记注册地标准和实际管理机构标准相结合的原则确定，纳税人分类如表 5–1 所示。

表 5–1 纳税人的分类

| 纳税人 | 判定标准 | 缴纳企业所得税义务范围 |
| --- | --- | --- |
| 居民企业 | 在中国境内成立的企业 | 来源于中国境内、境外的所得缴纳企业所得税 |
| | 依照外国（地区）法律成立但实际管理机构在中国境内的企业 | |
| 非居民企业 | 依照外国（地区）法律成立且实际管理机构不在中国境内，但在中国境内设立机构、场所的企业；非居民企业委托营业代理人在中国境内从事生产经营活动的，包括委托单位或者个人经常代其签订合同，或者储存、交付货物等，该营业代理人视为非居民企业在中国境内设立的机构、场所 | 来源于中国境内的所得；发生在中国境外但与其机构、场所有实际联系的所得 |
| | 在中国境内未设立机构、场所，但有来源于中国境内所得的企业 | 就来源于中国境内的所得纳税 |

## 二、所得来源地的确定与企业所得税税率

### 知识点 1：所得来源地的确定

居民企业需要区分所得是来源于境内，还是来源于境外，这涉及中国的税务机关是否有征税权的问题，因此，所得来源地的确定原则就显得很重要。所得来源地确定如表 5–2 所示。

表 5–2 所得来源地确定

| 所得类型 | 来源地的确定 |
| --- | --- |
| 销售货物所得 | 按照交易活动发生地确定 |

续表

<table>
<tr><th colspan="2">所得类型</th><th>来源地的确定</th></tr>
<tr><td colspan="2">提供劳务所得</td><td>按照劳务发生地确定</td></tr>
<tr><td rowspan="3">转让财产所得</td><td>不动产转让所得</td><td>按照不动产所在地确定</td></tr>
<tr><td>动产转让所得</td><td>按照转让动产的企业或者机构、场所所在地确定</td></tr>
<tr><td>权益性投资资产转让所得</td><td>按照被投资企业所在地确定</td></tr>
<tr><td colspan="2">股息、红利等权益性投资所得</td><td>按照分配所得的企业所在地确定</td></tr>
<tr><td colspan="2">利息所得、租金所得、特许权使用费所得</td><td>按照负担、支付所得的企业或者机构、场所所在地确定，或者按照负担、支付所得的个人住所地确定</td></tr>
</table>

## 知识点 2：企业所得税税率

企业所得税税率如表 5-3 所示。

**表 5-3　企业所得税税率**

<table>
<tr><th>类型</th><th colspan="3">适用范围</th><th>税率</th></tr>
<tr><td rowspan="4">法定税率</td><td colspan="3">居民企业</td><td rowspan="2">25%</td></tr>
<tr><td rowspan="3">非居民企业</td><td>在中国境内设有机构、场所</td><td>取得的与境内所设机构、场所有实际联系的境内、外所得</td></tr>
<tr><td>在中国境内设有机构、场所</td><td>取得的与境内所设机构、场所没有实际联系的来源于境内的所得</td><td rowspan="2">20%（实际减按 10%）</td></tr>
<tr><td>在中国境内未设立机构、场所的</td><td>取得的来源于境内的所得</td></tr>
<tr><td rowspan="3">优惠税率</td><td colspan="3">适用上述 20% 税率的非居民企业，实际减按 10% 征税</td><td>10%</td></tr>
<tr><td colspan="3">国家重点扶持的高新技术企业、经认定的技术先进型服务企业（服务贸易类）、西部地区从事符合规定产业项目的企业</td><td>15%</td></tr>
<tr><td colspan="3">符合条件的小型微利企业（仅适用居民企业）</td><td>20%</td></tr>
</table>

小型微利企业是指从事国家非限制和禁止行业，且同时符合年度应纳税所得额不超过 300 万元、从业人数不超过 300 人、资产总额不超过 5 000 万元三个条件的企业。

自 2024 年 1 月 1 日至 2027 年 12 月 31 日，小型微利企业减按 25% 计算应纳税所得税，按 20% 的税率缴纳企业所得税。

# 第二节 企业所得税应纳税所得额

## 一、一般规定

### 知识点1：计算方式与收入形式

**1. 计算方式**

应纳税额 = 应纳税所得额 × 适用税率 − 减免税额 − 抵免税额

（间接法）应纳税所得额 = 会计利润 + 纳税调整增加额 − 纳税调整减少额

（直接法）应纳税所得额 = 收入总额 − 不征税收入 − 免税收入 − 各项扣除 − 允许弥补的以前年度亏损

**2. 收入形式**

**（1）货币形式。**其包括现金、存款、应收账款、应收票据、准备持有至到期的债券投资以及债务的豁免等。

**（2）非货币形式。**其包括固定资产、生物资产、无形资产、股权投资、存货、不准备持有至到期的债券投资、劳务以及有关权益等。

### 知识点2：收入总额

**1. 销售货物收入**

**（1）一般规定。**销售货物收入范围包括销售商品、产品、原材料、包装物、低值易耗品以及其他存货取得的收入。

收入总额不含增值税，增值税属于价外税，应当以不含增值税的销售收入计入收入总额。

不含增值税的价外费用并入收入总额，价外费用应换算成不含税的收入，并入收入总额。

视同销售行为，如自产货物发放给职工、货物无偿对外赠送等导致货物所有权转移的行为。

**（2）特殊销售方式下的收入确认时间**（见表 5–4）。

**表 5–4 特殊销售方式下的收入确认时间**

| 销售方式 | 确认时间 |
|---|---|
| 托收承付方式 | 办妥托收手续时 |
| 预收款方式 | 发出商品时 |
| 分期收款方式 | 合同约定的收款日期 |

续表

| 销售方式 | | 确认时间 |
|---|---|---|
| 委托代销方式（支付手续费） | | 收到代销清单时 |
| 产品分成方式 | | 企业分得产品的日期（收入额按照产品的公允价值确定） |
| 商品需要安装和检验的 | 一般规定 | 购买方接受商品以及安装和检验完毕时确认 |
| | 安装程序比较简单 | 发出商品时确认 |

**（3）收入确认金额。**

一是售后回购。按售价确认销售商品收入，回购处理为购进商品；若不符合确认条件，收到款项应作负债确认，回购价高于售价的差额按利息费用确认。

二是以旧换新。按销售商品收入条件确认销售商品，回收商品作购进商品处理。

三是折扣和销售退回。商业折扣按扣除后金额确认销售商品收入，现金折扣在实际发生时扣除，销售折让和退回在当期冲减销售商品收入。

四是买一赠一。赠品非捐赠，按各项商品的公允价值的比例来分摊确认各项的销售收入。

五是产品分成。采用产品分成方式的收入按产品公允价值确定，确保公允和合规。

**2. 提供劳务收入**

**（1）提供劳务收入基本概念。**提供劳动收入范围包括从事建筑安装、修理修配、交通运输、仓储租赁、金融保险、邮电通信、咨询经纪、文化体育、科学研究、技术服务、教育培训、餐饮住宿、中介代理、卫生保健、社区服务、旅游、娱乐、加工以及其他劳务服务活动取得的收入。

**（2）提供劳务收入一般情况。**

当期劳务收入 = 合同或协议总价款 × 完工进度

采用完工进度来确定收入，具体包括已完工作量、已提供劳务占总劳务的比例、已发生的成本占总成本的比例等。企业受托加工制造大型机械设备、船舶、飞机，以及从事建筑、安装、装配工程业务或者提供其他劳务等，持续时间超过 12 个月的，按照纳税年度内完工进度或者完成的工作量确认收入的实现。

**（3）提供劳务收入特殊情况。**

一是安装费：根据安装工作的完工进度确认。

二是宣传媒介费：在广告或商业行为出现时确认。

三是软件费：根据软件开发的完工进度确认。

四是服务费：在提供服务期间分期确认（如果包含在商品售价内）。

五是艺术表演、招待宴会：在相关活动发生时确认。

六是会员费：在获得会员费时确认，如果提供服务或销售商品不再另行收费或低于非会员价格，应分期确认。

七是特许权费：根据提供设备或其他有形资产的情况，在交付或转移资产所有权时确认；提供初始及后续服务的，提供服务时确认。

八是劳务费：长期为客户提供重复劳务时，在劳务活动发生时确认。

### 3. 其他收入

**（1）转让财产收入。**其涉及固定资产、生物资产、无形资产、股权、债权等财产的转让。股权转让应在协议生效、完成股权变更手续时确认。

**（2）股息、红利、利息、租金、特许权使用费收入。**

一是股息、红利：不包括被投资企业溢价资本公积转为股本的部分。

二是利息：根据合同约定的债务人应付利息日期确认。

三是租金：跨年度租赁期、一次性支付的租金按配比原则分期计入。

四是特许权使用费：按照约定的支付日期确认。

**（3）接受捐赠收入。**来自其他单位或个人无偿提供的资产，按实际收到捐赠资产的日期确认。非货币性资产的所得额包括受赠资产价值和由捐赠企业代支付的增值税。

**（4）其他收入。**其包括企业资产溢余收入、逾期未退包装物押金收入、确实无法偿付的应付款项、已作坏账损失处理后又收回的应收款项、债务重组收入、补贴收入、违约金收入、汇兑收益等。债务重组应在协议生效时确认。销售货物、提供劳务、租金、特许权使用费等收入可作为计算业务招待费、广告费与业务宣传费扣除限额的基数。

## 知识点3：不征税收入与免税收入

**微课：**不征税收入与免税收入

### 1. 不征税收入

**（1）对于事业单位、社会团体。**财政拨款、财政补助收入为不征税收入。

**（2）对于企业。**

一是关于基金、收费。行政事业性收费、政府性基金按规定缴纳并上缴财政的为不征税收入，其他不得扣除。

二是关于财政性资金。归还国家投资和资金的本金不属于收入总额。取得的经国务院批准、规定专项用途的财政性资金为不征税收入，其他则征税。财政性资金包括财政拨款、补贴、贷款贴息，以及各类财政专项资金。出口退税款按规定取得的不属于收入总额。

### 2. 免税收入

**（1）国债利息收入。**国债利息收入为免税收入，但国债转让收入不免税。

**（2）股息、红利等权益性投资收益。**符合条件的居民企业之间的股息、红利等权益性投资收益为免税收入。在中国境内设立机构、场所的非居民企业从居民企业取得与该机构、场所有实际联系的股息、红利等权益性投资收益。股息、红利等权益性收益，不包括连续持有居民企业公开发行并上市流通的股票不足 12 个月取得的投资收益（持股不足 12 个月，取得的股息不免税）。

股息、红利等权益性投资收益辨析如表 5–5 所示。

**表 5–5　股息、红利等权益性投资收益辨析**

<table>
<tr><th>投资方</th><th colspan="3">被投资方</th><th>投资方股息、红利所得</th></tr>
<tr><td rowspan="4">居民企业；<br>在中国境内设立机构、场所的非居民企业取得与该机构、场所有实际联系的股息、红利等权益性投资收益</td><td rowspan="3">居民企业</td><td colspan="2">未上市</td><td>免税</td></tr>
<tr><td rowspan="2">公开发行并上市流通</td><td>≥ 12 个月</td><td>免税</td></tr>
<tr><td>< 12 个月</td><td>征税</td></tr>
<tr><td colspan="3">非居民企业</td><td>征税</td></tr>
<tr><td>其他非居民企业</td><td colspan="3">所有类型的企业</td><td>征税</td></tr>
</table>

**（3）符合条件的非营利组织收入。**

一是接受其他单位或者个人捐赠的收入。

二是财政拨款以外的其他政府补助收入，但不包括因政府购买服务取得的收入。

三是按照省级以上民政、财政部门规定收取的会费。

四是不征税收入和免税收入孳生的银行存款利息收入。

非营利组织从事营利性活动取得的收入除外。

## 二、税前扣除项目

### 知识点 1：一般扣除项目

**1. 一般扣除项目的概念和范围**

一般扣除项目，是指企业实际发生的与取得收入有关的、合理的支出，包括成本、费用、税金、损失和其他支出，准予在计算应纳税所得额时扣除。

**2. 成本与费用**

**（1）成本与费用的范围。**

成本，包括销售成本、销货成本、业务支出以及其他耗费。

费用，包括销售费用、管理费用和财务费用，已经计入成本的有关费用除外。

**（2）工资薪金支出。**企业发生的合理的工资薪金支出，准予扣除。工资薪金不包括职工福利费、职工教育经费、工会经费以及“五险一金”。该工资支出必须实际发放。

**（3）保险费。**

基本养老保险费、基本医疗保险费、失业保险费、工伤保险费、生育保险费等基本社会保险费和住房公积金（即“五险一金”）准予扣除。

补充养老保险、补充医疗保险（补充保险）分别在不超过职工工资总额 5% 标准内的部分，准予扣除。

企业职工因公出差乘坐交通工具发生的人身意外保险费支出准予扣除。

为特殊工种职工支付的人身安全保险费和国务院财政、税务主管部门规定可以扣除的其他商业保险费准予扣除。

为投资者或者职工支付的其他商业保险费不得扣除。

企业参加财产保险，按照有关规定缴纳的保险费准予扣除。

**（4）职工福利费、工会经费、职工教育经费**（见表 5–6）。

**表 5–6 职工福利费、工会经费、职工教育经费**

| 项目 | 计算扣除限额基数 | 限额比例 | 超过部分的处理 |
| --- | --- | --- | --- |
| 职工福利费 | 工资薪金总额 | 14% | 不得扣除 |
| 工会经费 | | 2% | 不得扣除 |
| 职工教育经费[1] | | 8% | 准予在以后纳税年度结转扣除 |

注 1：软件生产企业发生的职工教育经费中的职工培训费用，可以据实全额在企业所得税前扣除；实际发生额如果仅计提，而没有实际使用或发生，是不得税前扣除的。

**（5）业务招待费支出**。企业在生产经营活动中发生的业务招待费支出，按发生额的 60% 扣除，最高不超过当年销售（营业）收入的 5‰。在筹建期间，与筹办活动相关的招待费支出，可按实际发生额的 60% 计入企业筹办费，并按规定在税前扣除。业务招待费支出有两个限额，取较低者，且超过的部分不得在以后年度结转扣除。其他规定如下：

一是一般企业销售收入计算基数。

一般企业销售收入 = 主营业务收入 + 其他业务收入 + 视同销售收入

销售（营业）收入具体包括销售货物、提供劳务、租金、特许权使用费等，不包括会计确认的投资收益和营业外收入。

二是从事股权投资业务的企业的销售收入计算基数。

从事股权投资业务的企业销售收入 = 主营业务收入 + 其他业务收入 + 视同销售收入 + 投资收益

从事股权投资业务的企业，包括集团公司总部、创业投资企业等，其从被投资企业分得的股息、红利以及股权转让收入，可按规定的比例计算业务招待费扣除限额。

**（6）广告费和业务宣传费**。

广告费和业务宣传费支出。企业广告费和业务宣传费支出，符合条件时，准予扣除不超过销售收入 15% 的部分，超过的部分可在以后纳税年度结转扣除，除非国务院财政、税务主管部门有其他规定。

特定行业广告费和业务宣传费。化妆品、医药、饮料制造企业，广告费和业务宣传费支出不超过销售收入 30% 的部分，可扣除；超过的部分在以后的年度结转扣除。

烟草企业的烟草广告费和业务宣传费，在计算应纳税所得额时，一律不得扣除。

广告费、业务宣传费分别给出的，合并计算扣除限额，确保综合考虑两者的影响。

赞助支出。赞助支出不同于广告费，不得扣除。

筹建期间广告费和宣传费。企业在筹建期间发生的广告费和业务宣传费，可以按实际发生额计入企业筹办费用，并在税前扣除。如果广告费和业务宣传费金额分别给出，必须合并计算扣除限额。

**（7）利息支出。**

一是非金融企业向金融企业借款的利息支出可据实扣除。非金融企业向非金融企业借款，扣除部分不超过按照金融企业同期同类贷款利率计算的利息支出。

二是资本化支出的借款利息处理。如果借款利息作为资本化支出，将纳入相应资产成本，通过折旧或摊销方式扣除。

三是股东未尽出资义务的借款利息税务处理。投资者在规定期限内未足额缴纳资本，企业对外借款的利息相当于实际缴纳资本与规定期限内应缴资本的差额计算的利息。该利息不属于企业合理支出，不得在计算应纳税所得额时扣除，应由投资者负担。

**（8）总机构分摊的费用。**非居民企业在中国境内设立的机构、场所，就其中国境外总机构发生的与该机构、场所生产经营有关的费用，能够提供总机构出具的费用证明文件并合理分摊的，准予扣除。

**3. 税金**

纳税人按照规定缴纳的消费税、资源税、土地增值税、关税、城市维护建设税、教育费附加、房产税、车船税、城镇土地使用税、印花税等税金及附加，可以在税前扣除。

**4. 损失**

**（1）企业发生损失。**减除责任人赔偿和保险赔款后的余额，依照国务院财政、税务主管部门的规定扣除。自然灾害造成的损失无须进项税额转出，管理不善引起的损失需要进项税额转出。

**（2）已处理的资产损失再收回。**被认定为损失的资产，若在以后纳税年度全部或部分收回，应计入当期收入。

**（3）筹办期间的筹办费用。**筹办期间发生的筹办费用支出，不计算为当期亏损。

**（4）不得扣除的损失。**违法、犯罪行为造成的损失，如行政性罚款、没收违法所得等，不得扣除。

**（5）损失的申报。**资产损失应在实际确认或发生的当年进行申报扣除。

**（6）以前年度资产损失的追补。**以前年度未扣除的资产损失可向税务机关申报进行追补扣除。

**（7）确实资产损失的追补。**实际资产损失准予追补至发生年度扣除，追补确认期限一般不得超过五年。

**（8）多缴的企业所得税税款的抵扣。**因前期资产损失未扣除而多缴的企业所得税税款，可在追补确认年度进行抵扣，不足部分可递延抵扣至后续年度。

**5. 其他支出**

**（1）借款费用。**

一是费用化。生产经营活动中发生的合理的借款费用，准予扣除。借款费用包含的主要是利息，当然利息支出应当符合前述的扣除条件。

二是资本化。企业为购置、建造固定资产、无形资产和经过 12 个月以上的建造才能达到预定可销售状态的存货发生借款的，期间发生的合理的借款费用，应当计入有关资产的成本，并依照规定扣除。

**（2）环保专项资金。**企业依照法律、行政法规有关规定提取的用于环境保护、生态恢复等方面的专项资金，准予扣除。上述专项资金提取后改变用途的，不得扣除。

**（3）劳保支出。**企业发生的合理的劳动保护支出，准予扣除。

**（4）手续费及佣金支出。**

一是保险企业。发生与其经营活动有关的手续费及佣金支出，按当年全部保费收入扣除退保金等后余额的 18%（含本数）计算限额，准予扣除限额 =（当年全部保费收入 − 退保金）× 18%；超过部分允许结转以后年度扣除。

二是其他企业。按与具有合法经营资格中介服务机构和个人（不含交易双方及其雇员、代理人和代表人等）所签订服务协议或合同确认收入金额的 5% 计算限额，准予扣除限额 = 所签订服务协议或合同确认收入金额 × 5%。

三是从事代理服务，主营业务收入为手续费、佣金的企业（证券、期货、保险代理），据实扣除。

## 知识点 2：特殊扣除项目

**1. 捐赠支出**

**（1）公益性捐赠。**通过公益性社会组织或者县级（含县级）以上人民政府及其组成部门和直属机构，用于符合法律规定的慈善活动、公益事业的捐赠在年度利润总额 12% 以内的部分，准予在计算应纳税所得额时扣除；超过部分，准予结转以后 3 年内在计算应纳税所得额时扣除；企业在对公益性捐赠支出计算扣除时，应先扣除以前年度结转的捐赠支出，再扣除当年发生的捐赠支出。

**（2）非公益性捐赠。**直接捐赠或通过营利机构的捐赠不得扣除。

**（3）股权捐赠。**企业向公益性社会团体实施的股权捐赠，应视同股权转让，股权转让收入额以企业所捐赠股权取得时的历史成本确定（非公允价值）。

**2. 固定资产租赁费**

**（1）以经营租赁方式租入。**租赁费按照租赁期限扣除。

**（2）以融资租赁方式租入。**按照融资租入固定资产价值提取折旧费用，分期扣除。

**3. 汇兑损失**

除已计入资产成本及与向所有者利润分配相关的部分外，准予扣除。

**4. 贷款损失准备金**

准予当年税前扣除的贷款损失准备金 = 本年末准予提取贷款损失准备金的贷款资产余额 ×1% – 截至上年末已在税前扣除的贷款损失准备金的余额

**5. 贷款**

金融企业对其涉农贷款（农户贷款、农村企业及各类组织贷款）和中小企业贷款（年销售额和资产总额均不超过 2 亿元的企业）进行风险分类后，按照以下比例计提的贷款损失准备金，准予在计算应纳税所得额时扣除：关注类贷款，计提比例为 2%；次级类贷款，计提比例为 25%；可疑类贷款，计提比例为 50%；损失类贷款，计提比例为 100%。

金融企业发生的符合条件的涉农贷款和中小企业贷款损失，应先冲减已在税前扣除的贷款损失准备金，不足冲减部分可据实在计算应纳税所得额时扣除。

**6. 存款保险扣除**

银行业金融机构按照不超过 0.16 ‰的存款保险费率，计算交纳的存款保险保费（保费基数 × 存款保险费率），准予在企业所得税税前扣除。准予在企业所得税税前扣除的存款保险保费，不包括存款保险保费滞纳金。

## 知识点 3：不得扣除项目和亏损弥补

**1. 不得扣除项目**

一是向投资者支付的股息、红利等权益性投资收益款项。

二是企业所得税税款。

三是税收滞纳金。

四是罚金、罚款和被没收财物的损失。罚金、罚款和被没收财物的损失，不包括纳税人按照经济合同规定支付的违约金（包括银行罚息）、罚款和诉讼费。刑事责任以及行政处罚中的财产罚，包括罚金、罚款、没收违法所得、没收财产等不得在税前扣除，如纳税人签发空头支票，银行按规定处以罚款属于行政性罚款，不允许税前扣除。民事责任中的赔偿损失、支付违约金以及法院判决由企业承担的诉讼费用等准予在税前扣除，如纳税人逾期归还银行贷款，银行按规定加收的罚息属于经营性处罚，允许在税前进行扣除。

五是国家规定的公益性捐赠支出以外的捐赠支出，年度利润总额 12% 以外并超过 3 年结转期的公益性捐赠支出以及非公益性捐赠。

六是赞助支出。具体指企业发生的与生产经营活动无关的各种非广告性质的支出。

七是未经核定的准备金支出。除国家规定的金融保险企业在规定比例内提取准备金可以税前扣除外，其他行业、企业计提的各项资产减值准备、风险准备等准备金均不得税前扣除。

八是与取得收入无关的其他支出。企业之间支付的管理费、企业内营业机构之间支付的租金和特许权使用费，以及非银行企业内营业机构之间支付的利息。

### 2. 亏损弥补

**（1）亏损及亏损弥补时限**。亏损是指年度应纳税所得额小于零的金额。亏损准予用以后年度所得结转弥补，除特殊情况外，弥补期限从亏损年度的下一个年度开始连续计算，最长不得超过 5 年。连续 5 年内不论是盈利或亏损，均计入年限。先亏先补，后亏后补。

**（2）不同企业亏损弥补**。

一是一般企业。某一纳税年度发生的亏损，可以用下一年度的所得弥补，下一年度的所得不足弥补的，可以逐年延续弥补，但是最长不得超过 5 年。

二是高新技术企业和科技型中小企业。自 2018 年 1 月 1 日起，当年具备资格的企业，其具备资格年度之前 5 个年度发生的尚未弥补完的亏损，准予结转以后年度弥补，最长结转年限由 5 年延长至 10 年。

此外，弥补期内不论是盈利或亏损，都作为实际弥补期限计算。境外机构的亏损，不得抵减境内机构的盈利。

## *三、企业资产税务处理

### 知识点 1：固定资产

### 1. 不得计算折旧扣除的固定资产

房屋、建筑物以外未投入使用的固定资产；以经营租赁方式租入的固定资产；以融资租赁方式租出的固定资产；已足额提取折旧仍继续使用的固定资产；与经营活动无关的固定资产；单独估价作为固定资产入账的土地；其他不得计算折旧扣除的固定资产。

### 2. 固定资产计税基础

**（1）外购**。购买价款 + 支付的相关税费 + 直接归属于使该资产达到预定用途发生的其他支出。

**（2）自行建造**。竣工结算前发生的支出。

**（3）融资租入**。

一是租赁合同约定付款总额，合同约定的付款总额 + 在签订租赁合同过程中发生的相关费用。

二是租赁合同未约定付款总额，该资产的公允价值 + 在签订租赁合同过程中发生的相关费用。

**（4）盘盈**。同类固定资产的重置完全价值。

**（5）捐赠、投资、非货币性资产交换、债务重组**。该资产的公允价值 + 支付的相关税费。

**（6）改建**。以改建过程中发生的改建支出增加计税基础。

**（7）其他规定**。企业固定资产投入使用后，由于工程款项尚未结清而未取得全额发票的，可暂按合同规定的金额计入固定资产计税基础计提折旧，待发票取得后进行调整。但该项调整应在固定资产投入使用后 12 个月内进行。

**3. 固定资产折旧计提方式**

按照直线法计算的折旧，准予扣除。

企业应当自固定资产投入使用月份的次月起计算折旧；停止使用的固定资产，应当自停止使用月份的次月起停止计算折旧。

企业应当合理确定固定资产的预计净残值，一经确定，不得变更。

生产性生物资产计提折旧的方法与固定资产相同。

**4. 固定资产计提折旧最低年限**

除国务院财政、税务主管部门另有规定外，固定资产计算折旧的最低年限：房屋、建筑物，为20年；飞机、火车、轮船、机器、机械和其他生产设备，为10年；与生产经营活动有关的器具、工具、家具等，为5年；飞机、火车、轮船以外的运输工具，为4年；电子设备，为3年。

## 知识点2：生产性生物资产和无形资产

**1. 生产性生物资产**

**（1）生产性生物资产的概念。**生产性生物资产是指企业为生产农产品、提供劳务或者出租等而持有的生物资产，包括经济林、薪炭林、产畜和役畜等。

**（2）生产性生物资产按照以下方法确定计税基础。**

外购的生产性生物资产，以购买价款和支付的相关税费为计税基础：购买价款+支付的相关税费。

通过捐赠、投资、非货币性资产交换、债务重组等方式取得的生产性生物资产，以该资产的公允价值和支付的相关税费为计税基础：公允价值+支付的相关税费。

**（3）生产性生物资产按照直线法计算。**生产性生物资产按照直线法计算的折旧，准予扣除。企业应当自生产性生物资产投入使用月份的次月起计算折旧；停止使用的生产性生物资产，应当自停止使用月份的次月起停止计算折旧。

**（4）最低折旧年限。**林木类生产性生物资产，为10年。畜类生产性生物资产，为3年。

**2. 无形资产**

**（1）计算摊销费用扣除的无形资产。**其包括：自行开发的支出已在计算应纳税所得额时扣除的无形资产；自创商誉；与经营活动无关的无形资产；其他不得计算摊销费用扣除的无形资产。

**（2）无形资产的计税基础。**

一是外购。计税基础：购买价款+支付的相关税费+直接归属于使该资产达到预定用途发生的其他支出。

二是自行开发。计税基础：开发过程中该资产符合资本化条件后至达到预定用途前发生的支出。

三是捐赠、投资、非货币性资产交换、债务重组。计税基础：公允价值＋相关税费。

**（3）无形资产按照直线法计算。**无形资产按照直线法计算的摊销费用，准予扣除。当月增加当月摊销，当月减少当月不提摊销。外购商誉的支出，在企业整体转让或者清算时，准予扣除。

**（4）无形资产的摊销年限。**无形资产的摊销年限不得低于10年；作为投资或者受让的无形资产，有关法律规定或者合同约定了使用年限的，可以按照规定或者约定的使用年限分期摊销。

## 知识点3：其他企业资产税务处理

### 1. 长期待摊费用

**（1）已足额提取折旧的固定资产的改建支出：**按照固定资产预计尚可使用年限分期摊销。

**（2）（经营）租入固定资产的改建支出：**按照合同约定的剩余租赁期限分期摊销。

**（3）固定资产的大修理支出：**按照固定资产尚可使用年限分期摊销。固定资产的大修理支出，是指同时符合下列条件的支出：修理支出达到取得固定资产时的计税基础50%以上；修理后固定资产的使用年限延长2年以上。

**（4）其他应当作为长期待摊费用的支出：**自支出发生月份的次月起，分期摊销，摊销年限不得低于3年。

### 2. 投资资产

**（1）投资资产成本。**企业对外投资期间，投资资产的成本在计算应纳税所得额时不得扣除。企业在转让或者处置投资资产时，投资资产的成本，准予扣除。

**（2）投资资产成本确定方法。**通过支付现金方式取得的投资资产，以购买价款为成本；通过支付现金以外的方式取得的投资资产，以该资产的公允价值和支付的相关税费为成本。

### 3. 存货

**（1）存货成本选择范围。**企业使用或者销售的存货的成本计算方法，可以在先进先出法、加权平均法、个别计价法中选用一种。计价方法一经选用，不得随意变更。

**（2）存货成本确定方法。**

通过支付现金方式取得的存货，以购买价款和支付的相关税费为成本；通过支付现金以外的方式取得的存货，以该存货的公允价值和支付的相关税费为成本。

生产性生物资产收获的农产品，以产出或者采收过程中发生的材料费、人工费和分摊的间接费用等必要支出为成本。

## 知识点 4：企业特殊业务所得税处理

### 1. 企业重组税务处理

**（1）资产重组税务处理的原则。**

一是资产重组一般性税务处理必须确认资产转让所得或损失。

二是相关资产应当按照交易价格（公允价值）重新确定计税基础，为新企业今后的资产处理，包括折旧或摊销提供基础价格。

三是上述两项工作的认定必须在交易发生时确认，不能提前也不能滞后。

四是财税部门有权根据新情况规定新的处理政策。

**（2）债务重组。**债务重组所得超过该企业当年应纳税所得额 50% 的，可在今后 5 个纳税年度内均匀计入所得额。低于 50% 的则计入企业当年应纳税所得额，当年纳税。

**（3）货币资产损失和非货币资产损失。**

一是货币资产损失，包括现金损失、银行存款损失和应收（预付）账款损失等。

二是非货币资产损失，包括存货损失、固定资产损失、在建工程损失、生物资产损失等。企业发生的资产损失，应按税法规定实际确认或实际发生的当年申报扣除，不得提前或延后扣除。

**（4）非货币性资产投资所得。**居民企业以非货币性资产对外投资确认的非货币性资产转让所得，可在不超过 5 年期限内，分期均匀计入相应年度的应纳税所得额，按规定计算缴纳企业所得税。

**（5）非货币性资产转让所得。**企业对外投资的非货币性资产，应进行评估并按评估后的公允价值扣除计税基础后的余额计算确认非货币性资产转让所得。

### 2. 企业清算税务处理

**（1）企业清算所得税处理。**

一是全部资产均应按可变现价值或者交易价格，确认资产转让所得或者损失。

二是确认债权清理、债务清偿的所得或者损失。

三是改变持续经营核算原则，对预提或者待摊性质的费用进行处理。

四是依法弥补亏损，确定清算所得。

五是计算并缴纳清算所得税。

六是确定可向股东分配的剩余财产、应付股息等。

**（2）纳税年度。**企业应将整个清算期作为一个独立的纳税年度计算清算所得。

**（3）被清算企业的股东分得的剩余资产的金额。**

一是相当于被清算企业累计未分配利润和累计盈余公积金中按该股东所占股份比例计算的部分确认为股息所得。

二是剩余资产减除股息所得后的余额，超过或低于股东投资成本的部分确认为投资转让所得或者损失。

# 第三节 企业所得税税收优惠

## 一、减税、免税与区域税收优惠

### 知识点1：农、林、牧、渔业项目所得

**1. 免征企业所得税项目**

一是蔬菜、谷物、薯类、油料、豆类、棉花、麻类、糖料、水果、坚果的种植。

二是农作物新品种的选育。

三是中药材的种植。

四是林木的培育和种植。

五是牲畜、家禽的饲养。

六是林产品的采集。

七是灌溉、农产品初加工、兽医、农技推广、农机作业和维修等农、林、牧、渔服务业项目。

八是远洋捕捞。

**2. 所得减半征收企业所得税**

一是花卉、茶以及其他饮料作物和香料作物的种植。

二是海水养殖、内陆养殖。

三是 500 万元的技术转让所得的超过部分。

### 知识点 2：其他减免税规定

**1. 三免三减半优惠项目**

三免三减半优惠项目如表 5–7 所示。

**表 5–7 三免三减半优惠项目**

| 项目 | 范围 | 优惠内容 |
| --- | --- | --- |
| 国家重点扶持的公共基础设施项目的投资经营所得 | 企业承包经营、承包建设和内部自建自用的，不得享受 | 自项目取得第一笔生产经营收入所属纳税年度起，第 1 年至第 3 年免征企业所得税，第 4 年至第 6 年减半征收企业所得税 |
| 符合条件的环境保护、节能节水项目的所得 | 减免税期限内转让的，受让方可以在剩余期限内享受优惠；届满后转让，受让方不得享受 | |

**2. 符合条件的技术转让所得、利息所得**

**（1）符合条件的技术转让所得。**符合条件的居民企业技术转让所得不超过 500 万元的部分，免征企业所得税；超过 500 万元的部分，减半征收企业所得税。

技术转让所得 = 技术转让收入 – 技术转让成本 – 相关税费

**（2）利息所得。**外国政府向中国政府提供贷款取得的利息所得免税；国际金融组织向中国政府和居民企业提供优惠贷款取得的利息所得免税。

### 知识点3：区域税收优惠

**1. 国家西部大开发税收优惠**

自2021年1月1日至2030年12月31日，对设在西部地区的鼓励类产业企业减按15%的税率征收企业所得税。

鼓励类产业企业是指以《西部地区鼓励类产业目录》中规定的产业项目为主营业务，且其主营业务收入占企业收入总额60%以上的企业。

**2. 海南自由贸易港税收优惠**

**（1）期限与总分支机构规定。**

一是关于海南自由贸易港企业所得税优惠政策的执行期限为2020年1月1日起至2024年12月31日。

二是对注册在海南自由贸易港并实质性运营的鼓励类产业企业，减按15%的税率征收企业所得税。

三是对总机构设在海南自由贸易港的符合条件的企业，仅就其设在海南自由贸易港的总机构和分支机构的所得适用15%税率。

四是对总机构设在海南自由贸易港以外的企业，仅就其设在海南自由贸易港内的符合条件的分支机构的所得适用15%税率。

**（2）从事行业和资产规定。**

一是对在海南自由贸易港设立的旅游业、现代服务业、高新技术产业企业新增境外直接投资取得的所得免征企业所得税。

二是对在海南自由贸易港设立的企业，新购置（含自建、自行开发）固定资产或无形资产，单位价值不超过500万元（含）的允许一次性计入当期成本费用在计算应纳税所得额时扣除，不再分年度计算折旧和摊销；单位价值超过500万元的可以缩短折旧、摊销年限或采取加速折旧、摊销的方法。固定资产是指除房屋、建筑物以外的固定资产。

## 二、特别项目税收优惠

### 知识点1：加计扣除与减计收入

**1. 加计扣除**

**（1）研究开发费用。**企业开展研发活动中实际发生的研发费用，未形成无形资产计入当期损益的，在按规定据实扣除的基础上，再按照实际发生额的100%在税前加计扣除；形成无形资产，按照无形资产成本的200%在税前摊销。

**（2）委托开发。**

一是对企业委托给外单位进行开发的研发费用，由委托方按照规定加计扣除，受托方不得再进行加计扣除。

二是对委托开发的项目，除关联方外委托方加计扣除时不再需要提供研发项目的费用支出明细情况。

三是委托境外进行研发活动所发生的费用，按照费用实际发生额的 80% 计入委托方的委托境外研发费用。委托境外研发费用不超过境内符合条件的研发费用 2/3 的部分，可以按规定在企业所得税前加计扣除。

**（3）其他开发。**

一是合作开发。对企业共同合作开发的项目，由合作各方就自身承担的研发费用分别按照规定加计扣除。

二是企业未设立专门的研发机构或企业研发机构同时承担生产经营任务的，应对研发费用和生产经营费用分开进行核算，对划分不清的，不得实行加计扣除。

**（4）残疾人员工资。**企业安置残疾人员所支付的工资，在按照支付给残疾职工工资据实扣除的基础上，按照支付给残疾职工工资的 100% 加计扣除。

#### 2. 减计收入

一是企业以《资源综合利用企业所得税优惠目录》规定的资源作为主要原材料，生产国家非限制和禁止并符合国家和行业相关标准的产品取得的收入，减按 90% 计入收入总额。

二是自 2019 年 6 月 1 日至 2025 年 12 月 31 日，社区提供养老、托育、家政服务的机构，提供社区养老、托育、家政服务取得的收入，在计算应纳税所得额时，减按 90% 计入收入总额。社区包括城市社区和农村社区。

### 知识点 2：抵免政策

#### 1. 抵免应纳税额

企业购置并实际使用规定的环境保护、节能节水、安全生产等专用设备的，该专用设备的投资额的 10% 可以从企业当年的应纳税额中抵免；当年不足抵免的，可以在以后 5 个纳税年度结转抵免。

#### 2. 抵免应纳税所得额

**（1）初创科技型企业。**创业投资企业采取股权投资方式投资未上市的中小高新技术企业 2 年以上的，可以按照其投资额的 70% 在股权持有满 2 年的当年抵扣该创业投资企业的应纳税所得额；当年抵扣不足的，可以在以后纳税年度结转抵扣。

**（2）有限合伙制创业投资企业。**

一是采取股权投资方式投资未上市的中小高新技术企业满 2 年的，法人合伙人可按对投资额的 70% 抵扣法人合伙人分得的应纳税所得额。若当年抵扣不足，可在以后纳税年度结转抵扣。

二是采取股权投资方式直接投资初创科技型企业满 2 年的，法人合伙人可按对投资额的 70% 抵扣分得的所得。若当年抵扣不足，可在以后纳税年度结转抵扣。

#### 知识点 3：加速折旧

**1. 加速折旧一般规定**

可采取缩短折旧年限或加速折旧方法的固定资产包括技术更新快、产品更新换代迅速的资产，以及长期处于强震动和高腐蚀状态的资产。采取缩短折旧年限方法时，最低折旧年限不得低于法定年限的 60%。采取加速折旧方法时，可选择双倍余额递减法或年数总和法。

**2. 加速折旧相关规定**

针对生物药品制造、专用设备制造、铁路、船舶、航空航天、计算机、通信、电子设备制造、仪器仪表制造、信息传验软件和信息技术服务等行业，以及轻工、纺织、机械、汽车四个领域的企业，2014 年 1 月 1 日后购进的固定资产，或 2015 年 1 月 1 日后新购进的周转资产，可按不低于法定折旧年限 60% 的标准缩短折旧年限或采用双倍余额递减法或年数总和法进行加速折旧。

重点行业企业须以主营业务为主，且其固定资产投入使用当年的主营业务收入占企业总收入的 50% 以上。

从 2019 年 1 月 1 日起，适用固定资产加速折旧优惠的行业范围扩大至全部制造业领域。2018 年 1 月 1 日至 2027 年 12 月 31 日期间新购进（包括自建）的设备器具，单位价值不超过 500 万元的，允许一次性计入当期成本费用扣除，无须分年度计算折旧。

# 第四节　企业所得税应纳税额与征收管理

## 一、企业所得税应纳税额

#### 知识点 1：基本计算方式和企业取得境外所得计税时的抵免

**1. 基本计算方式**

应纳税额 = 应纳税所得额 × 适用税率 − 减免税额 − 抵免税额（含源于境外所得）

**微课**：企业所得税应纳税额的计算及征收管理

间接法：

应纳税所得额 = 会计利润 + 纳税调整增加额 − 纳税调整减少额

直接法：

应纳税所得额 = 收入总额 − 不征税收入 − 免税收入 − 各项扣除 − 允许弥补的以前年度亏损

**2. 企业取得境外所得计税时的抵免**

**（1）可抵免所得**。企业取得的下列所得已在境外缴纳的所得税税额，可以从其当期应纳税额中抵免，抵免限额为该项所得依照规定计算的应纳税额；超过抵免限额的部分，可以在以后 5 个年度内，用每年度抵免限额抵免当年应抵税额后的余额进行抵补：居民企业来源于中国境外的应税所得；非居民企业在中国境内设立机构、场所，取得发生在中国境外但与该机构、场所有实际联系的应税所得。

企业可以选择按国（地区）别分别计算，或者不按国（地区）别汇总计算其来源于境外的应纳税所得额，并按税法规定的税率 25%，分别计算可抵免境外所得税税额和抵免限额。上述方法一经选择，5 年内不得改变。

**（2）抵免限额**。

抵免限额＝中国境内、境外所得依照企业所得税法和条例规定计算的应纳税总额×来源于某国（地区）的应纳税所得额÷中国境内、境外应纳税所得额总额

＝来源于某国（地区）的应纳税所得额（境外税前所得额）

实际中如果是税后利润，须换算为税前利润：

应纳税所得额＝分回的税后利润÷（1－某外国所得税税率）

在计算是否需要在我国补税的时候，可以先确定抵免限额与境外实际纳税额的大小。

如果抵免限额≤境外实际纳税额，则直接剔除境外所得，既不补税，也不退税；

如果抵免限额＞境外实际纳税额，则需要补税，计算境内外所得全部应纳税额，然后减去已纳税额即可。

## 知识点 2：企业所得税特别纳税调整

**1. 特别纳税调整管理办法**

**（1）税务机关纳税核定权**。

一是税务机关的纳税核定权情形：企业不提供与其关联方之间业务往来资料，或者提供虚假、不完整资料，未能真实反映其关联业务往来情况。

二是税务机关的纳税核定权核定方法：参照同类或者类似企业的利润率水平；按照企业成本加合理的费用和利润的方法；按照关联企业集团整体利润的合理比例。

**（2）特别纳税调整中的加收利息**。

一是加收期间。自税款所属纳税年度的次年 6 月 1 日起至补缴税款之日止的期间，按日加收利息。

二是加收利息率。按照税款所属纳税年度中国人民银行公布的与补税期间同期的人民币贷款基准利率加 5 个百分点。

三是要求。加收的利息，不得在计算应纳税所得额时扣除。

**（3）纳税调整时效**。企业与其关联方之间的业务往来，不符合独立交易原则，或者企业实施其他不具有合理商业目的安排的，税务机关有权在该业务发生的纳税年度起 10 年

内，进行纳税调整。

**2. 预约定价安排、资本弱化规则**

**（1）预约定价安排。**企业定价安排经税务部门认可后就可按此办理，视同企业间正常的交易价格，而无须再进行纳税调整。预约定价安排适用于主管税务机关向企业送达接收其谈签意向的《税务事项通知书》之日所属纳税年度前3个年度每年度发生的关联交易金额4 000万元人民币以上的企业。

**（2）资本弱化规则。**企业实际支付给关联方的利息支出，不超过以下规定比例计算的部分，准予扣除，超过的部分不得在发生当期和以后年度扣除。企业接受关联方债权性投资与其权益性投资比例为：金融企业为5∶1；其他企业为2∶1。

## 二、企业所得税征收管理

### 知识点1：基本规定

**1. 纳税地点**

**（1）居民企业。**居民企业以企业登记注册地为纳税地点；但登记注册地在境外的，以实际管理机构所在地为纳税地点，另有规定的除外。居民企业在中国境内设立不具有法人资格的营业机构的，应当汇总计算并缴纳企业所得税。

**（2）非居民企业。**在中国境内设立机构、场所且所得与场所有联系的，以机构、场所所在地为纳税地点。设立两个或者两个以上机构、场所的，符合国务院税务主管部门规定条件的，可以选择由其主要机构、场所汇总缴纳企业所得税。未设立机构、场所的，或者虽设立机构、场所但取得的所得与其所设机构、场所没有实际联系的，以扣缴义务人所在地为纳税地点。

**2. 纳税方式**

居民企业在中国境内设立不具有法人资格营业机构的，应当汇总计算并缴纳企业所得税。除国务院另有规定外，企业之间不得合并缴纳企业所得税。

**3. 纳税年度**

企业所得税按纳税年度计算，纳税年度自公历1月1日起至12月31日止。实际经营期不足12个月的，以实际经营期为1个纳税年度；依法清算时，应当以清算期间作为1个纳税年度。

**4. 纳税申报**

**（1）分月或分季预缴。**企业应当自月份或者季度终了之日起15日内，向税务机关报送预缴企业所得税纳税申报表，预缴税款。

**（2）汇算清缴。**

一是企业应当自年度终了之日起5个月内，向税务机关报送年度企业所得税纳税申报表，并汇算清缴，结清应缴应退税款。

二是企业在年度中间终止经营活动的，应当自实际经营终止之日起60日内，向税务机关办理当期企业所得税汇算清缴。

三是企业在报送企业所得税纳税申报表时，应当按照规定附送财务会计报告和其他有关资料。

## 知识点2：企业所得税核定征收

### 1. 居民企业核定征收企业所得税范围

法律、行政法规的规定可以不设置账簿的；法律、行政法规的规定应当设置但未设置账簿的；擅自销毁账簿或者拒不提供纳税资料的；虽设置账簿，但账目混乱或者成本资料、收入凭证、费用凭证残缺不全，难以查账的；发生纳税义务，未按照规定的期限办理纳税申报，经税务机关责令限期申报，逾期仍不申报的；申报的计税依据明显偏低，又无正当理由的。

### 2. 核定应税所得率情形

能正确核算（查实）收入总额，但不能正确核算（查实）成本费用总额的；能正确核算（查实）成本费用总额，但不能正确核算（查实）收入总额的；通过合理方法，能计算和推定纳税人收入总额或成本费用总额的。

### 3. 核定征收应纳税所得

应纳税所得额＝应税收入额×应税所得率

＝成本（费用）支出额÷（1－应税所得率）×应税所得率

应纳税额＝应纳税所得额×适用税率

## 案例分析

**情景描述：**［2023年真题］甲公司为居民企业，主要从事建筑材料生产和销售业务。2022年有关经营情况如下：（1）营业收入20 000万元。（2）发生与生产经营活动有关的业务招待费支出260万元。（3）发生合理的工资、薪金支出1 000万元，发生职工福利费支出180万元、职工教育经费支出100万元，拨缴工会经费20万元。（4）7月购进的一台运输设备已于当月投入使用，该运输设备价值30万元，进项税额3.9万元已于当月申报抵扣；该运输设备当年计提折旧2.5万元。甲公司选择将该运输设备的价值一次性计入当期成本费用在计算应纳税所得额时扣除。（5）转让一处经营用房产，缴纳增值税10万元，城市维护建设税、教育费附加、地方教育附加1.2万元，印花税0.1万元，土地增值税35万元。已知：与生产经营活动有关的业务招待费支出，按照发生额的60%扣除，但最高不得超过当年销售（营业）收入5‰。职工福利费支出、职工教育经费支出、拨缴的工会经费，分别不超过工资薪金总额14%、8%、2%的部分，准予在计算应纳税所得额时扣除。

**法律分析：** 在计算甲公司2022年度企业所得税应纳税所得额时，职工福利费、职工教育经费和工会经费的合计扣除额是多少？在计算甲公司2022年度企业所得税应纳税所得额时，转让经营用房产缴纳的哪些税费可以准予扣除？在计算甲公司2022年度企业所得税应纳税所得额时，购进并投入使用的运输设备纳税调整减少的金额是多少？在计算甲公司2022年度企业所得税应纳税所得额时，准予扣除的业务招待费支出额度是多少？

**此案例主要考查以下方面：** 员工福利相关费用的税前扣除——涉及对职工福利费、职工教育经费和工会经费在企业所得税中扣除的规则和限制的理解；固定资产转让相关税费的扣除——考查在企业所得税计算中，固定资产转让所涉及的不同税费的扣除规则；固定资产购置的纳税调整——包括对固定资产购置及其税务处理（如折旧和进项税额抵扣）的理解；业务招待费支出的扣除规则——涉及对业务招待费在企业所得税中扣除的规则及其限制的理解。综上所述，这个案例通过考查各类费用和税费在企业所得税计算中的扣除情况，测试了对企业所得税相关法规的理解和应用能力，特别是在建筑材料生产和销售业务的具体场景中。

## 本章小结

本章深入讲解了企业所得税的基本概念、纳税人分类、所得来源地的确定、企业所得税税率、计税方式、免税与不征收收入、资产税务处理规定以及税收优惠政策。本章不仅系统地介绍了企业所得税的具体征收管理规定，还强调了税法在经济发展中的重要作用，如通过税收优惠政策支持特定行业和区域发展。通过对企业所得税法律制度的学习，学生可以增强对税法知识的理解和运用，以及对税收在实现社会公平和促进经济发展中作用的认识。

## 课证融通

### 一、单选题

1.［2022年真题］甲公司2021年度企业所得税收入总额1 000万元、免税收入100万元、各项扣除600万元，无不征税收入和结转的以前年度亏损。已知企业所得税税率为

25%，甲公司2021年度应缴纳企业所得税税额为（　　）。

A.75万元　　B.250万元　　C.225万元　　D.100万元

2.［2022年真题］甲公司2021年度发生合理的工资、薪金支出700万元，为全体员工支付补充养老保险费40万元、补充医疗保险费25万元，已知补充养老保险费、补充医疗保险费分别在不超过职工工资总额5%标准内的部分，在计算应纳税所得额时准予扣除。甲公司在计算2021年度企业所得税应纳税所得额时准予扣除的补充养老保险费、补充医疗保险费合计为（　　）。

A.60万元　　B.65万元　　C.55万元　　D.70万元

3.［2023年真题］在计算企业所得税应纳税所得额时，下列各项中，不得扣除的是（　　）。

A.允许抵扣的增值税　　B.消费税　　C.印花税　　D.城市维护建设税

4.［2023年真题］根据企业所得税法律制度的规定，下列关于收入确认时间的表述中，错误的是（　　）。

A.特许权使用费收入，按照合同约定的特许权使用人应付特许权使用费的日期确认收入的实现

B.接受捐赠收入，按照实际收到捐赠资产的日期确认收入的实现

C.利息收入，按照合同约定的债务人应付利息的日期确认收入的实现

D.租金收入，按照合同约定的出租人实际收到租金的日期确认收入的实现

5.［2023年真题］2022年甲公司发生合理的工资、薪金支出1 000万元，发生职工福利费支出、职工教育经费支出、工会经费分别为200万元、70万元、20万元。在计算企业所得税应纳税所得额时，职工福利费支出、职工教育经费支出、拨缴的工会经费分别不超过工资薪金总额14%、8%、2%的部分，准予扣除。在计算甲公司2022年度企业所得税应纳税所得额时，准予扣除的职工福利费支出、职工教育经费支出、拨缴的工会经费共计为（　　）。

A.230万元　　B.240万元　　C.290万元　　D.300万元

6.［2020年真题］2017年12月，甲公司租赁商铺一处，租赁合同约定租赁期限为8年，2019年12月进行改建，发生改建支出20万元。根据企业所得税法律制度的规定，该改建支出可以作为长期待摊费用在一定年限内摊销，该年限最长为（　　）。

A.2年　　B.4年　　C.6年　　D.一次性扣除

7.［2019年真题］2018年甲企业实现利润总额600万元，发生公益性捐赠支出62万元。上年度未在税前扣除完的符合条件的公益性捐赠支出12万元。已知公益性捐赠支出在年度利润总额12%以内的部分，准予扣除。计算甲企业2018年度企业所得税应纳税所得额时，准予扣除的公益性捐赠支出是（　　）。

A.72万元　　B.84万元　　C.60万元　　D.74万元

8.［2019年真题］根据企业所得税法律制度的规定，企业中符合条件的固定资产可以缩短计提折旧年限，但不得低于税法规定折旧年限的一定比例，该比例最高为（　　）。

A.30%　　B.40%　　C.50%　　D.60%

## 二、多选题

1.［2018 年真题］根据企业所得税法律制度的规定，下列固定资产折旧的处理中，不正确的有（　　）。

A. 甲企业 2017 年 3 月 5 日购进一台起重机，2017 年 4 月 5 日投入使用，应当自 2017 年 4 月起计算折旧

B. 丙企业 2017 年 4 月 1 日以融资租赁方式租出一架小型喷气式飞机，之后继续对该飞机计提折旧

C. 乙企业因生产经营调整，于 2017 年 10 月 1 日停止使用一批设备，应当自 2017 年 11 月起停止计算折旧

D. 丁企业 2017 年 9 月以经营租赁方式租入一辆大型巴士，在计算企业所得税时，对该巴士计提折旧

2.［2023 年真题］根据企业所得税法律制度的规定，下列关于固定资产计税基础的表述中，正确的有（　　）。

A. 自行建造的固定资产，以竣工结算前发生的支出为计税基础

B. 通过捐赠方式取得的固定资产，以该资产的公允价值和支付的相关税费为计税基础

C. 改建的固定资产，除法定的支出外，以改建过程中发生的改建支出增加计税基础

D. 盘盈的固定资产，以同类固定资产的重置完全价值为计税基础

3.［2021 年真题］根据增值税法律制度的规定，下列关于增值税纳税义务发生时间的表述中，正确的有（　　）。

A. 纳税人提供租赁服务采取预收款方式的，为交付租赁物的当天

B. 纳税人进口货物的，为报关进口的当天

C. 纳税人从事金融商品转让的，为收到销售款的当天

D. 纳税人采取委托银行收款方式销售货物的，为发出货物并办妥托收手续的当天

4.［2021 年真题］根据企业所得税法律制度的规定，下列关于确定所得来源地的表述中，正确的有（　　）。

A. 不动产转让所得按照不动产所在地确定

B. 销售货物所得按照交易活动发生地确定

C. 提供劳务所得按照劳务发生地确定

D. 股息所得按照取得股息的企业所在地确定

5.［2021 年真题］根据企业所得税法律制度的规定，企业按照规定缴纳的下列税金中，在计算企业所得税应纳税所得额时准予扣除的有（　　）。

A. 土地增值税　　B. 印花税　　C. 企业所得税　　D. 增值税

6.［2021 年真题］根据企业所得税法律制度的规定，下列各项中，属于不征税收入的有（　　）。

A. 财政拨款　　B. 国债利息收入

C. 接受捐赠收入　　D. 依法收取并纳入财政管理的政府性基金

7. [ 2019 年真题 ] 根据企业所得税法律制度的规定，企业取得的下列收入中属于货币形式的有（　　）。

A. 债务的豁免　　B. 现金　　C. 应收账款　　D. 存货

8. [ 2020 年真题 ] 根据企业所得税法律制度的规定，纳税人发生的下列行为中，应视同销售确认收入的有（　　）。

A. 将货物用于偿还债务　　B. 将货物用于赞助

C. 将货物用于捐赠　　D. 将货物用于换入设备

## 三、判断题

1. [ 2023 年真题 ] 企业在汇总计算缴纳企业所得税时，其境外营业机构的亏损不得抵减境内营业机构的盈利。（　　）

2. [ 2018 年真题 ] 居民企业来源于中国境外的租金所得不征收企业所得税。（　　）

3. [ 2019 年真题 ] 计算企业所得税收入总额时，以分期收款方式销售货物，以发货日期来确认收入。（　　）

4. [ 2021 年真题 ] 非营利组织从事营利活动取得的收入，免征企业所得税。（　　）

5. [ 2021 年真题 ] 职工因公出差乘坐交通工具发生的人身意外保险费支出，可以在计算企业所得税税前进行扣除。（　　）

6. [ 2023 年真题 ] 企业取得的非货币形式收入，应当按照公允价值确定收入额。（　　）

7. [ 2022 年真题 ] 企业取得的利息收入按照合同约定的债务人应付利息的日期确认企业所得税收入的实现。（　　）

8. [ 2018 年真题 ] 企业所得税非居民企业委托营业代理人在中国境内从事生产经营活动，包括委托单位或者个人经常代其签订合同，或者储存、交付货物等，该营业代理人视为非居民企业在中国境内设立的机构、场所。（　　）

# 第六章 个人所得税法律制度

## 学习目标

### ◆ 知识目标

掌握个人所得税居民纳税人和非居民纳税人的判定标准和纳税义务

掌握个人所得税所得来源地的确定

掌握个人所得税综合所得范围和各税目具体对应内容

掌握居民个人综合所得年终汇算清缴计税方式及适用税率

掌握居民个人综合所得分月或分次预扣预缴个人所得税计税规定

掌握居民个人所得定额扣除、专项扣除与专项附加扣除的具体金额和扣除标准

熟悉非居民个人应纳税额计算

熟悉个人所得税年终汇算清缴程序

### ◆ 能力目标

能根据所学对个人收入、家庭成员收入的各税目进行精确划分

能根据所学计算个人、家庭成员的个人所得税

### ◆ 素质目标

能以个人所得税综合所得年终汇算清缴为起点认识我国个人所得税改革历程

能从个人所得税工资、薪金所得税目中的专项附加扣除明晰国家对于个人及家庭发展的支持

## 专栏6：党的二十大精神与个人所得税

**中国式现代化背景下的税制结构优化（节选）**

党的二十大报告关于收入分配的相关论述，既重申了中国特色社会主义收入分配的基本方针政策，又创造性地提出了“规范财富积累机制”等新论述，这进一步为“健全直接税体系，适当提高直接税比重”指明了方向。

完善综合与分类相结合的个人所得税制度。随着人民生活水平的显著提高，个人所得税的税源越来越丰富，成为目前我国最具收入潜力的税种。未来个人所得税制度建设目标，不仅仅在于提高收入比重，更要增进税制的公平性和合理性。要推进扩大个人所得税综合征收范围，优化税率结构，合理调节过高收入，规范资本性所得管理。鉴于目前财产性收入是增加居民收入不可或缺的渠道，应平衡财产性收入与劳动报酬征收个人所得税的关系，防止对财产性收入征税宽松，对劳动报酬征税过严。要对合法合规的过高财产性收入依法征收个人所得税。在增加高收入群体的个人所得税税收收入的同时，还要完善专项附加扣除项目，减轻老人、残疾人等群体的税收负担；建立个人所得税基本减除费用和专项附加扣除的动态调整机制，考虑通货膨胀等因素，定期根据相关经济指标动态调整减除和扣除标准，减轻中低收入阶层的税收负担。

# 第一节 个人所得税概述

## 一、个人所得税纳税人

### 知识点1：个人所得税纳税人范围、分类和纳税义务

微课：个人所得税纳税人

**1. 个人所得税纳税人范围**

个人所得税的纳税人包括中国公民、外籍个人以及中国香港、中国澳门、中国台湾同胞等，也包括自然人性质的特殊主体，如个体工商户、个人独资企业的投资人、合伙企业的合伙人。

**2. 个人所得税纳税人分类和纳税义务**

**（1）居民纳税人。**

具有住所，或虽无住所但在中国境内居住累计达到183天以上的，承担无限纳税义务。

住所并非实际住房，而是因户籍、家庭、经济利益关系在中国境内习惯性居住的法定标准。

**（2）非居民纳税人。**

无住所又不居住或无住所且在中国境内居住不满 183 天的，承担有限纳税义务。

无住所个人在一个纳税年度内在中国境内累计居住满 183 天，且前 6 年每年都满 183 天、单次离境不超过 30 天，来源于中国境内、境外所得应纳个人所得税。

如果前 6 年有任一年未满 183 天或单次离境超过 30 天，则该年度来源于中国境外的所得，由境外单位或个人支付的，免予缴纳个人所得税。

在一个纳税年度内，在中国境内停留满 24 小时计入中国境内居住天数，不足 24 小时则不计入。

**（3）其他要点。**

一次离境超过 30 天的，中国境内居住累计满 183 天的年度重新计算。

此前 6 年指纳税年度的前 1 年至前 6 年的连续 6 个年度，起始年度从 2019 年（含）以后年度开始计算。

在中国境内停留的当天满 24 小时计入居住天数，不足 24 小时不计入。

无住所个人的居住天数按个人在中国境内累计停留的天数计算。

中国境内无住所纳税人的纳税义务如表 6–1 所示。

**表 6–1　中国境内无住所纳税人的纳税义务**

| 居住时间、纳税人身份 | | | 纳税义务 | | | |
|---|---|---|---|---|---|---|
| 居住天数 | 性质 | 连续年度 | 境内所得 | | 境外所得 | |
| | | | 境内支付 | 境外支付 | 境内支付 | 境外支付 |
| 连续或累计不超过 90 天 | 非居民个人 | — | 缴纳 | 免税 | 不缴纳 | 不缴纳 |
| 连续或累计超过 90 天但不满 183 天 | 非居民个人 | — | 缴纳 | 缴纳 | 不缴纳 | 不缴纳 |
| 累计满 183 天 | 居民个人 | 不满 6 年 | 缴纳 | 缴纳 | 缴纳 | 免税 |
| | | 满 6 年 | 缴纳 | 缴纳 | 缴纳 | 缴纳 |

## 知识点 2：所得来源地

**1. 来源于中国境内的所得（不论支付地点是否在中国境内）**

一是因任职、受雇、履约等在中国境内提供劳务取得的所得。

二是将财产出租给承租人在中国境内使用而取得的所得。

三是许可各种特许权在中国境内使用而取得的所得。

四是转让中国境内的不动产等财产或者在中国境内转让其他财产取得的所得。

五是从中国境内企业、事业单位、其他组织以及居民个人取得的利息、股息、红利所得。

**2. 来源于中国境外的所得**

一是因任职、受雇、履约等在中国境外提供劳务取得的所得。

二是中国境外企业和其他组织支付且负担的稿酬所得。

三是许可各种特许权在中国境外使用而取得的所得。

四是在中国境外从事生产、经营活动而取得的与生产、经营活动相关的所得。

五是从中国境外企业、其他组织以及非居民个人取得的利息、股息、红利所得。

六是将财产出租给承租人在中国境外使用而取得的所得。

七转让中国境外的不动产、转让对中国境外企业以及其他组织投资形成的股票、股权以及其他权益性资产（以下称权益性资产）或者在中国境外转让其他财产取得的所得。但转让对中国境外企业以及其他组织投资形成的权益性资产，该权益性资产被转让前 3 年（连续 36 个公历月份）内的任一时间，被投资企业或其他组织的资产公允价值 50% 以上直接或间接来自位于中国境内的不动产的，取得的所得为来源于中国境内的所得。

八是中国境外企业、其他组织以及非居民个人支付且负担的偶然所得。

财政部、税务总局另有规定的，按照相关规定执行。

## 二、个人所得税应税所得项目

### 知识点 1：综合所得

微课：个人所得税应税所得项目

**1. 综合所得范围**

综合所得项目包括工资、薪金所得，劳务报酬所得，稿酬所得，特许权使用费所得四项。居民个人按纳税年度合并计算个人所得税，非居民个人按月或者按次分项计算个人所得税。居民纳税人的综合所得按年计征，分月或分次预缴，年终汇算清缴。

**2. 工资、薪金所得**

**（1）基本规定。**工资、薪金所得，是指个人因任职或者受雇而获取的所得，属于非独立个人劳动所得。

**（2）特殊规定。**

一是补贴、津贴。不属于工资、薪金性质的补贴、津贴，包括独生子女补贴、托儿补助费、差旅费津贴、误餐补助，不征收个人所得税。

二是解除劳动关系一次性补偿收入。按工资、薪金所得缴纳个税，其中超过平均工资 3 倍的部分不并入综合所得，须单独计税。当地上年职工平均工资 3 倍数额部分属于免征额。

三是正式退休。离退休人员额外收入按工资、薪金所得计税，包括各类补贴、奖金。离退休人员再任职取得的收入，按工资、薪金所得缴纳个税。

四是内部退养。在办理内部退养手续至法定离退休年龄之间的工资、薪金，按工资、薪金所得项目计税。

五是提前退休。提前退休取得一次性补贴收入，按工资、薪金所得缴纳个税。

六是公务费用。公务交通、通信补贴按一定标准扣除后，按工资、薪金所得计税。

七是股票等所得。个人因任职、受雇上市公司取得的股票期权、股票增值权、限制性股票、股权奖励所得，按工资、薪金所得缴纳个人所得税。

八是保险金。三险一金缴费超过规定比例部分，和三险一金以外的非免税保险按工资、薪金所得项目计征个人所得税。

九是特殊职业。兼职律师须合并计算两处及以上取得的工资、薪金所得并缴纳个人所得税。

十是非营利性科研机构及高校奖励。依法批准的机构给予科技人员的奖励可减按 50% 计入工资、薪金所得。

**3. 劳务报酬、稿酬和特许权使用费所得**

**（1）劳务报酬所得。**

基本规定：个人独立从事非雇佣劳务的所得属于劳务报酬。其与工资、薪金所得的区别在于是否存在雇佣关系。工资薪金通常在雇佣单位领取，而劳务报酬是由个人独立提供劳务获得的报酬，无雇佣关系。

其他规定：个人兼职所得属于劳务报酬，律师以个人名义再聘请他人支付的报酬也按劳务报酬征税。操作上，税款可由律师事务所代为缴纳。

**（2）稿酬所得。**个人因作品以图书、报刊形式出版、发表获得的所得属于稿酬。作品包括文学、书画、摄影等。继承人获得的稿酬同样按稿酬所得计税。

**（3）特许权使用费所得。**

一般规定：个人提供专利权、商标权、著作权、非专利技术等特许权的使用权所得为特许权使用费所得。

特别规定：作者拍卖手稿、取得特许权的经济赔偿、编剧从影视制作单位取得剧本使用费都按特许权使用费计税，不受剧本使用方是否为任职单位的影响。

## 知识点 2：非综合所得

**1. 经营所得**

**（1）定义。**经营所得是指个体工商户、个人独资企业、合伙企业等生产、经营活动取得的所得；个人依法从事办学、医疗、咨询以及其他有偿服务活动取得的所得；个人对企业、事业单位承包经营、承租经营以及转包、转租取得的所得；个人从事其他生产、经营活动取得的所得。

**（2）范畴。**经营所得涵盖个人广泛的经营活动，包括但不限于有偿服务、企业合作等形式。

**2. 利息、股息、红利所得**

**（1）定义。**利息、股息、红利所得是指个人拥有债权、股权而获取的利息、股息、红利所得，其中利息涵盖存款、贷款和债券利息，股息和红利则为拥有股权的个人获得的公司分红。

**（2）范畴**。利息、股息、红利所得包括个人在金融和股权领域的收益，涉及投资、股权等方面的经济利益。

**3. 财产租赁所得**

**（1）定义**。财产租赁所得是指个人出租不动产、机器设备、车船以及其他财产取得的所得，包括个人从房屋转租中获取的租金。

**（2）范畴**。对于购房者将所购商店出租给房地产开发企业的行为，应被视为财产租赁所得。购房者因支付的购房价款减少而取得的实际收益，按照财产租赁所得项目计征个人所得税。

**4. 财产转让所得**

**（1）定义**。财产转让所得是指个人转让有价证券、股权、合伙企业中的财产份额、不动产、机器设备、车船以及其他财产取得的所得。其涵盖股权、房地产、机器设备等财产转让行为，形成的经济利益被视为财产转让所得。

**（2）个人转让行为**。个人转让行为是指个人将在中国境内成立企业或组织的股权或股份转让给其他个人或法人的行为，包括出售股权、公司回购、首次公开发行新股、司法强制过户等股权转移行为。

**（3）个人终止行为**。个人因各种原因终止投资、联营、经营合作等行为，从被投资企业或合作项目取得的股权转让收入、违约金、赔偿金及其他款项，被视为个人所得税应税收入，按照财产转让所得项目规定计算缴纳个人所得税。

**（4）个人非货币性资产投资行为**。个人以非货币性资产投资，即个人转让非货币性资产和投资同时发生的情形。针对非货币性资产转让所得，按照财产转让所得项目计算并缴纳个人所得税。

**（5）股权转让税收处理**。

一是履行完成股权转让合同。股权转让合同履行完毕、股权已变更登记，所得已实现的情况应依法缴纳个人所得税。

二是未履行完毕的股权转让合同。若合同未完毕，且由于解除合同等原因原价收回已转让股权，股权收益不存在，不应缴纳个人所得税。

**（6）个人转让新三板挂牌公司原始股所得**。个人转让新三板挂牌公司原始股所得，按照财产转让所得项目计算缴纳个人所得税。

**（7）个人主张债权所得**。通过招标、竞拍或其他方式购置债权后主张的所得，按照财产转让所得项目计算缴纳个人所得税。

**（8）个人购买与转让虚拟货币行为**。通过网络购买并加价转让虚拟货币的收入，按照财产转让所得项目规定计算并缴纳个人所得税。

**5. 偶然所得**

**（1）定义**。偶然所得是指个人得奖、中奖、中彩以及其他偶然性质的所得。如参与竞赛获奖、彩票中奖等导致的额外收入都被归类为偶然所得。

**（2）抽奖所得。**企业对累积消费达一定金额的顾客提供额外抽奖机会，获奖个人所得按照偶然所得项目全额缴纳个人所得税。

**（3）有奖发票。**个人单张有奖发票奖金超过 800 元，全额按照偶然所得项目征收个人所得税。税务机关或其指定的有奖发票兑奖机构负责扣缴个人所得税。

**（4）担保所得。**个人为单位或他人提供担保而获得的收入，按照偶然所得项目计算并缴纳个人所得税。

**（5）房屋受赠。**房屋产权所有人将房屋无偿赠与他人，受赠人因此获得的受赠收入，按照偶然所得项目计算缴纳个人所得税。

**（6）赠送礼品。**企业在业务宣传、广告中向个人赠送礼品，个人获得的礼品按照偶然所得项目计算缴纳个人所得税，但折扣性质的消费券、代金券等除外。

# 第二节　个人所得税应纳税额

## 一、居民个人综合所得年终汇算清缴应纳税额

### 知识点 1：适用税率

综合所得个人所得税税率（按年）如表 6-2 所示。

**表 6-2　综合所得个人所得税税率（按年）**

| 级数 | 全年应纳税所得额<br>含税级距 | 税率（%） | 速算扣除数 |
|---|---|---|---|
| 1 | 不超过 36 000 元的 | 3 | 0 |
| 2 | 超过 36 000 元至 144 000 元的部分 | 10 | 2 520 |
| 3 | 超过 144 000 元至 300 000 元的部分 | 20 | 16 920 |
| 4 | 超过 300 000 元至 420 000 元的部分 | 25 | 31 920 |
| 5 | 超过 420 000 元至 660 000 元的部分 | 30 | 52 920 |
| 6 | 超过 660 000 元至 960 000 元的部分 | 35 | 85 920 |
| 7 | 超过 960 000 元的部分 | 45 | 181 920 |

### 知识点 2：应纳税所得额

**1. 应纳税所得额的计算**

应纳税所得额 = 每年收入额 − 每年定额扣除限额 60 000 元 − 专项扣除 − 专项附加扣除 − 其他扣除

### 2. 专项扣除

个人按照国家或省级政府规定的缴费比例或办法实际缴付的三险一金，允许在个人应纳税所得额中扣除，超过规定比例和标准缴付的，超过部分并入个人当期的工资、薪金收入，计征个人所得税。工伤保险由单位缴纳，因此不在扣除范围。

### 3. 专项附加扣除

**（1）子女教育。**子女教育扣除标准如表 6–3 所示。

**表 6–3　子女教育扣除标准**

| 扣除范围 | 学前教育支出 | 学历教育支出 |
| --- | --- | --- |
| | 满 3 岁至小学入学前（不包括 0 ～ 3 岁阶段） | 义务教育（小学、初中教育）、高中阶段教育（普通高中、中等职业、技工教育）、高等教育（大学专科、大学本科、硕士研究生、博士研究生教育） |
| 扣除方式 | 定额扣除 | 定额扣除 |
| 扣除标准 | 2 000 元 / 月 / 人 | |
| 扣除主体 | 父母（法定监护人）各扣除 50% | |
| | 父母（法定监护人）选择一方全额扣除 | |
| 注意事项 | 子女在境内学校或境外学校接受教育，在公办学校或民办学校接受教育均可享受；<br>子女已经不再接受全日制学历教育的不可以填报子女教育专项附加扣除；<br>具体扣除方式在一个纳税年度内不能变更；<br>纳税人子女在中国境外接受教育的，纳税人应当留存境外学校录取通知书、留学签证等相关教育的证明资料备查；<br>因病或其他非主观原因休学但学籍继续保留的期间，以及施教机构按规定组织实施的寒暑假等假期，可连续扣除；<br>夫妻双方已离婚，或离婚后各自重组家庭的，在未沟通好各自原生子女申报扣除比例的，建议双方暂不扣除，或均按 50% 申报扣除。 | |

**（2）继续教育。**继续教育扣除标准如表 6–4 所示。

**表 6–4　继续教育扣除标准**

| 扣除范围 | 学历继续教育支出 | 技能人员职业资格继续教育支出 | 专业技术人员职业资格继续教育支出 |
| --- | --- | --- | --- |
| | 境内学历（学位）教育期间 | 取得证书的年度 | |
| 扣除方式 | 定额扣除 | 定额扣除 | |
| 扣除标准 | 400 元 / 月 / 人，最长不超过 48 个月 | 3 600 元 | |
| 扣除主体 | 本人扣除 | 本人扣除 | |
| | 个人接受本科（含）以下学历（学位）继续教育，可以选择由其父母扣除 | | |

续表

| | |
|---|---|
| 注意事项 | 对同时接受多个学历继续教育，或者同时取得多个职业资格证书的，只需填报其中一个即可；但如果同时存在学历继续教育、职业资格继续教育两类继续教育情形，则每一类都要填写；纳税人接受技能人员职业资格继续教育、专业技术人员职业资格继续教育的，应当留存相关证书等资料备查；学历（学位）继续教育支出同一教育事项，不得重复扣除。 |

**（3）大病医疗。**大病医疗扣除标准如表 6–5 所示。

**表 6–5　大病医疗扣除标准**

| | |
|---|---|
| 扣除范围 | 基本医保相关医药费除去医保报销后发生的支出 |
| | 个人负担（医保目录范围内的自付部分）累计超过 15 000 元的部分 |
| 扣除方式 | 限额内据实扣除 |
| 扣除标准 | 每年在 80 000 元限额内据实扣除 |
| 扣除主体 | 医药费用支出可以选择由本人或者其配偶扣除 |
| | 未成年子女发生的医药费用支出可以选择由其父母一方扣除 |
| 注意事项 | 次年汇算清缴时享受扣除；<br>纳税人应当留存大病患者医药服务收费及医保报销相关票据原件或复印件，或者医疗保障部门出具的纳税年度医药费用清单等资料备查。 |

**（4）住房贷款利息。**住房贷款利息扣除标准如表 6–6 所示。

**表 6–6　住房贷款利息扣除标准**

| | |
|---|---|
| 扣除范围 | 纳税人本人或其配偶单独或共同使用商业银行或住房公积金个人住房贷款为本人或其配偶购买中国境内住房，发生的首套住房贷款利息支出 |
| | 实际发生贷款利息的年度（不超过 240 个月） |
| 扣除方式 | 定额扣除 |
| 扣除标准 | 1 000 元 / 月 |
| 扣除主体 | 经夫妻双方约定，可以选择由其中一方扣除，具体扣除方式在一个纳税年度内不能变更 |
| | 夫妻双方婚前分别购买住房发生的首套住房贷款利息，婚后可选择其中一套房，由购买方按扣除标准的 100% 扣除，或对各自购买住房分别按扣除标准的 50% 扣除，具体扣除方式在一个纳税年度内不能变更 |
| 注意事项 | 所称首套住房贷款是指购买住房享受首套住房贷款利率的住房贷款；<br>纳税人应当留存住房贷款合同、贷款还款支出凭证备查。 |

**（5）住房租金。**住房租金扣除标准如表 6–7 所示。

表 6–7　住房租金扣除标准

| | | | |
|---|---|---|---|
| 扣除范围 | 纳税人及配偶在工作城市没有自有住房发生的住房租金支出 | | |
| | 直辖市、省会（首府）城市、计划单列市以及国务院确定城市 | 市辖区户籍人口＞ 100 万 | 市辖区户籍人口≤ 100 万 |
| 扣除方式 | 定额扣除 | | |
| 扣除标准 | 1 500 元 / 月 | 1 100 元 / 月 | 800 元 / 月 |
| 扣除主体 | 签订租赁合同的承租人 | | |
| | 夫妻双方主要工作城市相同：只能由一方（即承租人）扣除 | | |
| | 夫妻双方主要工作城市不同，且各自在其主要工作城市都没有住房的：分别扣除 | | |
| 注意事项 | 纳税人及其配偶在一个纳税年度内不能同时分别享受住房贷款利息和住房租金专项附加扣除；<br>纳税人应当留存住房租赁合同、协议等有关资料备查。 | | |

（6）**赡养老人**。赡养老人扣除标准如表 6–8 所示。

表 6–8　赡养老人扣除标准

| | | |
|---|---|---|
| 扣除范围 | 纳税人赡养一位及以上被赡养人的赡养支出 | |
| | 被赡养人是指年满 60 周岁（含）的父母，以及子女均已去世的年满 60 周岁的祖父母、外祖父母 | |
| 扣除方式 | 独生子女 | 非独生子女 |
| | 定额扣除 | 定额扣除 |
| 扣除标准 | 3 000 元 / 月 | 每人不超过 1 500 元 / 月（分摊每月 3 000 元的扣除额度） |
| 扣除主体 | 本人扣除 | 平均分摊：赡养人平均分摊 |
| | | 约定分摊：赡养人自行约定分摊比例 |
| | | 指定分摊：由被赡养人指定分摊比例 |
| 注意事项 | 指定分摊及约定分摊必须签订书面协议；<br>指定分摊优先于约定分摊；<br>具体分摊方式和额度在一个纳税年度内不能变更。 | |

（7）**婴幼儿照护**。婴幼儿照护扣除标准如表 6–9 所示。

表 6–9　婴幼儿照护扣除标准

| | |
|---|---|
| 扣除范围 | 纳税人照护 3 岁以下婴幼儿的相关支出 |
| | 从婴幼儿出生的当月至年满 3 周岁的前一个月 |
| 扣除方式 | 定额扣除 |
| 扣除标准 | 2 000 元 / 月 / 孩 |
| 扣除主体 | 父母（监护人）可以选择由其中一方按扣除标准的 100% 扣除 |
| | 父母（监护人）也可以选择由双方分别按扣除标准的 50% 扣除 |

续表

| | |
|---|---|
| 注意事项 | 具体扣除方式在一个纳税年度内不能变更。<br>纳税人需要留存子女的出生医学证明等资料备查。<br>所称父母，是指生父母、继父母、养父母。所称子女，是指婚生子女、非婚生子女、继子女、养子女。父母之外的其他人担任未成年人的监护人的，比照执行。<br>纳税人首次享受专项附加扣除，应当将专项附加扣除相关信息提交扣缴义务人或者税务机关，扣缴义务人应当及时将相关信息报送税务机关，纳税人对所提交信息的真实性、准确性、完整性负责。专项附加扣除信息发生变化的，纳税人应当及时向扣缴义务人或者税务机关提供相关信息。<br>个人所得税专项附加扣除额一个纳税年度扣除不完的，不能结转以后年度扣除。<br>纳税人需要留存备查的相关资料应当自法定汇算期结束后保存五年，扣缴义务人需要留存备查的相关资料应当自预扣预缴年度的次年起保存五年。<br>有多个婴幼儿的，可分别对不同的婴幼儿选择不同的扣除方式。例如，对婴幼儿甲可以选择由父母一方按照每月 2 000 元的标准扣除，对婴幼儿乙可以选择由父母双方分别按照每月 1 000 元的标准扣除。<br>非亲生子女，也可享受 3 岁以下婴幼儿照护专项附加扣除，但必须是 3 岁以下婴幼儿监护人本人享受。 |

**4. 其他扣除**

个人购买企业年金、职业年金、商业健康保险、税收递延型商业养老保险，符合国家规定的，可依法扣除。

购买符合规定的商业健康保险产品的支出在当年（月）计算应纳税所得额时予以税前扣除，扣除限额为 2 400 元 / 年（200 元 / 月）。

专项扣除、专项附加扣除和依法确定的其他扣除，以居民个人一个纳税年度的应纳税所得额为限额。一个纳税年度扣除不完的，不结转以后年度扣除。

**5. 综合所得汇算清缴收入额的确定**

工资薪金所得以全额为收入额。

劳务报酬所得、特许权使用费所得以减除 20% 的费用后的余额为收入额。

劳务报酬所得、特许权使用费所得收入额 = 所得 ×（1–20%）

稿酬所得以减除 20% 的费用后的余额为收入额，并减按 70% 计算。

稿酬所得收入额 = 所得 ×（1–20%）×70%

## 二、个人所得税计税规定

### 知识点1：居民工资、薪金所得预扣预缴个人所得税计税规定

**1. 按月取得工资、薪金所得**

**（1）适用税率。**年度综合所得个人所得税预扣率如表 6–10 所示。

表 6-10 综合所得个人所得税预扣率（按年）

| 级数 | 全年应纳税所得额<br>含税级距 | 预扣率（%） | 速算扣除数 |
|---|---|---|---|
| 1 | 不超过 36 000 元的 | 3 | 0 |
| 2 | 超过 36 000 元至 144 000 元的部分 | 10 | 2 520 |
| 3 | 超过 144 000 元至 300 000 元的部分 | 20 | 16 920 |
| 4 | 超过 300 000 元至 420 000 元的部分 | 25 | 31 920 |
| 5 | 超过 420 000 元至 660 000 元的部分 | 30 | 52 920 |
| 6 | 超过 660 000 元至 960 000 元的部分 | 35 | 85 920 |
| 7 | 超过 960 000 元的部分 | 45 | 181 920 |

**（2）累计预扣预缴应纳税所得额。**

累计预扣预缴应纳税所得额＝累计收入－累计免税收入－累计减除费用－累计专项扣除－累计专项附加扣除－累计依法确定的其他扣除

**（3）本期应预扣预缴税额。**

本期应预扣预缴税额＝（累计预扣预缴应纳税所得额×预扣率－速算扣除数）－累计减免税额－累计已预扣预缴税额

### 2. 全年一次性奖金

2027 年 12 月 31 日前，居民个人取得全年一次性奖金，符合相关规定的，可以选择不并入当年综合所得，以全年一次性奖金收入除以 12 个月得到的数额，按照按月换算后的综合所得税率表，确定适用税率和速算扣除数；或者选择并入当年综合所得计算纳税，并入当年工资、薪金所得，执行累计预扣预缴制。

不并入当年综合所得，单独计算纳税计算步骤：

第一步，找税率：全年一次性奖金 ÷ 12，查表 6-11 确定适用税率。

第二步，算税额：全年一次性奖金 × 适用税率 - 速算扣除数。

按月换算后，综合所得个人所得税税率如表 6-11 所示。

表 6-11 综合所得个人所得税税率（按月）

| 级数 | 全月（或次）应纳税所得额 | 税率 | 速算扣除数 |
|---|---|---|---|
| 1 | 不超过 3 000 元的 | 3% | 0 |
| 2 | 超过 3 000 元至 12 000 元的部分 | 10% | 210 |
| 3 | 超过 12 000 元至 25 000 元的部分 | 20% | 1 410 |
| 4 | 超过 25 000 元至 35 000 元的部分 | 25% | 2 660 |
| 5 | 超过 35 000 元至 55 000 元的部分 | 30% | 4 410 |
| 6 | 超过 55 000 元至 80 000 元的部分 | 35% | 7 160 |
| 7 | 超过 80 000 元的部分 | 45% | 15 160 |

### 3. 其他奖金

除全年一次性奖金以外的其他奖金，如月奖、季度奖、半年奖等，一律并入取得当月的工资，执行累计预扣预缴制。

### 4. 单位低价向职工售房

单位按低于购置或建造成本价格出售住房给职工，职工因此而少支出的差价部分，不并入当年综合所得，单独计算纳税。

**（1）适用税率。**适用综合所得个人所得税税率（按月）。

**（2）计算步骤。**

第一步，找税率：房款差价 ÷12，查表 6–11 确定适用税率。

第二步，算税额：房款差价 × 适用税率 – 速算扣除数。

### 5. 居民个人取得股权激励

居民个人取得股票期权、股票增值权、限制性股票、股权奖励等股权激励的计税规定，在 2027 年 12 月 31 日前，不并入当年综合所得，全额单独适用综合所得税率，计算纳税。

应纳税额 = 股权激励收入 × 适用税率 – 速算扣除数

居民个人一个纳税年度内取得两次以上（含两次）股权激励的，应合并计算纳税。

### 6. 企业年金、职业年金

个人达到国家规定的退休年龄，领取的企业年金、职业年金，不并入综合所得，全额单独计算应纳税款。企业年金、职业年金领取适用税率如表 6–12 所示。

**表 6–12 企业年金、职业年金领取适用税率**

| 领取方式 | | 适用税率 |
| --- | --- | --- |
| 分期领取 | 按月领取 | 综合所得个人所得税税率（按月） |
| | 按季领取并平均分摊计入各月 | 综合所得个人所得税税率（按月） |
| | 按年领取 | 综合所得个人所得税税率（按年） |
| 一次性领取 | 因出境定居 | 综合所得个人所得税税率（按年） |
| | 因个人死亡 | 综合所得个人所得税税率（按年） |
| | 除上述特殊原因外 | 综合所得个人所得税税率（按月） |

## 知识点 2：居民劳务报酬所得、稿酬所得、特许权使用费所得

### 1. 适用税率

居民劳务报酬所得预扣率如表 6–13 所示。

表 6–13　居民劳务报酬所得预扣率

| 级数 | 全月（或次）应纳税所得额 | 预扣率 | 速算扣除数 |
|---|---|---|---|
| 1 | 不超过 20 000 元的 | 20% | 0 |
| 2 | 超过 20 000 元至 50 000 元的部分 | 30% | 2 000 |
| 3 | 超过 50 000 元的部分 | 40% | 7 000 |

稿酬所得、特许权使用费所得适用 20% 的比例税率。

#### 2. 应纳税所得额

采用定额和定率相结合的扣除方式。

每次收入额≤ 4 000 元的：

应纳税所得额 = 每次收入额 –800

每次收入额＞ 4 000 元的（稿酬所得减按 70% 计算）：

应纳税所得额 = 每次收入额 ×（1–20%）

#### 3. 应纳税额

劳务报酬应纳税额 = 应纳税所得额 × 预扣率 – 速算扣除数

稿酬、特许权使用费应纳税额 = 应纳税所得额 × 20%

#### 4. 综合所得汇算清缴

纳税人可以于次年 3 月 31 日至 6 月 30 日申请汇算清缴，将工资薪金、劳务报酬、稿酬、特许权使用费合并计算应纳税额，并与已经代扣代缴的税额对比，多退少补。

汇算清缴应纳税额 =（全年工资薪金 + 劳务报酬 × 80%+ 特许权使用费 × 80% + 稿酬 × 80% × 70%–60 000– 专项扣除 – 专项附加扣除 – 依法确定的其他扣除）× 适用税率 – 速算扣除数

其中，税率适用综合所得个人所得税税率（按年）。

### 知识点 3：非居民个人应纳税额

#### 1. 计税方法

工资、薪金所得按月计征。

劳务报酬所得、稿酬所得、特许权使用费所得，按次计征。

劳务报酬所得、稿酬所得、特许权使用费所得，属于一次性收入，以取得该项收入为一次；属于同一项目连续性收入的，以 1 个月内取得的收入为一次；分次支付的，应当合并计税。

#### 2. 适用税率

执行 3%～45% 七级超额累进税率，见表 6–11。

**3. 应纳税所得额**

**（1）工资、薪金所得。**

以每月收入额减除 5 000 元后的余额为应纳税所得额。

应纳税所得额 = 每月收入额 –5 000

**（2）劳务报酬所得、稿酬所得、特许权使用费所得。**

以收入减除 20% 的费用后的余额为收入额。

以每次收入额为应纳税所得额。

稿酬所得的收入额减按 70% 计算。

劳务报酬所得、特许权使用费所得应纳税所得额 = 每次收入 ×（1–20%）

稿酬所得应纳税所得额 = 每次收入 ×（1–20%）× 70%

**4. 应纳税额**

应纳税额 = 应纳税所得额 × 适用税率 – 速算扣除数

## 知识点 4：经营所得应纳税额

**1. 应纳税额计算公式**

应纳税额 = 应纳税所得额 × 适用税率 – 速算扣除数

=（全年收入总额 – 成本、费用、税金、损失、其他支出及以前年度亏损）× 适用税率 – 速算扣除数

对个体工商户经营所得年应纳税所得不超过 200 万元的部分，继续减半征收个人所得税，适用于所有个体工商户。在预缴税款时享受优惠，按年度汇算清缴时计算，以年度经营所得为基准。若个体工商户有两处以上经营所得，年度汇总时合并计算，重新确定减免税额，多退少补。

个体工商户按照以下方法计算减免税额：

减免税额 =（个体工商户经营所得应纳税所得额不超过200 万元部分的应纳税额 – 其他政策减免税额 × 个体工商户经营所得应纳税所得额不超过 200 万元部分 / 经营所得纳税所得额）×（1–50%）

**2. 经营所得应纳税所得额的确定**

经营所得是每年收入总额减去成本、费用和损失后的余额。成本、费用包括直接支出、人工成本、销售、管理、财务费用等，损失包括资产损失、转让财产损失、自然灾害等。个人经营者减除费用 6 万元、专项扣除、专项附加扣除及其他法定扣除计算应纳税所得额，专项附加扣除在汇算清缴时处理。未提供完整准确的纳税资料的生产者应由税务机关核定应纳税所得额或税额。

## 知识点 5：个体工商户经营所得应纳税所得额

**1. 个体工商户经营所得应纳税所得额计算具体规定**

**（1）基本计算规定。**个体工商户的生产、经营所得，以每一纳税年度的收入总额，减

除成本、费用、税金、损失、其他支出以及允许弥补的以前年度亏损后的余额，为应纳税所得额。

**（2）不得扣除的支出。**个体工商户下列支出不得扣除：个人所得税税款；税收滞纳金；罚金、罚款和被没收财物的损失；不符合扣除规定的捐赠支出；赞助支出；用于个人和家庭的支出；与取得生产经营收入无关的其他支出；个体工商户代其从业人员或者他人负担的税款；国家税务总局规定不准扣除的支出。

**2. 业主及从业人员相关支出的扣除**

个体工商户所支付的合理工资薪金可扣除，但业主自身薪资不得在税前扣除。基本社会保险费用，包括养老、医疗、失业、工伤、住房公积金，可在规定范围内扣除。补充养老、医疗保险费按实际支出不超过员工工资总额 5% 的部分扣除。业主自身缴纳的补充保险费，按当地社会平均工资 3 倍为计算基数，在规定比例内扣除。除特殊工种人身安全保险费和法定商业保险费外，业主支付的商业保险费不得扣除。向工会组织缴纳的工会经费、职工福利费、职工教育经费可按工资薪金总额的 2%、14%、2.5% 标准扣除。若职工教育经费实际支出超过规定比例，可结转扣除。合理的劳动保护支出也可扣除。

**3. 经营相关支出扣除**

**（1）关于借款费用与利息支出的扣除。**个体工商户可扣除在生产经营活动中产生的合理、非资本化的借款费用。在利息支出方面，准予扣除向金融企业借款的利息，对向非金融企业和个人借款的利息支出，扣除额不超过按同期同类贷款利率计算的部分。

**（2）业务招待费与广告费支出的扣除。**对于生产经营活动相关的业务招待费，按实际发生额的 60% 扣除，最高不得超过当年销售（营业）收入的 5‰。业主自取得营业执照之日起至开始生产经营之日的业务招待费，按实际发生额的 60% 计入个体工商户的开办费。在广告费和业务宣传费方面，每年可扣除不超过销售（业务）收入的 15% 的实际发生额，超过部分可在以后纳税年度结转扣除。

**（3）开办费及研发费支出的扣除。**针对开办费用，个体工商户可选择在开始生产经营的当年一次性扣除，或在不短于 3 年的期限内摊销扣除。对于符合规定的费用，除了取得固定资产、无形资产和应计入资产价值的汇兑损益、利息支出外，可视为开办费。对于研发费用和购置测试仪器等，可直接扣除，但单台价值在 10 万元以上的测试仪器和试验性装置则按固定资产管理，不得在当期直接扣除。在开始生产经营的当年，个体工商户取得第 1 笔销售（营业）收入的日期确定为生产经营开始日。

**4. 其他相关支出扣除**

**（1）公益性捐赠的扣除。**个体工商户通过公益社会团体或政府部门进行的符合《中华人民共和国公益事业捐赠法》规定的公益捐赠，捐赠额不超过应纳税所得额 30% 的部分可据实扣除。财政部、国家税务总局规定的可全额税前扣除的捐赠支出项目按相关规定执行，但直接对受益人的捐赠不得扣除。

**（2）其他支出的扣除。**个体工商户可按实际缴纳数额扣除摊位费、行政性收费、协会会费等支出。参与财产保险时，按规定缴纳的保险费可准予扣除。对于难以分清生产经营与个人、家庭生活混用的费用，其40%可视为与生产经营有关的费用，准予扣除。

**（3）亏损结转。**个体工商户发生的年度亏损可结转至以后年度，用以弥补以后年度的生产经营所得，但结转年限最长不得超过5年。

## 知识点6：个人独资企业和合伙企业经营所得应纳税所得额

### 1. 个人独资企业和合伙企业应纳税所得额的确定

**（1）个人独资企业投资者应纳税所得额。**个人独资企业投资者应纳税所得的确定方式为将其投资兴办的所有企业的经营所得进行汇总，并按照各企业的经营所得占总经营所得比例计算每个企业的应纳税额和应补缴税额。这适用于投资者兴办两个或两个以上企业，且这些企业均为个人独资。

**（2）合伙企业投资者应纳税所得额。**合伙企业的合伙人应根据合伙协议约定的分配比例确定应纳税所得额。若协议未约定或不明确，以合伙人协商决定的比例确定。若无法确定比例，则按实缴出资比例或合伙人数量平均分配确定每个合伙人的应纳税所得额。

**（3）生产经营所得。**生产经营所得包括个人独资企业和合伙企业分配给投资者的所得以及企业当年留存的利润。

**（4）个人独资企业和合伙企业与其关联企业之间业务往来。**个人独资企业和合伙企业与关联企业的业务往来应按独立企业之间的标准进行价款和费用的收取或支付，不能以减少应纳税所得额的方式进行，税务机关有权进行调整。

### 2. 查账征收的个人独资企业和合伙企业各项支出的扣除

一是查账征收的个人独资企业和合伙企业的扣除项目比照个体工商户经营所得应纳税所得额计算的具体规定确定。

二是投资者兴办2个或2个以上企业的，其投资者个人费用扣除标准由投资者选择在其中一个企业的生产经营所得中扣除。

三是企业计提的各种准备金不得扣除。

### 3. 个人独资企业和合伙企业的核定征收

国家对下列情形的个人独资企业和合伙企业实行核定征收个人所得税：依照国家有关规定应当设置但未设置账簿的；虽设置账簿，但账目混乱或者成本资料、收入凭证、费用凭证残缺不全，难以查账的；纳税人发生纳税义务，未按照规定的期限办理纳税申报，经税务机关责令限期申报，逾期仍不申报的。核定征收方式包括定额征收、核定应税所得率征收以及其他合理的征收方式。

## 知识点 7：其他所得应纳税所得额及每次收入的确定

### 1. 财产租赁所得

每次收入不超过 4 000 元的，可减除 800 元费用；超过 4 000 元的，减除 20% 费用后得到应纳税所得额。纳税人负担的租赁财产实际开支的修缮费用（800元为限）可以扣除。

### 2. 财产转让所得

以转让财产的收入减去财产原值和合理费用后的余额，为应纳税所得额。财产原值包括有价证券、建筑物、土地使用权、机器设备、车船等的购进价格及相关费用。未提供财产原值凭证的，由税务机关核定。

### 3. 利息、股息、红利所得和偶然所得

利息、股息、红利所得和偶然所得，以每次收入额为应纳税所得额。

### 4. 每次收入的确定

财产租赁所得以 1 个月内的收入为 1 次；利息、股息、红利所得以支付时的收入为 1 次；偶然所得每次取得为 1 次；非居民个人的劳务报酬、稿酬、特许权使用费，若是一次性收入，以取得时为 1 次；若是连续性收入，以 1 个月内的收入为 1 次。

## 知识点 8：公益性捐赠扣除

### 1. 基本要求

个人对教育、扶贫、济困等公益慈善事业捐赠，捐赠额未超过应纳税所得额 30% 可从所得中扣除。具体扣除规则根据国务院的规定执行。教育、扶贫、济困等捐赠是指通过公益性社会组织、国家机关的捐赠。应纳税所得额为在扣除捐赠额之前的应纳税所得额。

### 2. 具体规定

一是通过非营利社会团体、国家机关向红十字事业捐赠，全额扣除。

二是通过非营利社会团体、国家机关向教育事业捐赠，全额扣除。

三是通过非营利社会团体、国家机关向农村义务教育捐赠，全额扣除。农村义务教育包括政府和社会力量举办的农村乡镇、村小学和初中。

四是通过非营利社会团体、国家机关向公益性青少年活动场所捐赠，全额扣除。公益性青少年活动场所是指提供科技、文化、德育、爱国主义教育、体育活动的校外公益场所。

五是通过特定单位向公益救济性捐赠，符合条件可全额扣除。具体单位包括中国宋庆龄基金会、中国医药卫生事业发展基金会等。

六是通过非营利社会团体、政府部门向福利性、非营利性老年服务机构捐赠，符合条件可全额扣除。

# 第三节　个人所得税税收优惠与税收征管

## 一、个人所得税税收优惠

### 知识点1：免税和减税项目

微课：个人所得税税收优惠与征收管理

**1. 免税项目**

一是省级人民政府、国务院部委、中国人民解放军军以上单位、外国组织、国际组织颁发的科学、教育、技术、文化、卫生、体育、环境保护等奖金。

二是国债和国家发行的金融债券利息。

三是国家统一规定的补贴、津贴，包括政府特殊津贴、院士津贴以及免税的其他补贴、津贴。

四是福利费、抚恤金、救济金。

五是保险赔款。

六是军人的转业费、复员费、退役金。

七是国家统一规定的安家费、退职费、基本养老金、退休费、离休费、离休生活补助费。

八是各国驻华使馆、领事馆外交代表、领事官员及其他人员的所得。

九是中国政府参加的国际公约、签订的协议中规定免税的所得。

十是国务院规定的其他免税所得，由国务院报全国人大常委会备案。

**2. 减税项目**

一是残疾、孤老人员和烈属的所得。

二是因自然灾害造成重大损失的个人所得。

减税幅度和期限由省、自治区、直辖市人民政府规定，报同级人民代表大会常务委员会备案。国务院可规定其他减税情形，报全国人大常委会备案。这些项目旨在促进社会福利、减轻残疾和灾害受影响者的税收负担。

### *知识点2：其他免税和暂免征税项目

**1. 外籍个人相关**

**（1）住房、伙食、搬迁、洗衣费。**这是指外籍个人以非现金或实报实销方式获得的费用，包括住房、伙食、搬迁、洗衣费。

**（2）差旅补贴。**这是指外籍个人按合理标准取得的境内、外出差补贴。

**（3）探亲、语言训练、子女教育费。**外籍个人取得的合理费用，如探亲费、语言训练费、子女教育费，须经地方税务机关审核批准。

**（4）外商投资企业股息、红利所得。**这是指外籍个人从外商投资企业取得的股息、红利所得。

**（5）外籍专家所得税优惠。**符合条件的外籍专家工资、薪金所得免征个人所得税，条件包括世界银行派遣、联合国组织工作、援助国专家等。

**（6）不再享受免税优惠。**2022 年 1 月 1 日起，符合居民个人条件的外籍个人不再享受住房、语言训练、子女教育费免税，而应享受专项附加扣除。

**2. 与证券相关**

**（1）上市公司股票所得。**个人在上海、深圳证券交易所交易的上市公司股票所得继续免征个人所得税。

**（2）新三板非原始股所得。**2018 年 11 月 1 日（含）起，个人转让新三板挂牌公司非原始股取得的所得，暂免征收个人所得税。

**3. 与奖金、手续费等相关**

**（1）举报奖金免税。**个人因举报、协查违法犯罪而获得的奖金免征个人所得税。

**（2）代扣代缴手续费免税。**个人办理代扣代缴手续所得的费用暂免征收个人所得税。

**（3）房屋转让所得免税。**个人转让自用房屋，持有 5 年以上、唯一家庭生活用房所得免征个人所得税。

**（4）彩票中奖免税。**购买福利彩票、体育彩票中奖收入 1 万元以下暂免征收个人所得税，超过 1 万元全额征税。

**（5）有奖发票奖金免税。**单张有奖发票奖金不超过 800 元免征个人所得税。

**4. 与个人待遇相关**

**（1）高级专家离休工资免税。**高级专家达到离休年龄但工作需要延长，离休期间工资免征个人所得税。

**（2）公积金、医疗保险金免税。**个人领取住房公积金、基本医疗保险金、基本养老保险金、失业保险金免征个人所得税。

**（3）工伤保险待遇免税。**工伤职工及其近亲属取得的工伤保险待遇免征个人所得税。

**5. 与企事业单位相关**

**（1）社保费免税。**企事业单位实际缴付的基本养老、医疗、失业保险费免征个人所得税。

**（2）企业年金免税。**企业为全体职工缴付的企业年金单位缴费部分免税。

**（3）破产企业安置费免税。**破产企业职工取得的一次性安置费免征个人所得税。

**6. 与股息、利息、红利相关**

**（1）储蓄存款利息免税。**自 2008 年 10 月 9 日起，储蓄存款利息免征个人所得税。

**（2）上市公司股票持有 1 年以上免税。**上市公司股票持有 1 年以上的股息、红利所得免征个人所得税。

**（3）新三板股票持有1年以上免税。**2019年7月1日至2024年6月30日，个人持有新三板挂牌公司的股票，持有期限超过1年的，对股息、红利所得暂免征收个人所得税。

**7. 与房屋相关**

**（1）拆迁补偿款免税。**被拆迁人取得的拆迁补偿款免征个人所得税。

**（2）房屋产权无偿赠与免税。**房屋产权无偿赠与亲属、抚养人等不征收个人所得税。

**8. 与经营相关**

**（1）个体工商户等所得免税。**个体工商户、个人独资企业、合伙企业从事种植、养殖、饲养、捕捞业所得暂免征收个人所得税。

**（2）企业赠送礼品免税。**企业向个人赠送礼品，符合条件的不征收个人所得税。

## 二、个人所得税征收管理

### 知识点1：个人所得税纳税申报

**1. 个人所得税的扣缴申报**

个人所得税以所得人为纳税人，以支付所得的单位或个人为扣缴义务人，税务机关按扣缴的税款支付给扣缴义务人2%的手续费。

**2. 个人所得税申报其他情形**

若纳税人申请退税时提供的汇算清缴信息有误，税务机关应通知更正。扣缴义务人未将扣缴的税款解缴入库时，不影响纳税人按规定申请退税，税务机关应根据提供的资料及时办理退税。

**3. 货币单位及外币折算**

所得的计算以人民币为单位，若为外币所得，按照纳税申报或扣缴申报上一月最后一日人民币汇率中间价折合成人民币计算应纳税所得额。

### 知识点2：个人所得税纳税期限

**1. 居民个人的纳税期限**

居民个人取得综合所得，按年计算个人所得税；有扣缴义务人的，由扣缴义务人按月或者按次预扣预缴税款；需要办理汇算清缴的，应当在取得所得的次年3月1日至6月30日内办理汇算清缴。

**2. 非居民个人的纳税期限**

非居民个人取得工资、薪金所得，劳务报酬所得，稿酬所得和特许权使用费所得，有扣缴义务人的，由扣缴义务人按月或者按次代扣代缴税款，不办理汇算清缴。

**3. 扣缴义务人的纳税期限**

扣缴义务人每月或者每次预扣、代扣的税款，应当在次月15日内缴入国库，并向税务机关报送扣缴个人所得税申报表。

**4. 其他情形的纳税期限**

**（1）经营所得。**按年计算，纳税人应在月度或季度终了后15日内报送纳税申报表，并预缴税款，年底前办理汇算清缴。

**（2）利息、股息、红利所得等。**纳税人应按月或按次计算个人所得税，有扣缴义务人的，由其代扣代缴税款。

**（3）无扣缴义务人。**纳税人应在取得所得的次月15日内向税务机关报送纳税申报表，并缴纳税款。

**（4）未扣缴税款。**纳税人应在取得所得的次年6月30日前缴纳税款。若税务机关通知限期缴纳，应按期限缴纳税款。

**（5）移居境外注销户籍。**纳税人应在注销中国户籍前办理税款清算。

## 案例分析

**情景描述：**［2022年真题］中国公民周某为境内高校教师。2021年度有关收支情况如下：（1）全年扣除个人按照规定缴纳的基本养老保险、基本医疗保险、失业保险和住房公积金后的工资合计150 000元。（2）应邀到甲公司做技术培训，取得税前劳务报酬5 000元。（3）取得体育彩票中奖收入30 000元。（4）取得乙商场按其累积消费积分反馈的价值100元的礼品。（5）取得教育部颁发的奖金10 000元。（6）取得一年期定期储蓄存款利息1 200元。已知，综合所得的减除费用标准为每年60 000元；劳务报酬所得以收入减除费用后的余额为收入额，每次收入4 000元以上的，减除费用按20%计算。预扣预缴的劳务报酬所得个人所得税：每次收入4 000元以上的，减除费用按20%计算，应纳税所得额不超过20 000元的部分，适用20%的比例预扣率。

**法律分析：**周某作为中国公民，2021年度取得综合所得，其办理汇算清缴的期限是什么？在周某2021年度的所得中，哪些项目是无须缴纳个人所得税的？如何正确计算周某2021年度综合所得的个人所得税税额？如何正确计算甲公司应预扣预缴的周某劳务报酬所得个人所得税税额？

**此案例主要考查以下方面：**个人所得税的汇算清缴期限——涉及对个人所得税法规定的汇算清缴时间的了解；各类所得的税务处理——考查对奖金、礼品、彩票中奖、存款利息等不同所得类型的税收规定的理解；综合所得税额的计算——涉及对综合所得税额计算公式的理解，包括收入的计算、扣除标准和适用税率；劳务报酬所得税的预扣预缴——考查对劳务报酬所得税预扣预缴规则的应用。综上所述，这个案例涉及周某个人所得税的不同方面，考验了学生对个人所得税相关法规的理解和应用能力，特别是在工资、奖金、劳务报酬等方面的税务处理。

## 本章小结

本章全面讲解了个人所得税的基本概念、纳税人分类、所得来源地的确定、应税所得项目及其计税方式等，重点介绍了个人所得税的征收原则和计算方法，强调了遵守税法的重要性，同时指出税法在调节收入分配、促进社会公平和经济发展中的作用。通过本章学习，学生不仅加深了对个人所得税法律制度的理解，而且强化了正确运用税法知识的能力，突出了法律教育在养成学生的社会责任感和法治意识中的重要性。

## 课证融通

### 一、单选题

1.［2022 年真题］甲公司出资购买房屋，将所有权登记在股东李某名下。关于上述业务个人所得税税务处理的下列表述中，正确的是（　　）。

A. 李某不需要缴纳个人所得税

B. 李某应按照“综合所得”项目缴纳个人所得税

C. 李某应按照“利息、股息、红利所得”项目缴纳个人所得税

D. 李某应按照“经营所得”项目缴纳个人所得税

2.［2023 年真题］根据个税法律制度的规定，在中国境内无住所的下列外籍个人中，属于 2022 年度非居民个人的是（　　）。

A. 迪克 2022 年 6 月 7 日入境，2022 年 12 月 20 日离境，期间回国 5 天

B. 温蒂 2021 年 10 月 11 日入境，2022 年 7 月 20 日离境

C. 蒂姆 2022 年 7 月 1 日入境，2022 年 12 月 1 日离境

D. 朱莉 2022 年 3 月 1 日入境，2023 年 10 月 10 日离境

3.［2023 年真题］居民个人郑某 2022 年 1—10 月累计工资收入 150 000 元，累计专项扣除 27 000 元，累计专项附加扣除 10 000 元，郑某 1—9 月工资、薪金所得累计已扣预缴个人所得税税额 3 150 元，已知工资、薪金所得预扣预缴个人所得税累计减除费用按照 5 000 元 / 月计算，累计预扣预缴应纳税所得额超过 36 000 元至 144 000 元的部分，预扣率为 10%，速算扣除数为 2 520，计算郑某当年 10 月工资、薪金所得应预扣预缴个人所得税税额的下列算式中，正确的是（　　）。

A.（150 000 − 5 000 × 10 − 27 000 − 10 000）× 10% − 2 520 − 3 150 = 630（元）

B.（150 000 − 10 000）× 10% − 2 520 − 3 150 = 8 330（元）

C.（150 000 − 5 000 × 10 − 27 000 − 10 000）× 10% − 2 520 = 3 780（元）

D.（150 000 − 5 000 × 10）× 10% − 2 520 − 3 150 = 4 330（元）

4.［2020 年真题］根据个人所得税法律制度的规定，下列在中国境内无住所的外籍人

员中，属于2019年度居民个人的是（　　）。

A. 马丁2019年8月1日来到中国，2019年10月31日离开中国

B. 亨利2019年7月5日来到中国，2020年1月5日离开中国

C. 琼斯2019年3月1日来到中国，2019年12月1日离开中国

D. 路易2018年9月1日来到中国，2019年5月1日离开中国

5.［2021年真题改编］中国居民李某每月工资20 000元。李某为独生子，父母均已年满60周岁，女儿正在上小学，儿子未满3岁。已知，子女教育专项附加扣除由李某按照每个子女每月2 000元的标准定额扣除、赡养老人专项附加扣除标准为3 000元/月、婴幼儿照护专项附加扣除标准为2 000元/月。李某每月可享受的个人所得税专项附加扣除总金额为（　　）元。

A.5 000　　B.4 000　　C.3 000　　D.7 000

6.［2023年真题］2022年6月居民个人王某获得从公开发行和转让市场购入的上市公司股票股息红利9 000元，之后王某将该股票转让，王某持有该股票的期限为7个月，已知利息、股息、红利所得个人所得税税率为20%，王某取得该股息红利应缴纳个人所得税税额为（　　）。

A.1 800元　　B.2 250元　　C.900元　　D.1 080元

7.［2021年真题］2019年12月中国居民林某购买体育彩票支出400元，取得一次性中奖收入40 000元，将其中的10 000元通过非营利性社会团体捐赠给红十字事业。林某选择在偶然所得中扣除该笔公益捐赠支出。已知偶然所得个人所得税税率为20%。林某当月该笔中奖收入应缴纳个人所得税税额为（　　）。

A.6 000元　　B.7 500元　　C.7 400元　　D.5 920元

8.［2021年真题］2019年9月李某出版小说取得稿酬40 000元。为创作该小说，李某发生资料购买费等各种费用5 000元。已知稿酬所得个人所得税预扣率为20%，每次收入4 000元以上的，减除费用按20%计算，收入额减按70%计算。计算李某该笔稿酬所得应预扣预缴个人所得税税额的下列算式中，正确的是（　　）。

A. 40 000×（1－20%）×70%×20%＝4 480（元）

B. 40 000×（1－20%）×20%＝6 400（元）

C.（40 000－5 000）×（1－20%）×70%×20%＝3 920（元）

D.（40 000－5 000）×（1－20%）×20%＝5 600（元）

## 二、多选题

1.［2021年真题］根据个人所得税法律制度的规定，下列各项中，属于个人所得税纳税人的有（　　）。

A. 一人有限责任公司　　B. 合伙企业个人合伙人

C. 个人独资企业投资人　　D. 个体工商户

2.［2019年真题］根据个人所得税法律制度的规定，下列各项中，属于劳务报酬所得

的有（　　）。

A. 个人因其作品以图书形式出版而取得的所得

B. 个人因任职受雇从上市公司取得的股票增值权所得

C. 证券经纪人从证券公司取得的佣金收入

D. 学生假期兼职取得的收入

3.［2020 年真题］根据个人所得税法律制度的规定，下列各项中，免征个人所得税的有（　　）。

A. 银行储蓄存款利息　　B. 保险佣金

C. 按照国务院规定发给的政府特殊津贴　　D. 退休工资

4.［2021 年真题］根据个人所得税法律制度的规定，下列各项中，属于“工资、薪金所得”的有（　　）。

A. 个人因公出差取得的符合标准的差旅费津贴

B. 个人因公务用车改革而取得的公务用车补贴收入

C. 保险营销员取得的佣金收入

D. 退休人员再任职取得的收入

5.［2018 年真题］根据企业所得税法律制度的规定，下列各项中，属于来源于中国境内所得的有（　　）。

A. 甲国企业在中国境内提供咨询服务取得的收入

B. 乙国企业转让中国境内公司股权取得的收入

C. 丁国企业在中国境外为中国公司技术人员提供培训服务取得的收入

D. 丙国企业通过其代理商在中国境内销售货物取得的收入

6.［2020 年真题］根据个人所得税法律制度的规定，下列各项中，房屋所有权人需要缴纳个人所得税的有（　　）。

A. 企业投资者个人向企业借款购买房屋，逾期未归还借款的

B. 企业为企业员工购买房屋的

C. 企业员工向企业借款购买房屋，逾期未归还借款的

D. 企业为投资者家庭成员购买房屋的

7.［2021 年真题］根据个人所得税法律制度的规定，甲公司员工李某取得的下列收益中，应按照“偶然所得”项目缴纳个人所得税的有（　　）。

A. 取得丙公司赠送的 8 折优惠券

B. 在乙公司业务宣传活动中取得随机赠送的 U 盘

C. 为丁公司提供担保获得收入 5 000 元

D. 取得单张有奖发票奖金 1 000 元

8.［2021 年真题］根据个人所得税法律制度的规定，下列外籍人员中，属于 2019 年度居民个人的有（　　）。

A. 在中国境内无住所但2019年度在中国境内居住累计180天的乔治

B. 在中国境内无住所又不居住的佩琪

C. 在中国境内有住所的汤姆

D. 在中国境内无住所但2019年度在中国境内居住累计270天的杰瑞

## 三、判断题

1. [2023年真题] 从事个体出租车运营的出租车驾驶员取得的收入，应按“经营所得”项目缴纳个人所得税。(　　)

2. [2023年真题] 个人办理代扣代缴手续，按规定取得的扣缴手续费应缴纳个人所得税。(　　)

3. [2018年真题] 内部退养人员从原任职的企业取得的一次性收入，免征个人所得税。(　　)

4. [2019年真题] 居民纳税人张某在甲企业累计消费达一定程度，通过额外抽奖的获奖所得，按照“偶然所得”项目计缴个人所得税。(　　)

5. [2021年真题] 个人通过非营利性社会团体对公益性青少年活动场所的捐赠，在计算缴纳个人所得税时，准予在税前的所得额中全额扣除。(　　)

6. [2020年真题] 个人通过国家机关向红十字会的捐赠在计算个人所得税时可以全部扣除。(　　)

7. [2020年真题] 个体工商户业主的工资薪金支出，在计算个人所得税经营所得应纳税所得额时，准予扣除。(　　)

8. [2018年真题] 职工的误餐补助属于工资薪酬性质的补贴收入，应计算个人所得税。(　　)

# 第七章 其他税收法律制度

## 学习目标

### ◆ 知识目标

掌握关税具体征收规定
掌握契税具体征收规定
掌握印花税具体征收规定
掌握城市维护建设税具体征收规定
掌握教育费附加具体征收规定
掌握车辆购置税具体征收规定
掌握房产税具体征收规定
掌握城镇土地使用税具体征收规定
熟悉船舶吨税法律制度
熟悉资源税法律制度
熟悉环境保护税、耕地占用税、烟叶税法律制度

### ◆ 能力目标

能清晰区分涉及土地和房屋的几种税种征收范围
能根据所学计算个人及家庭生活过程中所涉税种

### ◆ 素质目标

从教育费附加和城市维护建设税视角思考我国对于教育和城市发展的支持
从涉及房产和土地几个税种的变化看待房产税的作用

## 专栏 7：党的二十大精神与其他税收法律制度

**中国式现代化背景下的税制结构优化（节选）**

发挥财产税制度在规范财富积累机制方面的重要作用。推进直接税体系建设，要注重税制的整体性或系统性，既不能片面强调所得税而忽视财产税，也不能仅考虑其收入功能而忽视调节调控功能。随着我国经济快速发展和人民财富累积量的增加，应大力发展财产税，壮大财产税税收体系。要遵循税收公平原则，积极稳妥推进房地产税立法和改革，挖掘房地产税筹集税收、调节收入差距的潜力。为调节代际之间的收入差距，研究征收遗产税与赠与税的可行性。此外，加大税收、社会保障、转移支付等调节力度和精准性，加大对公益捐赠的所得税优惠力度，鼓励高收入人群和企业更多回报社会，充分发挥第三次分配作用，改善收入和财富分配格局，扎实推动共同富裕。

# 第一节 房产税法律制度

## 一、房产税概述

### 知识点 1：房产税的概念、纳税人和征税范围

微课：房产税

**1. 房产税的概念**

房产税，是以房产为征税对象，按照房产的计税价值或房产租金收入向产权所有人征收的一种税。

**2. 房产税纳税人**

房产税的纳税人，是指在我国城市、县城、建制镇和工矿区内拥有房屋产权的单位和个人。单位，包括国有企业、集体企业、私营企业、股份制企业、外商投资企业、外国企业、其他企事业单位、社会团体、国家机关、军队以及其他单位。个人，包括个体工商户以及其他个人。房产税的纳税人具体包括产权所有人、承典人、房产代管人或者使用人。

**3. 房产税征税范围和征税对象**

**（1）征税范围。**房产税的征税范围为城市、县城、建制镇和工矿区的房屋，不包括农村。

**（2）征税对象。**房产税的征税对象是房屋。所谓房屋，是指有屋面和围护结构（有墙或两边有柱），能够遮风避雨，可供人们在其中生产、工作、学习、娱乐、居住或储藏物资的场所。

### 知识点 2：房产税应纳税额

**1. 计税规则**

房产税计税规则如表 7–1 所示。

**表 7–1　房产税计税规则**

| 计税方法 | 计税依据 | 税率 | 税额计算公式 |
| --- | --- | --- | --- |
| 从价计征 | 房产余值 | 1.2% | 全年应纳税额 = 应税房产原值 ×（1– 扣除比例）×1.2% |
| 从租计征 | 房产租金 | 12% | 全年应纳税额 =（不含增值税）租金收入 ×12% |
| 税收优惠 | 个人出租住房（不区分出租后用途） | | 减按 4% 的税率 |
| | 单位按市场价格向个人出租用于居住的住房 | | |

**2. 房产税计税依据辨析**

**（1）房产余值。**从价计征的房产税，是以房产余值为计税依据。房产余值是房产的原值减除规定比例后的剩余价值。房产税依照房产原值一次减除 10%～30% 后的余值计算缴纳。具体扣减比例由省、自治区、直辖市人民政府确定。

**（2）房产原值。**房产原值是指纳税人按照会计制度规定，在固定资产科目中记载的房屋原价（不减除折旧）。

**（3）房屋附属设备和配套设施的计税规定。**房产原值应包括与房屋不可分割的各种附属设备或一般不单独计算价值的配套设施。纳税人对原有房屋进行改建、扩建的，要相应增加房屋的原值。

**（4）投资联营房产的计税规定。**

一是对以房产投资联营，投资者参与投资利润分红、共担风险的，按房产余值作为计税依据计缴房产税。

二是对以房产投资收取固定收入，不承担联营风险的，实际上是以联营名义取得房产租金，应以出租方取得的租金收入为计税依据计缴房产税。

**（5）融资租赁房屋的计税规定。**由承租人自融资租赁合同约定开始日的次月起依照房产余值缴纳房产税。合同未约定开始日的，由承租人自合同签订的次月起依照房产余值缴纳房产税。

**（6）居民住宅区内业主共有的经营性房产的计税规定。**从 2007 年 1 月 1 日起，对居民住宅区内业主共有的经营性房产，由实际经营（包括自营和出租）的代管人或使用人缴纳房产税。

## 二、房产税税收优惠与征收管理

### 知识点 1：税收优惠

一是国家机关、人民团体、军队自用的房产免纳房产税。

二是由国家财政部门拨付事业经费（全额或差额）的单位（学校、医疗卫生单位、托儿所、幼儿园、敬老院以及文化、体育、艺术类单位）所有的、本身业务范围内使用的房产免纳房产税。

三是宗教寺庙、公园、名胜古迹自用的房产免纳房产税。

四是个人所有非营业用的房产免纳房产税。

五是经财政部批准免税的其他房产免纳房产税。

#### 知识点2：房产税征收管理

**1. 纳税义务发生时间**

一是原有房产用于生产经营：从生产经营之月起，开始缴纳房产税。

二是自行新建房屋用于生产经营：从建成之次月起，开始缴纳房产税。

三是委托施工企业建设的房屋：从办理验收手续之次月起，开始缴纳房产税。

四是购置新建商品房：自房屋交付使用之次月起，开始缴纳房产税。

五是购置存量房：自办理房屋权属转移、变更登记手续之次月起，开始缴纳房产税。

六是出租、出借房产：自交付出租、出借本企业房产之次月起，开始缴纳房产税。

七是房地产开发企业建造的商品房：自房屋使用或交付之次月起，开始缴纳房产税。

八是终止房产税纳税义务：纳税人因房产实物或权利状态变化而合法终止房产税纳税义务，计算应纳税款至变化当月末。

**2. 纳税期限**

房产税实行按年计算、分期缴纳的征收方法，具体纳税期限由省、自治区、直辖市人民政府确定。

**3. 纳税地点**

房产税在房产所在地缴纳。如果纳税人房产不在同一地方，应按房产的坐落地点分别向房产所在地的税务机关申报纳税。

## 第二节 契税法律制度

### 一、契税概述

#### 知识点1：契税的概念、征税范围

**1. 契税的概念**

契税，是指国家在土地、房屋权属转移时，按照当事人双方签订的合同（契约）以及所确定价格的一定比例，向权属承受人征收的一种税。

**2. 契税纳税人**

契税的纳税人，是指在我国境内承受土地、房屋权属转移的单位和个人。

**3. 契税征税范围**

**（1）属于征税范围。**

一是土地使用权出让。

二是土地使用权转让，包括出售、赠与、互换。

三是房屋买卖、赠与、互换。

四是以作价投资（入股）、偿还债务、划转、奖励等方式转移土地、房屋权属。

**（2）不属于征税范围。**土地、房屋典当、分拆（分割）、抵押以及出租等行为，不属于契税的征税范围。

## 知识点 2：契税应纳税额

**1. 契税税率**

**（1）契税幅度税率。**契税采用比例税率，实行 3%～5% 的幅度税率。

**（2）地方差别税率。**省、自治区、直辖市可以依照税法规定的程序对不同主体、不同地区、不同类型的住房的权属转移确定差别税率。

**2. 契税计税依据**

**（1）成交价格。**土地使用权出让、出售，房屋买卖，以土地、房屋权属转移合同确定的成交价格作为计税依据。

**（2）核定价格。**土地使用权赠与、房屋赠与以及其他没有价格的转移土地、房屋权属行为，为税务机关参照土地使用权出售、房屋买卖的市场价格依法核定。

**（3）互换价格差额。**土地使用权互换、房屋互换，以所互换的土地使用权、房屋价格的差额为计税依据。

**（4）土地出让价款与成交价格。**以划拨方式取得的土地使用权，经批准改为出让方式重新取得该土地使用权的，应由该土地使用权人以补缴的土地出让价款为计税依据缴纳契税。

**（5）核定价格与差额。**为了防止纳税人隐瞒、虚报成交价格以偷、逃税款，对纳税人申报的成交价格、互换价格差额明显偏低且无正当理由的，由税务机关依照《中华人民共和国税收征收管理法》的规定核定。

**（6）计税依据不含增值税。**契税计税依据不包括增值税。

**3. 契税应纳税额计算**

契税应纳税额依照省、自治区、直辖市人民政府确定的适用税率和税法规定的计税依据计算征收。其计算公式为：

应纳税额＝计税依据×税率

## 二、契税税收优惠与征收管理

### 知识点1：契税税收优惠

**1. 全国法定免税情形**

一是国家机关、事业单位、社会团体、军事单位承受土地、房屋权属用于办公、教学、医疗、科研和军事设施。

二是非营利性的学校、医疗机构、社会福利机构承受土地、房屋权属用于办公、教学、医疗、科研、养老、救助。

三是承受荒山、荒地、荒滩土地使用权用于农、林、牧、渔业生产。

四是婚姻关系存续期间夫妻之间变更土地、房屋权属。

五是法定继承人通过继承承受土地、房屋权属。

六是依照法律规定应当予以免税的外国驻华使馆、领事馆和国际组织驻华代表机构承受土地、房屋权属。

**2. 国务院可以规定免征或减征契税情形**

根据国民经济和社会发展的需要，国务院对居民住房需求保障、企业改制重组、灾后重建等情形可以规定免征或者减征契税，报全国人民代表大会常务委员会备案。

**3. 省、自治区、直辖市人民政府可以决定免征或者减征契税情形**

一是因土地、房屋被县级以上人民政府征收、征用，重新承受土地、房屋权属。

二是因不可抗力灭失住房，重新承受住房权属。

### 知识点2：契税征收管理

**1. 纳税义务发生时间**

纳税人签订土地、房屋权属转移合同的当日，或者纳税人取得其他具有土地、房屋权属转移合同性质凭证的当日。

**2. 纳税期限**

纳税人应当在依法办理土地、房屋权属登记手续前申报缴纳契税。纳税人办理土地、房屋权属登记，不动产登记机构应当查验契税完税、减免税凭证或者有关信息。未按照规定缴纳契税的，不动产登记机构不予办理土地、房屋权属登记。

**3. 纳税地点**

契税实行属地征收管理。纳税人发生契税纳税义务时，应向土地、房屋所在地的税务机关申报纳税。

**4. 完税凭证与权属登记**

纳税人办理纳税事宜后，税务机关应当开具契税完税凭证。

**5. 部门之间工作配合**

税务机关应当与相关部门建立契税涉税信息共享和工作配合机制。

**6. 纳税退还**

在依法办理土地、房屋权属登记前，权属转移合同、权属转移合同性质凭证不生效、无效、被撤销或者被解除的，纳税人可以向税务机关申请退还已缴纳的税款，税务机关应当依法办理。

**7. 税务机关及其工作人员保密义务**

税务机关及其工作人员对税收征收管理过程中知悉的个人身份信息、婚姻登记信息、不动产权属登记信息、纳税申报信息及其他商业秘密和个人隐私，应当依法予以保密，不得泄露或者非法向他人提供。纳税人的税收违法行为信息不属于保密信息范围，税务机关可依法处理。

# 第三节　土地增值税法律制度

## 一、土地增值税概述

### 知识点1：土地增值税的概念、纳税人和征税范围

微课：土地增值税

**1. 土地增值税的概念**

土地增值税是对转让国有土地使用权、地上建筑物及其附着物并取得收入的单位和个人，就其转让房地产所取得的增值额征收的一种税。

**2. 土地增值税纳税人**

土地增值税的纳税人为转让国有土地使用权、地上建筑物及其附着物（以下简称转让房地产）并取得收入的单位和个人。单位包括各类企业单位、事业单位、国家机关和社会团体及其他组织。个人包括个体经营者和其他个人。此外，还包括外商投资企业、外国企业、外国驻华机构及海外华侨、港澳台同胞和外国公民。

**3. 土地增值税征税范围**

**（1）征税范围一般规定。**

一是土地增值税只对转让国有土地使用权的行为征税，对出让国有土地的行为不征税。

二是土地增值税既对转让国有土地使用权的行为征税，也对转让地上建筑物及其他附着物产权的行为征税。

三是土地增值税只对有偿转让的房地产征税，对以继承、赠与等方式无偿转让的房地

产，不予征税。

**（2）征税范围特殊规定。**

一是房地产转为自用或出租。房地产开发企业将开发的部分房地产转为企业自用或用于出租等商业用途时，如果产权未发生转移，不征收土地增值税。

二是房地产的交换。属于土地增值税的征税范围，但对个人之间互换自有居住用房地产的，经当地税务机关核实，可以免征土地增值税。

三是合作建房。合作建房暂免征收土地增值税；建成后转让的，应征收土地增值税。

四是房地产的出租。这不属于土地增值税的征税范围。

五是房地产的抵押。对房地产的抵押，在抵押期间不征收土地增值税。抵押期满，对于以房地产抵债而发生房地产权属转让的，应列入土地增值税的征税范围。

六是房地产的代建行为。这不属于土地增值税的征税范围。

七是房地产的重新评估。这不属于土地增值税的征税范围。

八是土地使用者处置土地使用权。只要土地使用者享有占有、使用、收益或处分该土地的权利，且有合同等证据表明其实质转让、抵押或置换了土地并取得了相应的经济利益，土地使用者及其对方当事人就应当依照税法规定缴纳增值税、土地增值税和契税等。

## 知识点2：土地增值税应纳税额

### 1. 税率

土地增值税四级超率累进税率如表7-2所示。

**表7-2　土地增值税四级超率累进税率**

| 级数 | 增值额与扣除项目金额的比率 | 税率（%） | 速算扣除系数（%） |
|---|---|---|---|
| 1 | 不超过50%的部分 | 30 | 0 |
| 2 | 超过50%至100%的部分 | 40 | 5 |
| 3 | 超过100%至200%的部分 | 50 | 15 |
| 4 | 超过200%的部分 | 60 | 35 |

### 2. 计税依据

土地增值税的计税依据是纳税人通过转让房地产获得的增值额，即转让房地产的收入减去税法规定的扣除项目后的余额。这一土地增值额的确定取决于两个关键因素：转让房地产的收入额和扣除项目金额。

**（1）应税收入确定。**

一是货币收入。货币收入包括纳税人通过转让房地产获得的现金、银行存款、国库券、金融债券、企业债券、股票等有价证券。

二是实物收入。实物收入涵盖通过转让房地产获取的各种实物形式的收入，其公允价值通常按照市场价格确认。

三是其他收入。其他收入是指纳税人通过转让房地产获取的无形资产收入或具有财产价值的权利，需要进行专门评估，并按照评估价确认应税收入。

四是外币折算。对于以外国货币形式获得的收入，按照当天或当月 1 日国家公布的市场汇价折合成人民币，据以计算应纳土地增值税税额。

**（2）扣除项目确定。**

一是土地使用权支付金额。其包括土地出让金、补交的土地出让金、实际支付的地价款，以及缴纳的相关税费如契税、登记和过户手续费。

二是房地产开发成本。其涵盖土地征用及拆迁补偿费、前期工程费、建筑安装工程费、基础设施费、公共配套设施费、开发间接费用（含装修费）。

三是房地产开发费用。财务费用中的利息支出，按照转让房地产项目计算分摊并提供金融机构证明的金额扣除。无法提供证明的，按照省政府确定的比例进行扣除。

四是与转让房地产有关的税金。其包括缴纳的城市维护建设税、印花税，以及教育费附加（视同税金）。

五是其他扣除项目。对从事房地产开发的纳税人可按规定计算的金额之和，加计 20% 扣除。

六是旧房及建筑物的扣除金额。其是指由政府批准的房地产评估机构评定的重置成本价乘以成新度折扣率后的价格；或按购房发票金额计算扣除，每年递增 5%。

**（3）计税依据特殊规定。**

一是纳税人隐瞒、虚报价格。评估机构参照同类房地产的市场交易价格进行评估，税务机关确定转让房地产的收入。

二是申报扣除项目金额不实。评估机构按照重置成本价乘以房屋的成新度折扣率，计算房屋成本价和取得土地使用权的基准地价进行评估。

三是成交价格低于评估价格。无正当理由的，按照市场交易价确定实际成交价，作为转让房地产的收入计算土地增值税。

四是非直接销售和自用房地产收入的确定。按照同一地区、同一年度销售的同类房地产的平均价格或参照当地当年、同类房地产的市场价格或评估价值确定。

#### 3. 土地增值税应纳税额计算

**（1）计算增值额。**

增值额 = 房地产转让收入 – 扣除项目金额

**（2）计算增值率。**

增值率 = 增值额 ÷ 扣除项目金额 ×100%

**（3）确定适用税率。**

按照计算出的增值率，从土地增值税税率表中确定适用税率。

（4）计算应纳税额。

土地增值税应纳税额 = 增值额 × 适用税率 − 扣除项目金额 × 速算扣除系数

## 二、土地增值税税收优惠与征收管理

### 知识点 1：土地增值税税收优惠

纳税人建造普通标准住宅出售，增值额未超过扣除项目金额 20% 的，免税。

国家建设需要依法征收、收回的房地产，免征土地增值税。

企事业单位、社会团体等转让旧房作为公共租赁住房房源，且增值额未超过扣除项目金额 20% 的，免税。

个人自 2008 年 11 月 1 日起转让住房，暂免征收土地增值税。

### 知识点 2：土地增值税征收管理

**1. 纳税申报**

纳税人在转让房地产合同签订后 7 日内，应向主管税务机关办理纳税申报，并提供相关资料。

对于频繁转让的纳税人，可经税务机关审核同意后，定期进行纳税申报。

**2. 纳税清算**

清算单位以国家批准的房地产开发项目为单位，对于分期开发的项目，以分期项目为清算单位。

清算条件包括项目全部竣工、销售完成，整体转让未竣工决算项目，直接转让土地使用权等。

主管税务机关可要求纳税人进行土地增值税清算，如项目竣工验收的房地产已转让面积在 85% 以上，或销售许可证满 3 年未销售完毕等。

提交清算应报资料包括清算申请、纳税申报表、竣工决算报表、有关费用和收入的证明资料等。

对于委托税务中介机构审核的项目，应报送中介机构出具的《土地增值税清算税款鉴证报告》。

**3. 清算后再转让处理**

未转让的房地产在清算后销售，应按规定进行土地增值税纳税申报，扣除项目金额按清算时的单位建筑面积成本费用乘以销售或转让面积计算。

**4. 核定征收**

在特定情形下，如未设置账簿、账目混乱、申报的计税依据明显偏低等，税务机关可实行核定征收土地增值税。

#### 5. 纳税地点

纳税人应向房地产所在地主管税务机关缴纳土地增值税。若房地产坐落在两个以上地区，应按房地产所在地分别申报纳税。

## 第四节　城镇土地使用税法律制度

### 一、城镇土地使用税概述

微课：城镇土地使用税

#### 知识点 1：城镇土地使用税的概念、纳税人、征税范围

**1. 城镇土地使用税的概念**

城镇土地使用税是国家在城市、县城、建制镇和工矿区范围内，对使用土地的单位和个人，以其实际占用的土地面积为计税依据，按照规定的税额计算征收的一种税。

**2. 城镇土地使用税纳税人**

**（1）一般规定。**城镇土地使用税的纳税人，是指在税法规定的征税范围内使用土地的单位和个人。单位包括国有企业、集体企业、私营企业、股份制企业、外商投资企业、外国企业以及其他企业和事业单位、社会团体、国家机关、军队以及其他单位。个人包括个体工商户以及其他个人。

**（2）具体规定。**城镇土地使用税的纳税人，根据用地者的不同情况分别确定为：城镇土地使用税由拥有土地使用权的单位或个人缴纳；拥有土地使用权的纳税人不在土地所在地的，由代管人或实际使用人缴纳；土地使用权未确定或权属纠纷未解决的，由实际使用人缴纳；土地使用权共有的，共有各方均为纳税人，由共有各方分别缴纳，以共有各方实际使用土地的面积占总面积的比例，分别计算缴纳城镇土地使用税。

**3. 城镇土地使用税征税范围**

城镇土地使用税的征税范围是税法规定的纳税区域内的土地。凡在城市、县城、建制镇、工矿区范围内的土地，不论是国家所有的土地，还是集体所有的土地，都属于城镇土地使用税的征税范围。

#### 知识点 2：城镇土地使用税税率、计税依据、应纳税额

**1. 城镇土地使用税税率**

**（1）定额税率。**城镇土地使用税采用定额税率，按大、中、小城市和县城、建制镇、工矿区分别规定每平方米城镇土地使用税年应纳税额。

**（2）每平方米年税额标准。**城镇土地使用税每平方米年税额标准具体规定如下：大城

市1.5～30元；中等城市1.2～24元；小城市0.9～18元；县城、建制镇、工矿区0.6～12元。

**（3）各地具体适用税额确定。**省、自治区、直辖市人民政府，应当在上述规定的税额幅度内，根据市政建设情况、经济繁荣程度等条件，确定所辖地区的适用税额幅度。

### 2. 城镇土地使用税计税依据

城镇土地使用税的计税依据是纳税人实际占用的土地面积。土地面积以平方米为计量标准。

### 3. 城镇土地使用税应纳税额

城镇土地使用税是以纳税人实际占用的土地面积为计税依据，按照规定的适用税额计算征收。其应纳税额计算公式为：

年应纳税额＝实际占用应税土地面积（平方米）×适用税额

## 二、城镇土地使用税税收优惠与征收管理

### 知识点1：税收优惠

### 1. 免征城镇土地使用税土地

国家机关、人民团体、军队自用的土地；由国家财政部门拨付事业经费的单位自用的土地；宗教寺庙、公园、名胜古迹自用的土地；市政街道、广场、绿化地带等公共用地；直接用于农、林、牧、渔业的生产用地；经批准开山填海整治的土地和改造的废弃土地，从使用的月份起免缴土地使用税5～10年；由财政部另行规定免税的能源、交通、水利设施用地和其他用地。

### 2. 城镇土地使用税税收优惠特殊规定

**（1）城镇土地使用税与耕地占用税衔接。**避免同时征收耕地占用税和城镇土地使用税。对已缴纳耕地占用税者，满1年后开始征收城镇土地使用税。对非耕地征用，从批准征用次月起开始征收城镇土地使用税。

**（2）免税单位与纳税单位土地使用。**对免税单位无偿使用纳税单位土地，免征城镇土地使用税。对纳税单位无偿使用免税单位土地，须按规定纳税。

**（3）房地产开发公司用地。**房地产开发公司用地，除经批准开发经济适用房用地外，不得减免城镇土地使用税。

**（4）安全防范用地。**对各类危险品仓库，厂房所需的防火、防爆、防毒等安全防范用地，可由各省、自治区、直辖市税务局确定，暂免征收城镇土地使用税；对危险品仓库库区、厂房用地本身，应照章征收城镇土地使用税。

**（5）企业专用线、公路用地。**

企业的铁路专用线、公路等用地，在厂区内应按规定征收城镇土地使用税。

在厂区外、未隔离的地段暂免征收城镇土地使用税。

**（6）石油天然气生产企业用地。**石油天然气生产用地暂免征收城镇土地使用税。在工

矿区的防火、防洪排涝、防风、防沙设施用地，暂免征收城镇土地使用税。其他油气生产及办公、生活区用地按规定征收城镇土地使用税。

**（7）林业系统用地。**对林区的育林地、运材道、防火道、防火设施用地免征城镇土地使用税。森林公园、自然保护区可比照公园免征城镇土地使用税。其他生产用地及办公、生活区用地按规定征收城镇土地使用税。

**（8）盐场、盐矿用地。**对盐场、盐矿的生产厂房、办公、生活区用地按规定征收城镇土地使用税。盐滩、盐矿矿井用地暂免征收城镇土地使用税，盐滩、盐矿的其他用地可享受减免或免征。

**（9）矿山企业用地。**矿山的采矿场、排土场、尾矿库、炸药库的安全区免征城镇土地使用税。

**（10）电力行业用地。**火电厂厂区内用地按规定征收城镇土地使用税。厂区外的灰场、输灰管、输油（气）管道、铁路专用线用地暂免征收城镇土地使用税。其他用地按规定征收城镇土地使用税。

**（11）水利设施用地。**对水利设施及管护用地免征城镇土地使用税。生产、办公、生活用地按规定征收城镇土地使用税。

**（12）港口用地。**港口的码头用地免征城镇土地使用税。

**（13）民航机场用地。**机场飞行区用地免征城镇土地使用税。场外道路用地免征，场内道路用地按规定征收城镇土地使用税。工作区、生活区、绿化用地按规定征税。

**（14）老年服务机构土地使用。**老年服务机构自用土地免征城镇土地使用税。

**（15）国家机关等用于体育活动土地。**国家机关、军队、人民团体等拥有的体育场馆用地免征城镇土地使用税。

**（16）农产品市场用地。**农产品批发市场、农贸市场专门用于农产品经营的土地暂免征收城镇土地使用税。非直接为农产品交易提供服务的土地按规定征收城镇土地使用税。

**（17）科技企业孵化器、众创空间用地。**国家级、省级科技企业孵化器、大学科技园和众创空间自用或提供给在孵对象使用的土地免征城镇土地使用税。

**（18）供热企业用地。**向居民供热的企业所使用的土地免征城镇土地使用税。供热企业其他土地按规定征收城镇土地使用税。

**（19）物流企业仓储设施用地。**物流企业自有或承租的大宗商品仓储设施用地，减按土地等级适用税额标准的50%计征城镇土地使用税。

## 知识点2：城镇土地使用税征收管理

### 1. 纳税义务发生时间

纳税人购置新建商品房，自房屋交付使用之次月起。

纳税人购置存量房，自办理房屋权属转移、变更登记手续，房地产权属登记机关签发房屋权属证书之次月起。

纳税人出租、出借房产，自交付出租、出借房产之次月起。

以出让或转让方式有偿取得土地使用权的，为合同约定交付土地时间的次月起；合同未约定交付土地时间的，为合同签订的次月起。

纳税人新征用的耕地，自批准征用之日起满 1 年时。

纳税人新征用的非耕地，自批准征用次月起。

#### 2. 纳税期限

城镇土地使用税按年计算、分期缴纳，具体纳税期限由省、自治区、直辖市人民政府确定。

#### 3. 纳税地点

城镇土地使用税在土地所在地缴纳。

纳税人使用的土地不属于同一省、自治区、直辖市管辖的，由纳税人分别向土地所在地税务机关缴纳城镇土地使用税；在同一省、自治区、直辖市管辖范围内，纳税人跨地区使用的土地，其纳税地点由各省、自治区、直辖市税务局确定。

## 第五节 车船税法律制度

### 一、车船税概述

#### 知识点 1：车船税基础

#### 1. 车船税的概念

车船税，是依照法律规定对在中华人民共和国境内的车辆、船舶，按照规定税目和税额计算征收的一种税。

#### 2. 车船税纳税人

车船税的纳税人，是指在中华人民共和国境内属于《中华人民共和国车船税法》（以下简称《车船税法》）所附“车船税税目税额表”规定的车辆、船舶（以下简称车船）的所有人或者管理人。

从事机动车第三者责任强制保险业务的保险机构为机动车车船税的扣缴义务人。

#### 3. 车船税的征税范围

依法应当在车船登记管理部门登记的机动车辆和船舶；依法不需要在车船登记管理部门登记的在单位内部场所行驶或者作业的机动车辆和船舶。

#### 4. 车船税税目和税率

车船税税目和税率如表 7–3 所示。

**表 7–3　车船税税目和税率**

| 税目 | | 计税单位 | 年基准税额（元） | 备注 |
|---|---|---|---|---|
| 乘用车［按发动机汽缸容量（排气量）分档］ | 1.0 升（含）以下的 | 每辆 | 60～360 | 核定载客人数 9 人（含）以下 |
| | 1.0 升以上至 1.6 升（含）的 | | 300～540 | |
| | 1.6 升以上至 2.0 升（含）的 | | 360～660 | |
| | 2.0 升以上至 2.5 升（含）的 | | 660～1 200 | |
| | 2.5 升以上至 3.0 升（含）的 | | 1 200～2 400 | |
| | 3.0 升以上至 4.0 升（含）的 | | 2 400～3 600 | |
| | 4.0 升以上的 | | 3 600～5 400 | |
| 商用车 | 客车 | 每辆 | 480～1440 | 核定载客人数 9 人以上，包括电车 |
| | 货车 | 整备质量每吨 | 16～120 | 包括半挂牵引车、三轮汽车和低速载货汽车等 |
| 挂车 | | 整备质量每吨 | 按照货车税额的 50% 计算 | |
| 其他车辆 | 专用作业车 | 整备质量每吨 | 16～120 | 不包括拖拉机 |
| | 轮式专用机械车 | | 16～120 | |
| 摩托车 | | 每辆 | 36～180 | |
| 船舶 | 机动船舶 | 净吨位每吨 | 3～6 | 拖船、非机动驳船分别按照机动船舶税额的 50% 计算 |
| | 游艇 | 艇身长度每米 | 600～2 000 | |

## 知识点 2：车船税应纳税额

### 1. 车船税计税依据

车船税以车船的计税单位数量为计税依据。《车船税法》按车船的种类和性能，分别确定每辆、整备质量每吨、净吨位每吨和艇身长度每米为计税单位。

### 2. 车船税计算公式

乘用车、客车和摩托车的应纳税额 = 辆数 × 适用年基准税额

货车、挂车、专用作业车和轮式专用机械车的应纳税额 = 整备质量吨位数 × 适用年基准税额

机动船舶的应纳税额 = 净吨位数 × 适用年基准税额

拖船和非机动驳船的应纳税额 = 净吨位数 × 适用年基准税额 ×50%

游艇的应纳税额 = 艇身长度 × 适用年基准税额

## 二、车船税的税收优惠与征收管理

### 知识点 1：车船税税收优惠

#### 1. 免征车船税

一是捕捞、养殖渔船。

二是军队、武装警察部队专用的车船。

三是警用车船。

四是悬挂应急救援专用号牌的国家综合性消防救援车辆和国家综合性消防救援专用船舶。

五是依照法律规定应当予以免税的外国驻华使领馆、国际组织驻华代表机构及其有关人员的车船。

六是对使用新能源车船，免征车船税。免征车船税的使用新能源汽车是指纯电动商用车、插电式（含增程式）混合动力汽车、燃料电池商用车。纯电动乘用车和燃料电池乘用车不属于车船税征税范围，对其不征车船税。免征车船税的使用新能源汽车（不含纯电动乘用车和燃料电池乘用车），必须符合国家有关标准。

七是临时入境的外国车船和香港特别行政区、澳门特别行政区、台湾地区的车船，不征收车船税。

八是按照规定缴纳船舶吨税的机动船舶，自《车船税法》实施之日起 5 年内免征车船税。

九是依法不需要在车船登记管理部门登记的机场、港口、铁路站场内部行驶或者作业的车船，自《车船税法》实施之日起 5 年内免征车船税。

#### 2. 减半征收车船税

一是对节约能源车船，减半征收车船税。

二是对受地震、洪涝等严重自然灾害影响纳税困难以及其他特殊原因确需减免税的车船，可以在一定期限内减征或者免征车船税。

三是省、自治区、直辖市人民政府根据当地实际情况，可以对公共交通车船，农村居民拥有并主要在农村地区使用的摩托车、三轮汽车和低速载货汽车定期减征或者免征车船税。

### 知识点 2：车船税征收管理

#### 1. 纳税义务发生时间

车船税纳税义务发生时间为取得车船所有权或者管理权的当月。以购买车船的发票或其他证明文件所载日期的当月为准。

#### 2. 纳税地点

车船税的纳税地点为车船的登记地或者车船税扣缴义务人所在地。

扣缴义务人代收代缴车船税的，纳税地点为扣缴义务人所在地。

纳税人自行申报缴纳车船税的，纳税地点为车船登记地的主管税务机关所在地。

依法不需要办理登记的车船，其车船税的纳税地点为车船的所有人或者管理人所在地。

#### 3. 纳税申报

车船税按年申报，分月计算，一次性缴纳。

扣缴义务人应当在收取保险费时依法代收车船税，并出具代收税款凭证；扣缴义务人已代收代缴车船税的，纳税人不再向车辆登记地的主管税务机关申报缴纳车船税。

没有扣缴义务人的，纳税人应当向主管税务机关自行申报缴纳车船税。

已缴纳车船税的车船在同一纳税年度内办理转让过户的，不另纳税，也不办理退税。

在一个纳税年度内，已完税的车船被盗抢、报废、灭失的，纳税人可以凭有关机关出具的证明和完税凭证，向纳税所在地的主管税务机关申请退还自被盗抢、报废、灭失月份起至该纳税年度终了期间的税款。失而复得的，自公安机关出具相关证明的当月起计算缴纳车船税。

#### 4. 其他管理规定

公安、交通运输、农业、渔业等车船登记管理部门、船舶检验机构和车船税扣缴义务人的行业主管部门应当在提供车船有关信息等方面，协助税务机关加强车船税的征收管理。

扣缴义务人应当及时解缴代收代缴的税款和滞纳金，并向主管税务机关申报。扣缴义务人向税务机关解缴税款和滞纳金时，应当同时报送明细的税款和滞纳金扣缴报告。

购置的新车船，购置当年的应纳税额自纳税义务发生的当月起按月计算。应纳税额为年应纳税额除以 12 再乘以应纳税月份数。

## 第六节　关税法律制度

### 一、关税概述

#### 知识点 1：关税的概念、纳税人、税目和税率

#### 1. 关税的概念

关税是对进出国境或关境的货物、物品征收的一种税。关税一般分为进口关税、出口

关税和过境关税。我国目前对进出境货物征收的关税分为进口关税和出口关税两类。

**2. 关税纳税义务人**

进口货物的收货人、出口货物的发货人、进出境物品的所有人，是关税的纳税义务人。

**3. 关税税目和税率**

关税的税目、税率都由《中华人民共和国进出口税则》规定。它包括三个主要部分：归类总规则、进口税率表、出口税率表，其中归类总规则是进出口货物分类的具有法律效力的原则和方法。

关税的税率分为进口税率和出口税率两种。其中进口税率又分为普通税率、最惠国税率、暂定税率、协定税率、特惠税率、关税配额税率。关税税率的种类如表 7–4 所示。

表 7–4 关税税率的种类

| 类型 | 适用范围 |
| --- | --- |
| 普通税率 | 对原产于未与我国共同适用最惠国条款的世界贸易组织成员；<br>未与我国订有相互给予最惠国待遇、关税优惠条款贸易协定和特殊关税优惠条款贸易协定的国家或者地区的进口货物；<br>原产地不明的货物。 |
| 最惠国税率 | 对原产于与我国共同适用最惠国条款的世界贸易组织成员的进口货物；<br>原产于与我国签订含有相互给予最惠国待遇的双边贸易协定的国家或者地区的进口货物；<br>原产于我国的进口货物。 |
| 暂定税率 | 在最惠国税率的基础上，一些国内需要降低进口关税的货物，以及出于国际双边关系的考虑需要个别安排的进口货物。 |
| 协定税率 | 对原产于与我国签订含有关税优惠条款的区域性贸易协定的国家或地区的进口货物。 |
| 特惠税率 | 对原产于与我国签订含有特殊关税优惠条款的贸易协定的国家或地区的进口货物。 |
| 关税配额税率 | 关税配额限度内的税率。对于在配额内进口的货物可以适用较低的关税配额税率，对于配额之外的则适用较高税率。 |

## 知识点 2：关税计税依据、应纳税额

**1. 进口货物完税价格**

**（1）一般货物完税价格。**

以海关审定的成交价格为基础的到岸价格作为完税价格。计算公式为：

完税价格＝货价＋起卸前的包装费、运费、保费、劳务费＋相关的特许权使用费（专利商标等）＋卖方佣金（不包括买方佣金、回扣）

卖方违反合同规定延期交货的罚款，卖方在货价中冲减时，罚款则不能从成交价格中扣除。

**（2）特殊贸易完税价格。**

一是运往境外加工的货物：境外加工费＋料件费＋复运进境的运输及其相关费用＋保险费。

二是运往境外修理的机械器具、运输工具或者其他货物：修理费＋料件费。

三是租借和租赁进口货物：货物租金。

四是国内单位留购的进口货样、展览品和广告陈列品：留购价格。

五是逾期未出境的暂进口货物：如入境超过半年仍留在国内使用的，应自第 7 个月起，按月征收进口关税。

每月关税＝货物原到岸价格 × 关税税率 ×1 ÷ 48

六是转让出售进口减免税货物。补税公式为：

完税价格＝原入境到岸价格 × [1– 实际使用月份 ÷（管理年限 ×12）]

**2. 出口货物完税价格**

出口货物应当以海关审定的货物售予境外的离岸价格，扣除出口关税后作为完税价格。计算公式为：

出口货物完税价格＝离岸价格 ÷（1＋出口税率）

离岸价格应以该项货物运离关境前的最后一个口岸的离岸价格为实际离岸价格。若该项货物从内地起运，则从内地口岸至最后出境口岸所支付的国内段运输费用应予扣除。

离岸价格不包括装船以后发生的费用。

出口货物在成交价格以外支付给国外的佣金应予扣除，未单独列明的则不予扣除。

出口货物在成交价格以外，买方还另行支付的货物包装费，应计入成交价格。

**3. 关税应纳税额**

**（1）从价税计算方法。**从价税是最普遍的关税计征方法，它以进（出）口货物的完税价格作为计税依据，适用于一般货物。进（出）口货物应纳关税税额的计算公式为：

应纳税额＝应税进（出）口货物数量 × 单位完税价格 × 适用税率

**（2）从量税计算方法。**从量税是以进口商品的数量为计税依据的一种关税计征方法，适用于啤酒、原油等少数货物。其应纳关税税额的计算公式为：

应纳税额＝应税进口货物数量 × 关税单位税额

**（3）复合税计算方法。**复合税是对某种进口货物同时使用从价和从量计征的一种关税计征方法，适用于广播用录像机、放像机、摄像机等。其应纳关税税额的计算公式为：

应纳税额＝应税进口货物数量 × 关税单位税额＋应税进口货物数量 × 单位完税价格 × 适用税率

**（4）滑准税计算方法。**滑准税是指关税的税率随着进口商品价格的变动而反方向变动的一种税率形式，即价格越高，税率越低，税率为比例税率。因此，对实行滑准税率的进口商品应纳关税税额的计算方法与从价税的计算方法相同。

## 二、关税税收优惠与征收管理

### 知识点 1：关税税收优惠

**1. 法定减免**

一是一票货物关税税额、进口环节增值税或者消费税税额在人民币 50 元以下的。

二是无商业价值的广告品及货样。

三是国际组织、外国政府无偿赠送的物资。

四是进出境运输工具装载的途中必需的燃料、物料和饮食用品。

五是因故退还的中国出口货物，可以免征进口关税，但已征收的出口关税，不予退还。

六是因故退还的境外进口货物，可以免征出口关税，但已征收的进口关税，不予退还。

对有上述情况的货物，经海关审查无误后可以免税。中国缔结或参加的国际条约规定减征、免征关税的货物、物品，海关应当按照规定减免关税。

**2. 政策性减免税**

一是在境外运输途中或者在起卸时，遭受到损坏或者损失的。

二是起卸后海关放行前，因不可抗力遭受损坏或者损失的。

三是海关查验时已经破漏、损坏或者腐烂，经证明不是保管不慎造成的。

**3. 临时性减免税**

为境外厂商加工、装配成品和为制造外销产品而进口的原材料、辅料、零件、部件、配套件和包装物料，海关按照实际加工出口的成品数量免征进口关税；或者对进口料、件先征进口关税，再按照实际加工出口的成品数量予以退税。

### 知识点 2：关税征收管理

**1. 纳税期限与滞纳金**

在海关填发税款缴款书之日起 15 日内缴纳税款。逾期不缴的，除依法追缴外，由海关自到期次日起至缴清税款之日止，按日征收欠缴税额万分之五的滞纳金。

**2. 海关暂不予放行的行李物品**

自 2016 年 6 月 1 日起，旅客携运进出境的行李物品有下列情形之一的，海关暂不予放行：

一是旅客不能当场缴纳进境物品税款的。

二是进出境的物品属于许可证件管理的范围，但旅客不能当场提交的。

三是进出境的物品超出自用合理数量，按规定应当办理货物报关手续或其他海关手续，其尚未办理的。

四是对进出境物品的属性、内容存疑，需要由有关主管部门进行认定、鉴定、验核的。

五是按规定暂不予以放行的其他行李物品。

**3. 关税退税与追缴**

一是多征可以从缴纳税款之日起的 1 年内申请退税。

二是少征或漏征税款，海关有权在 1 年内予以补征。

三是如因收发货人或其代理人违反规定而造成少征或漏征税款的，海关在 3 年内可以追缴。

# 第七节　烟叶税与船舶吨税法律制度

## 一、烟叶税

### 知识点 1：烟叶税基础

**1. 烟叶税的概念**

烟叶税是向收购烟叶的单位征收的一种税。

**2. 烟叶税纳税人**

烟叶税的纳税人为在中华人民共和国境内收购烟叶的单位。我国实行烟草专卖制度，因此烟叶税的纳税人具有特定性，一般是有权收购烟叶的烟草公司或者受其委托收购烟叶的单位。

**3. 烟叶税征税范围**

烟叶税的征税范围包括烤烟叶、晾晒烟叶。

**4. 烟叶税税率**

烟叶税实行比例税率，税率为 20%。

**5. 应纳税额计算**

烟叶税的计税依据是纳税人收购烟叶实际支付的价款总额，包括纳税人支付给烟叶生产销售单位和个人的烟叶收购价款和价外补贴。其中，价外补贴统一按烟叶收购价款的 10% 计算。计算公式为：

价款总额 = 收购价款 ×（1+10%）

应纳税额 = 收购总额 × 税率 = 收购价款 ×（1+10%）× 税率

### 知识点 2：烟叶税征收管理

烟叶税的纳税义务发生时间为纳税人收购烟叶的当日。烟叶税在烟叶收购环节征收。纳税人收购烟叶即发生纳税义务。

烟叶税按月计征，纳税人应当于纳税义务发生月终了之日起 15 日内申报并缴纳税款。

纳税人收购烟叶，应当向烟叶收购地的主管税务机关申报纳税。

## 二、船舶吨税

### 知识点1：船舶吨税基础

**1. 船舶吨税的概念**

船舶吨税是对自中国境外港口进入境内港口的船舶征收的一种税。

**2. 船舶吨税纳税人**

对自中国境外港口进入中国境内港口的船舶（以下简称应税船舶）征收船舶吨税，以应税船舶负责人为纳税人。

**3. 船舶吨税税目和税率**

船舶吨税税目和税率如表7–5所示。

表7–5 船舶吨税税目和税率

| 税目（按船舶净吨位划分） | 税率（元/净吨） | | | | | |
|---|---|---|---|---|---|---|
| | 普通税率（按执照期限划分） | | | 优惠税率（按执照期限划分） | | |
| | 1年 | 90日 | 30日 | 1年 | 90日 | 30日 |
| 不超过2 000净吨 | 12.6 | 4.2 | 2.1 | 9.0 | 3.0 | 1.5 |
| 超过2 000净吨，但不超过10 000净吨 | 24.0 | 8.0 | 4.0 | 17.4 | 5.8 | 2.9 |
| 超过10 000净吨，但不超过50 000净吨 | 27.6 | 9.2 | 4.6 | 19.8 | 6.6 | 3.3 |
| 超过50 000净吨 | 31.8 | 10.6 | 5.3 | 22.8 | 7.6 | 3.8 |

**4. 船舶吨税计税依据**

船舶吨税以船舶净吨位为计税依据。拖船按照发动机功率每千瓦折合净吨位0.67吨；无法提供净吨位证明文件的游艇，按照发动机功率每千瓦折合净吨位0.05吨；拖船和非机动驳船分别按相同净吨位船舶税率的50%计征。

**5. 船舶吨税应纳税额计算**

船舶吨税按照船舶净吨位和吨税执照期限征收，应纳税额按照应税船舶净吨位乘以适用税率计算。计算公式为：

应纳税额＝应税船舶净吨位×适用税率

### 知识点2：船舶吨税税收优惠与征收管理

**1. 船舶吨税税收优惠**

下列船舶免征吨税：应纳税额在人民币50元以下的船舶；自境外以购买、受赠、继承等方式取得船舶所有权的初次进口到港的空载船舶；吨税执照期满后 24 小时内不上下客货的船舶；非机动船舶（不包括非机动驳船）；捕捞、养殖渔船；避难、防疫隔离、修理、改造、终止运营或者拆解，并不上下客货的船舶；军队、武装警察部队专用或者征用的船舶；警用船舶；依照法律规定应当予以免税的外国驻华使领馆、国际组织驻华代表机构及其有关人员的船舶；国务院规定的其他船舶。

**2. 船舶吨税征收管理**

**（1）船舶吨税纳税义务发生时间。**应税船舶进入境内港口的当日。应税船舶在吨税执照期满后尚未离开港口的，应当申领新的吨税执照，自上一次执照期满的次日起续缴吨税。

**（2）船舶吨税纳税期限。**应税船舶负责人应当自海关填发吨税缴款凭证之日起 15 日内缴清税款。未按期缴清税款的，自滞纳税款之日起至缴清税款之日止，按日加收滞纳税款万分之五的税款滞纳金。

**（3）船舶吨税其他相关规定。**

船舶吨税由海关负责征收。海关征收吨税应当制发缴款凭证。

海关发现少征或者漏征税款的，应当自应税船舶应当缴纳税款之日起 1 年内，补征税款。但因应税船舶违反规定造成少征或者漏征税款的，海关可以自应当缴纳税款之日起 3 年内追征税款，并自应当缴纳税款之日起按日加征少征或者漏征税款万分之五的税款滞纳金。

海关发现多征税款的，应当在 24 小时内通知应税船舶办理退还手续，并加算银行同期活期存款利息。

应税船舶发现多缴税款的，可以自缴纳税款之日起 3 年内以书面形式要求海关退还多缴的税款并加算银行同期活期存款利息；海关应当自受理退税申请之日起 30 日内查实并通知应税船舶办理退还手续。

# 第八节 印花税法律制度

## 一、印花税概述

### 知识点 1：印花税基础

**1. 印花税的概念**

印花税是对经济活动和经济交往中书立、领受、使用的应税经济凭证征收的一种税。因纳税人主要是通过在应税凭证上粘贴印花税票来完成纳税义务，故名印花税。

### 2. 印花税纳税人和扣缴义务人

**（1）纳税人。**订立、领受在中华人民共和国境内具有法律效力的应税凭证，或者在中华人民共和国境内进行证券交易的单位和个人，为印花税的纳税人，应当依照《中华人民共和国印花税法》规定缴纳印花税。

应税凭证，是指规定的书面形式的合同、产权转移书据、营业账簿和权利、许可证照。

证券交易，是指在依法设立的证券交易所上市交易或者在国务院批准的其他证券交易场所转让公司股票和以股票为基础发行的存托凭证。

**（2）纳税人分类。**根据书立、领受、使用应税凭证的不同，纳税人可分为立合同人、立账簿人、立据人、领受人和使用人等。

**（3）扣缴义务人。**证券登记结算机构为证券交易印花税的扣缴义务人。

### 3. 印花税征税范围

现行印花税采取正列举形式，只对法律规定中列举的凭证征收，没有列举的凭证不征税。列举的凭证分为四类，即合同类、产权转移书据类、营业账簿类和证券交易类。

**（1）合同。**合同是指平等主体的自然人、法人、其他组织之间设立、变更、终止民事权利义务关系的协议。印花税税目中的合同按照《民法典》的规定进行分类，在税目税率表中列举了如下 11 大类合同：买卖合同、借款合同、融资租赁合同、租赁合同、承揽合同、建设工程合同、运输合同、技术合同、保管合同、仓储合同、财产保险合同。

**（2）产权转移书据。**产权转移书据是在产权的买卖、交换、继承、赠与、分割等产权主体变更过程中，由产权出让人与受让人之间所订立的民事法律文书。

**（3）营业账簿。**印花税税目中的营业账簿归属于财务会计账簿，是按照财务会计制度的要求设置的，反映生产经营活动的账册。按照营业账簿反映的内容不同，在税目中分为记载资金的账簿（以下简称资金账簿）和其他营业账簿两类，对记载资金的营业账簿征收印花税，对其他营业账簿不征收印花税。

**（4）证券交易。**证券交易印花税对证券交易的出让方征收，不对受让方征收。

### 4. 印花税税率

印花税税率如表 7–6 所示。

**表 7–6　印花税税率**

| | |
|---|---|
| 比例税率 | 借款合同、融资租赁合同：万分之零点五 |
| | 营业账簿：万分之二点五 |
| | 买卖合同、承揽合同、建设工程合同、运输合同、技术合同：万分之三 |
| | 产权转移书据：万分之五（商标专用权、著作权、专利权、专有技术使用权转让书据价款的万分之三） |
| | 租赁合同、保管合同、仓储合同、财产保险合同、证券交易：千分之一 |
| 定额税率 | 不动产权证书、营业执照、商标注册证、专利证书，按件，每件 5 元 |

## 知识点 2：印花税应纳税额

### 1. 印花税计税依据

**（1）应税合同计税依据。**合同列明的价款或者报酬，不包括增值税税款；合同中价款或者报酬与增值税税款未分开列明的，按照合计金额确定。具体包括：买卖合同和建设工程合同中的价款、承揽合同中的报酬、租赁合同和融资租赁合同中的租金、运输合同中的运输费用、保管合同中的保管费、仓储合同中的仓储费、借款合同中的借款金额、财产保险合同中的保险费以及技术合同中的价款、报酬或者使用费等。

**（2）应税产权转移书据计税依据。**应税产权转移书据的计税依据，为产权转移书据所列的金额，不包括列明的增值税税款；产权转移书据中价款与增值税税款未分开列明的，按照合计金额确定。

应税合同、产权转移书据未列明价款或者报酬的，按照下列方法确定计税依据：按照订立合同、产权转移书据时的市场价格确定；依法应当执行政府定价的，按照其规定确定；不能按照上述规定的方法确定的，按照实际结算的价款或者报酬确定。

**（3）应税营业账簿计税依据。**应税营业账簿的计税依据，为账簿记载的实收资本（股本）、资本公积合计金额。

**（4）证券交易计税依据。**证券交易的计税依据，为成交金额。以非集中交易方式转让证券时无转让价格的，按照办理过户登记手续前一个交易日收盘价计算确定计税依据；办理过户登记手续前一个交易日无收盘价的，按照证券面值计算确定计税依据。

**（5）未列明金额时的计税依据。**应税合同、产权转移书据未列明金额的，印花税的计税依据按照实际结算的金额确定。计税依据按照上述规定仍不能确定的，按照书立合同、产权转移书据时的市场价格确定；依法应当执行政府定价或者政府指导价的，按照国家有关规定确定。

**（6）核定纳税人印花税计税依据。**

一是未按规定建立印花税应税凭证登记簿，或未如实登记和完整保存应税凭证的；

二是拒不提供应税凭证或不如实提供应税凭证致使计税依据明显偏低的；

三是采用按期汇总缴纳办法的，未按税务机关规定的期限报送汇总缴纳印花税情况报告，经税务机关责令限期报告，逾期仍不报告的或者税务机关在检查中发现纳税人有未按规定汇总缴纳印花税情况的。

### 2. 应纳税额计算

应税合同的应纳税额 = 价款或者报酬 × 适用税率

应税产权转移书据的应纳税额 = 价款 × 适用税率

应税营业账簿的应纳税额 =［实收资本（股本）+ 资本公积］× 适用税率

应税权利、许可证照的应纳税额 = 应税凭证件数 × 定额税率

证券交易的应纳税额 = 成交金额或者依法确定的计税依据 × 适用税率

## 二、印花税税收优惠与征收管理

### 知识点 1：印花税的税收优惠

**1. 法定凭证免税**

一是应税凭证的副本或者抄本。

二是依照法律规定应当予以免税的外国驻华使馆、领事馆和国际组织驻华代表机构为获得馆舍书立的应税凭证。

三是中国人民解放军、中国人民武装警察部队书立的应税凭证。

四是农民、家庭农场、农民专业合作社、农村集体经济组织、村民委员会购买农业生产资料或者销售农产品书立的买卖合同和农业保险合同。

五是无息或者贴息借款合同、国际金融组织向中国提供优惠贷款书立的借款合同。

六是财产所有权人将财产赠与政府、学校、社会福利机构、慈善组织书立的产权转移书据。

七是非营利性医疗卫生机构采购药品或者卫生材料书立的买卖合同。

八是个人与电子商务经营者订立的电子订单。

根据国民经济和社会发展的需要，国务院对居民住房需求保障、企业改制重组、破产、支持小型微型企业发展等情形可以规定减征或者免征印花税，报全国人民代表大会常务委员会备案。

**2. 其他情形**

一是免税额。应纳税额不足 1 角的，免征印花税。

二是特定情形免税。有下列情形之一的，免征印花税：对商店、门市部的零星加工修理业务开具的修理单，不贴印花；对铁路、公路、航运、水路承运快件行李、包裹开具的托运单据，暂免贴花；对企业车间、门市部、仓库设置的不属于会计核算范围的账簿，不贴印花。

三是单据免税。对运输、仓储、保管、财产保险、银行借款等，办理一项业务，既书立合同，又开立单据的，只就合同贴花。所开立的各类单据，不再贴花。

四是企业兼并并入资金免税。对企业兼并的并入资金，凡已按资金总额贴花的，接收单位对并入的资金，不再补贴印花。

五是租赁承包经营合同免税。企业与主管部门等签订的租赁承包经营合同，不属于租赁合同，不征收印花税。

六是特殊情形免税。纳税人已履行并贴花的合同，发现实际结算金额与合同所载金额不一致的，一般不再补贴印花。

七是书、报、刊合同免税。书、报、刊发行单位之间，发行单位与订阅单位或个人之间书立的凭证，免征印花税。

八是外国运输企业免税。由外国运输企业运输进口货物的，外国运输企业所持有的一份结算凭证，免征印花税。

九是特殊货运凭证免税。下列特殊货运凭证，免征印花税：抢险救灾物资运输结算凭证；为新建铁路运输施工所属物料，使用工程临管线专用运费结算凭证。

十是物资调拨单免税。对工业、商业、物资、外贸等部门调拨商品物资，作为内部执行计划使用的调拨单，不作为结算凭证，不属于合同性质的凭证，不征收印花税。

十一是同业拆借合同免税。银行、非银行金融机构之间相互融通短期资金，按照规定的同业拆借期限和利率签订的同业拆借合同，不征收印花税。

十二是借款展期合同免税。对办理借款展期业务使用借款展期合同或其他凭证，按规定仅载明延期还款事项的，可暂不贴花。

十三是合同、书据免税。出版合同，不属于印花税列举征税的凭证，免征印花税。

十四是国库业务账簿免税。中国人民银行各级机构经理国库业务及委托各专业银行各级机构代理国库业务设置的账簿，免征收印花税。

十五是委托代理合同免税。代理单位与委托单位之间签订的委托代理合同，不征收印花税。

十六是日拆性贷款合同免税。对中国人民银行向各商业银行提供的日拆性贷款（20日以内的贷款）所签订的合同或借据，暂免征收印花税。

十七是铁路企业特定凭证免税。国铁集团所属单位的下列凭证，不征收印花税：国铁集团层层下达的基建计划，不贴花；企业内部签订的有关铁路生产经营设施基建、更新改造、大修、维修的协议或责任书，不贴花；在铁路内部无偿调拨固定资产的调拨单据，不贴花；由国铁集团全额拨付事业费的单位，其营业账簿不贴花。

十八是电话和联网购货免税。对在供需经济活动中使用电话、计算机联网订货，没有开具书面凭证的，暂不贴花。

## 知识点 2：印花税征收管理

### 1. 纳税义务发生时间

订立、领受应税凭证或者完成证券交易的当日；合同在国外签订并且不便在国外贴花的，应在将合同带入境时办理贴花纳税手续；证券交易扣缴义务时间：证券交易完成当日（证券登记结算机构为扣缴义务人）。

### 2. 纳税地点

单位：其机构所在地。

个人：应税凭证订立、领受地或者居住地。

出让或者转让不动产产权：不动产所在地。

证券交易：扣缴义务人机构所在地。

### 3. 纳税期限

按季、按年计征：季度、年度终了之日起 15 日内申报并缴纳税款。

按次计征：纳税义务发生之日起 15 日内申报并缴纳税款。

证券交易：按周解缴（扣缴义务人应当自每周终了之日起 5 日内申报解缴税款以及银

行结算的利息)。

已缴纳印花税的凭证所载价款或者报酬增加应当补缴印花税;已缴纳印花税的凭证所载价款或者报酬减少的可以申请退还税款。

# 第九节 资源税法律制度

## 一、资源税概述

### 知识点 1:资源税基础

**1. 资源税的概念**

资源税是对在我国领域和管辖的其他海域开发应税资源的单位和个人征收的一种税。

**2. 资源税纳税人**

在我国领域和管辖的其他海域开发应税资源的单位和个人,为资源税的纳税人。

中外合作开采陆上、海上石油资源的企业:合同期内,缴纳矿区使用费,不缴纳资源税;合同期满后,依法缴纳资源税。

**3. 资源税征税范围和税率**

我国资源税的征税范围由《中华人民共和国资源税法》所附资源税税目税率表确定,包括能源矿产、金属矿产、非金属矿产、水气矿产、盐,共计五大类。各税目的征税对象包括原矿或者选矿。资源税税目和税率如表 7-7 所示。

表 7-7 资源税税目和税率

<table>
<tr><th colspan="3">税目</th><th>征税对象</th><th>税率</th></tr>
<tr><td rowspan="7">能源矿产</td><td colspan="2">原油</td><td>原矿</td><td>6%</td></tr>
<tr><td colspan="2">天然气、页岩气、天然气水合物</td><td>原矿</td><td>6%</td></tr>
<tr><td colspan="2">煤</td><td>原矿或者选矿</td><td>2% ~ 10%</td></tr>
<tr><td colspan="2">煤成(层)气</td><td>原矿</td><td>1% ~ 2%</td></tr>
<tr><td colspan="2">铀、钍</td><td>原矿</td><td>4%</td></tr>
<tr><td colspan="2">油页岩、油砂、天然沥青、石煤</td><td>原矿或者选矿</td><td>1% ~ 4%</td></tr>
<tr><td colspan="2">地热</td><td>原矿</td><td>1% ~ 20% 或者每立方米 1 ~ 30 元</td></tr>
<tr><td>金属矿产</td><td>黑色金属</td><td>铁、锰、铬、钒、钛</td><td>原矿或者选矿</td><td>1% ~ 9%</td></tr>
</table>

续表

| 税目 | | | 征税对象 | 税率 |
|---|---|---|---|---|
| 金属矿产 | 有色金属 | 铜、铅、锌、锡、镍、锑、镁、钴、铋、汞 | 原矿或者选矿 | 2% ～ 10% |
| | | 铝土矿 | 原矿或者选矿 | 2% ～ 9% |
| | | 钨 | 选矿 | 6.5% |
| | | 钼 | 选矿 | 8% |
| | | 金、银 | 原矿或者选矿 | 2% ～ 6% |
| | | 铂、钯、钌、锇、铱、铑 | 原矿或者选矿 | 5% ～ 10% |
| | | 轻稀土 | 选矿 | 7% ～ 12% |
| | | 中重稀土 | 选矿 | 20% |
| | | 铍、锂、锆、锶、铷、铯、铌、钽、锗、镓、铟、铊、铪、铼、镉、硒、碲 | 原矿或者选矿 | 2% ～ 10% |
| 非金属矿产 | 矿物类 | 高岭土 | 原矿或者选矿 | 1% ～ 6% |
| | | 石灰岩 | 原矿或者选矿 | 1% ～ 6% 或者每吨（或者每立方米）1 ～ 10 元 |
| | | 磷 | 原矿或者选矿 | 3% ～ 8% |
| | | 石墨 | 原矿或者选矿 | 3% ～ 12% |
| | | 萤石、硫铁矿、自然硫 | 原矿或者选矿 | 1% ～ 8% |
| | | 天然石英砂、脉石英、粉石英、水晶、工业用金刚石、冰洲石、蓝晶石、硅线石（矽线石）、长石、滑石、刚玉、菱镁矿、颜料矿物、天然碱、芒硝、钠硝石、明矾石、砷、硼、碘、溴、膨润土、硅藻土、陶瓷土、耐火粘土、铁钒土、凹凸棒石粘土、海泡石粘土、伊利石粘土、累托石粘土 | 原矿或者选矿 | 1% ～ 12% |
| | | 叶蜡石、硅灰石、透辉石、珍珠岩、云母、沸石、重晶石、毒重石、方解石、蛭石、透闪石、工业用电气石、白垩、石棉、蓝石棉、红柱石、石榴子石、石膏 | 原矿或者选矿 | 2% ～ 12% |
| | | 其他粘土（铸型用粘土、砖瓦用粘土、陶粒用粘土、水泥配料用粘土、水泥配料用红土、水泥配料用黄土、水泥配料用泥岩、保温材料用粘土） | 原矿或者选矿 | 1% ～ 5% 或者每吨（或者每立方米）0.1 ～ 5 元 |
| | 岩石类 | 大理岩、花岗岩、白云岩、石英岩、砂岩、辉绿岩、安山岩、闪长岩、板岩、玄武岩、片麻岩、角闪岩、页岩、浮石、凝灰岩、黑曜岩、霞石正长岩、蛇纹岩、麦饭石、泥灰岩、含钾岩石、含钾砂页岩、天然油石、橄榄岩、松脂岩、粗面岩、辉长岩、辉石岩、正长岩、火山灰、火山渣、泥炭 | 原矿或者选矿 | 1% ～ 10% |
| | | 砂石 | 原矿或者选矿 | 1% ～ 5% 或者每吨（或者每立方米）0.1 ～ 5 元 |

续表

| 税目 | | | 征税对象 | 税率 |
|---|---|---|---|---|
| 非金属矿产 | 宝玉石类 | 宝石、玉石、宝石级金刚石、玛瑙、黄玉、碧玺 | 原矿或者选矿 | 4%～20% |
| 水气矿产 | 二氧化碳气、硫化氢气、氦气、氡气 | | 原矿 | 2%～5% |
| | 矿泉水 | | 原矿 | 1%～20%或者每立方米1～30元 |
| 盐 | 钠盐、钾盐、镁盐、锂盐 | | 选矿 | 3%～15% |
| | 天然卤水 | | 原矿 | 3%～15%或者每吨（或者每立方米）1～10元 |
| | 海盐 | | | 2%～5% |

## 知识点2：资源税应纳税额

### 1. 从价定率计征办法

应纳税额＝应税产品的销售额×比例税率

应税产品销售额是指纳税人销售应税产品向购买方收取的全部价款，但不包括收取的增值税税款。

计入销售额中的相关运杂费用，凡取得增值税发票或者其他合法有效凭据的，准予从销售额中扣除。

相关运杂费用是指应税产品从坑口或者洗选（加工）地到车站、码头或者购买方指定地点的运输费用、建设基金以及随运销产生的装卸、仓储、港杂费用。

纳税人申报的应税产品销售额明显偏低且无正当理由的，或者有自用应税产品行为而无销售额的，主管税务机关可以按下列方法和顺序确定其应税产品销售额：按纳税人最近时期同类产品的平均销售价格确定；按其他纳税人最近时期同类产品的平均销售价格确定；按后续加工非应税产品销售价格，减去后续加工环节的成本利润后确定；按应税产品组成计税价格确定，组成计税价格＝成本×（1+成本利润率）÷（1–税率）；按其他合理方法确定。

### 2. 从量定额计征办法

应纳税额＝应税产品的销售数量×定额税率

应税产品的销售数量，包括纳税人开采或者生产应税产品的实际销售数量和自用于应当缴纳资源税情形的应税产品数量。

#### 3. 扣缴义务人代扣代缴资源税应纳税额计算

代扣代缴应纳税额＝收购未税产品的数量×适用定额税率

#### 4. 计税依据特殊规定

**（1）混合销售 / 加工减免。**纳税人混合销售或加工外购与自采应税产品，可在计算销售额或数量时扣减外购应税产品金额或数量，不足可结转至下期。

**（2）原矿混合销售 / 减免。**纳税人混合销售外购与自采原矿，或外购与自产选矿产品，可直接扣减外购原矿或选矿产品购进金额或数量。

**（3）不同税率产品核算。**纳税人若开采或生产同一税目下适用不同税率的应税产品，须分别核算销售额或数量；无法提供准确数据时，从高适用税率。

**（4）自采原矿资源税计征。**纳税人直接销售自采原矿或自用于应缴资源税情形，按原矿计征资源税。

**（5）享受减免项目核算。**纳税人开采或生产同一应税产品，若既享受减免税政策又不享受者，按免税、减税项目产量占比核算确定销售额或数量。

## 二、资源税税收优惠与征收管理

### 知识点 1：资源税税收优惠

#### 1. 免征资源税情形

一是开采原油以及在油田范围内运输原油过程中用于加热的原油、天然气。

二是煤炭开采企业因安全生产需要抽采的煤成（层）气。

#### 2. 减征资源税情形

**（1）具体减征范围**（见表 7–8）。

**表 7–8　减征资源税情形**

| 比例 | 范围 |
| --- | --- |
| 20% | 低丰度油气田开采的原油、天然气 |
| 30% | 1. 高含硫天然气<br>2. 三次采油<br>3. 从深水油气田开采的原油、天然气<br>4. 衰竭期矿山开采的矿产品 |
| 40% | 稠油、高凝油 |

**（2）阶段性减征。**

自 2022 年 1 月 1 日至 2024 年 12 月 31 日，对增值税小规模纳税人可以在 50% 的税额幅度内减征。

自 2014 年 12 月 1 日至 2027 年 12 月 31 日，对充填开采置换出来的煤炭减征 50%。

### 3. 地方减免资源税情形

有下列情形之一的，省、自治区、直辖市可以决定免征或者减征资源税：

一是纳税人开采或者生产应税产品过程中，因意外事故或者自然灾害等原因遭受重大损失。

二是纳税人开采共伴生矿、低品位矿、尾矿。

上述规定的免征或者减征资源税的具体办法，由省、自治区、直辖市人民政府提出，报同级人民代表大会常务委员会决定，并报全国人民代表大会常务委员会和国务院备案。

纳税人开采或者生产同一应税产品同时符合两项或者两项以上减征资源税优惠政策的，除另有规定外，只能选择其中一项执行。

纳税人的免税、减税项目，应当单独核算销售额或者销售数量；未单独核算或者不能准确提供销售额或者销售数量的，不予免税或者减税。

## 知识点2：资源税征收管理

### 1. 纳税义务发生时间

收讫销售款或者取得索取销售款凭据的当日；自用应税产品的为移送应税产品的当日。

### 2. 纳税地点

矿产品的开采地或者海盐的生产地。

### 3. 纳税期限

（1）纳税申报。资源税按月或者按季申报缴纳；不能按固定期限计算缴纳的，可以按次申报缴纳。

（2）缴纳税款按月或者按季申报的，月度或者季度终了之日起 15 日内；按次申报的，纳税义务发生之日起 15 日内。

# 第十节 其他相关税收法律制度

## 一、城市维护建设税和教育费附加

## 知识点1：城市维护建设税基础

### 1. 城市维护建设税的概念和纳税人

**（1）城市维护建设税的概念。**城市维护建设税是以纳税人依法实际缴纳的增值税、消费税税额为计税依据所征收的一种税，主要目的是筹集城镇设施建设和维护资金。

**（2）城市维护建设税的纳税人。**城市维护建设税的纳税人，是指在中华人民共和国境内缴纳增值税、消费税的单位和个人，包括各类企业（含外商投资企业、外国企业）、行政单位、事业单位、军事单位、社会团体及其他单位，以及个体工商户和其他个人（含外籍个人）。

城市维护建设税扣缴义务人为负有增值税、消费税扣缴义务的单位和个人，在扣缴增值税、消费税的同时扣缴城市维护建设税。

**2. 城市维护建设税税率**

**（1）基本税率。**纳税人所在地在市区：7%。纳税人所在地在县城、镇：5%。纳税人所在地不在市区、县城或者镇：1%。

**（2）税率确定。**

由受托方代扣代缴增值税、消费税的单位和个人，其代扣代缴、代收代缴的城市维护建设税按受托方所在地适用税率。

流动经营等无固定纳税地点的单位和个人，在经营地缴纳增值税、消费税的，其城市维护建设税的缴纳按经营地适用税率。

**3. 城市维护建设税计税依据和应纳税额计算**

**（1）城市维护建设税计税依据。**城市维护建设税计税依据是纳税人实际缴纳的增值税、消费税税额。在计算计税依据时，应当按照规定扣除期末留抵退税退还的增值税税额。

**（2）城市维护建设税应纳税额计算。**

应纳税额＝实际缴纳的增值税、消费税税额×适用税率

对实行增值税期末留抵退税的纳税人，允许其从城市维护建设税的计税依据中扣除退还的增值税税额。

## 知识点 2：城市维护建设税税收优惠与征收管理

**1. 城市维护建设税税收优惠**

城市维护建设税属于增值税、消费税的一种附加税，原则上不单独规定税收减免条款。如果税法规定减免增值税、消费税，也就相应地减免了城市维护建设税。现行城市维护建设税的减免规定主要有：

一是对进口货物或者境外单位和个人向境内销售劳务、服务、无形资产缴纳的增值税、消费税税额，不征收城市维护建设税。

二是对出口货物、劳务和跨境销售服务、无形资产以及因优惠政策退还增值税、消费税的，不退还已缴纳的城市维护建设税。

三是对增值税、消费税实行先征后返、先征后退、即征即退办法的，除另有规定外，对随增值税、消费税附征的城市维护建设税，一律不予退（返）还。

四是根据国民经济和社会发展的需要，国务院对重大公共基础设施建设、特殊产业和群体以及重大突发事件应对等情形可以规定减征或者免征城市维护建设税，报全国人民代表大会常务委员会备案。

**2. 城市维护建设税征收管理**

**（1）纳税义务发生时间。**城市维护建设税与增值税、消费税的纳税义务发生时间一致，与增值税、消费税同时缴纳。

**（2）纳税地点。**城市维护建设税的纳税地点为实际缴纳增值税、消费税的地点。

扣缴义务人应当向其机构所在地或者居住地的主管税务机关申报缴纳其扣缴的税款。有特殊情况的，按下列原则和办法确定纳税地点：代扣代缴、代收代缴的为代扣代收地；流动经营等无固定纳税地点的单位和个人，应随同增值税、消费税在经营地纳税。

**（3）纳税期限。**

按月或者按季计征。不能按固定期限计征的，可以按次计征。

实行按月或者按季计征的，纳税人应当于月度或者季度终了之日起 15 日内申报并缴纳税款。实行按次计征的，纳税人应当于纳税义务发生之日起 15 日内申报并缴纳税款。

扣缴义务人解缴税款的期限，依照上述规定执行。

## 知识点 3：教育费附加

**1. 教育费附加基础**

**（1）教育费附加的概念。**教育费附加是以各单位和个人实际缴纳的增值税、消费税的税额为计征依据而征收的一种费用，其目的是加快发展教育事业，扩大教育经费资金来源。

**（2）教育费附加征收范围。**教育费附加的征收范围为税法规定征收增值税、消费税的单位和个人，包括外商投资企业、外国企业及外籍个人。

**（3）教育费附加计征依据。**教育费附加以纳税人实际缴纳的增值税、消费税税额之和为计征依据。

**（4）教育费附加征收比率。**按照 1994 年 2 月 7 日公布的《国务院关于教育费附加征收问题的紧急通知》的规定，现行教育费附加征收比率为 3%。

**2. 教育费附加计算与减免规定**

**（1）教育费附加计算。**

应纳教育费附加或地方教育费附加 = 实际缴纳的增值税和消费税 × 征收比率

教育费附加分别与增值税、消费税税款同时缴纳。

**（2）教育费附加减免规定。**

教育费附加的减免，原则上比照增值税、消费税的减免规定。如果税法规定增值税、消费税减免，则教育费附加相应的减免。

其他主要的减免规定有：对海关进口产品征收的增值税、消费税，不征收教育费附加；对由于减免增值税、消费税而发生退税的，可同时退还已征收的教育费附加。但对出口产品退还增值税、消费税的，不退还已征的教育费附加。

## 二、车辆购置税

### 知识点1：车辆购置税基础

**1. 车辆购置税的概念和纳税人**

**（1）车辆购置税的概念。**车辆购置税是对在中国境内购置应税车辆的单位和个人征收的一种税。它由车辆购置附加费演变而来。

**（2）车辆购置税纳税人。**在中华人民共和国境内购置汽车、有轨电车、汽车挂车、排气量超过150毫升的摩托车（以下统称应税车辆）的单位和个人，为车辆购置税的纳税人。购置，是指以购买、进口、自产、受赠、获奖或者其他方式取得并自用应税车辆的行为。

**（3）车辆购置税征收范围。**车辆购置税的征收范围包括汽车、有轨电车、汽车挂车、排气量超过150毫升的摩托车。

**（4）车辆购置税税率。**车辆购置税采用比例税率，税率为10%。

**2. 车辆购置税计税依据与计算**

**（1）购买自用应税车辆的计税价格。**纳税人购买自用应税车辆的计税价格，为纳税人实际支付给销售者的全部价款，不包括增值税税款。

**（2）进口自用应税车辆的计税价格。**纳税人进口自用应税车辆的计税价格，为关税完税价格加上关税和消费税。计算公式为：

计税价格＝关税完税价格＋关税＋消费税

**（3）自产自用应税车辆的计税价格。**纳税人自产自用应税车辆的计税价格，按照纳税人生产的同类应税车辆的销售价格确定，不包括增值税税款；没有同类应税车辆销售价格的，按照组成计税价格确定，组成计税价格＝成本×（1+成本利润率）。属于应征消费税的应税车辆，其组成计税价格中包括消费税税额。

**（4）以其他方式取得自用应税车辆的计税价格。**纳税人以受赠、获奖或者其他方式取得自用应税车辆的计税价格，按照购置应税车辆时相关凭证载明的价格确定，不包括增值税税款。

**（5）核定应税车辆计税价格。**纳税人申报的应税车辆计税价格明显偏低，又无正当理由的，由税务机关依照《中华人民共和国税收征收管理法》的规定核定其应纳税额。

纳税人以外汇结算应税车辆价款的，按照申报纳税之日的人民币汇率中间价折合成人民币计算缴纳税款。

**（6）车辆购置税应纳税额的计算。**车辆购置税实行从价定率的方法计算应纳税额。

应纳税额＝计税依据×税率

### 知识点2：车辆购置税税收优惠和征收管理

**1. 车辆购置税税收优惠**

下列车辆免征车辆购置税：依照法律规定应当予以免税的外国驻华使馆、领事馆和国际组织驻华机构及其有关人员自用的车辆；中国人民解放军和中国人民武装警察部队列入装备订货计划的车辆；悬挂应急救援专用号牌的国家综合性消防救援车辆；设有固定装置的非运输专用作业车辆；城市公交企业购置的公共汽电车辆。

根据国民经济和社会发展的需要，国务院可以规定减征或者其他免征车辆购置税的情形，报全国人民代表大会常务委员会备案。

#### 2. 车辆购置税征收管理

**（1）纳税申报。**车辆购置税实行一次性征收。购置已征车辆购置税的车辆，不再征收车辆购置税。

车辆购置税由税务机关负责征收。车辆购置税的纳税义务发生时间为纳税人购置应税车辆的当日。纳税人应当自纳税义务发生之日起 60 日内申报缴纳车辆购置税。

**（2）纳税环节。**纳税人应当在向公安机关交通管理部门办理车辆注册登记前，缴纳车辆购置税。

**（3）纳税地点。**纳税人购置应税车辆，应当向车辆登记地的主管税务机关申报缴纳车辆购置税；购置不需要办理车辆登记的应税车辆的，应当向纳税人所在地的主管税务机关申报缴纳车辆购置税。

## 三、环境保护税

### 知识点 1：环境保护税基础

#### 1. 环境保护税的概念

环境保护税是为了保护和改善环境，减少污染物排放，推进生态文明建设而征收的一种税。

#### 2. 环境保护税纳税人

环境保护税的纳税人为在中华人民共和国领域和中华人民共和国管辖的其他海域，直接向环境排放应税污染物的企业、事业单位和其他生产经营者。按照规定征收环境保护税，不再征收排污费。

#### 3. 环境保护税税目和税率

环境保护税税目和税率如表 7–9 所示。

表 7–9　环境保护税税目和税率

| 税目 | 计税单位 | 税额 | 备注 |
|---|---|---|---|
| 大气污染物 | 每污染当量 | 1.2 ～ 12 元 | |
| 水污染物 | 每污染当量 | 1.4 ～ 14 元 | |

续表

<table>
<tr><th colspan="2">税目</th><th>计税单位</th><th>税额</th><th>备注</th></tr>
<tr><td rowspan="4">固体废物</td><td>煤矸石</td><td>每吨</td><td>5 元</td><td rowspan="4"></td></tr>
<tr><td>尾矿</td><td>每吨</td><td>15 元</td></tr>
<tr><td>危险废物</td><td>每吨</td><td>1 000 元</td></tr>
<tr><td>冶炼渣、粉煤灰、炉渣、其他固体废物（含半固态、液态废物）</td><td>每吨</td><td>25 元</td></tr>
<tr><td rowspan="6">噪声</td><td rowspan="6">工业噪声</td><td>超标 1～3 分贝</td><td>每月 350 元</td><td rowspan="6">1. 一个单位边界上有多处噪声超标，根据最高一处超标声级计算应纳税额；若沿边界长度超过 100 米有两个以上噪声超标，按照两个单位计算应纳税额。<br>2. 一个单位有不同地点作业场所的，应当分别计算应纳税额，合并计征。<br>3. 昼、夜均超标的环境噪声，昼、夜分别计算应纳税额，累计计征。<br>4. 声源一个月内超标不足 15 天的，减半计算应纳税额。<br>5. 夜间频繁突发和夜间偶然突发厂界超标噪声，按等效声级和峰值噪声两种指标中超标分贝值高的一项计算应纳税额。</td></tr>
<tr><td>超标 4～6 分贝</td><td>每月 700 元</td></tr>
<tr><td>超标 7～9 分贝</td><td>每月 1 400 元</td></tr>
<tr><td>超标 10～12 分贝</td><td>每月 2 800 元</td></tr>
<tr><td>超标 13～15 分贝</td><td>每月 5 600 元</td></tr>
<tr><td>超标 16 分贝以上</td><td>每月 11 200 元</td></tr>
</table>

**4. 环境保护税计税依据、应纳税额计算**

**（1）计税依据。**

应税大气污染物：污染物排放量折合的污染当量数。

应税水污染物：污染物排放量折合的污染当量数。

应税固体废物：固体废物的排放量。

应税噪声：超过国家规定标准的分贝数。

**（2）应纳税额的计算。**

应税大气污染物的应纳税额 = 污染当量数 × 具体适用税额

应税水污染物的应纳税额 = 污染当量数 × 具体适用税额

应税固体废物的应纳税额 = 固体废物排放量 × 具体适用税额

应税噪声的应纳税额 = 超过国家规定标准的分贝数对应的具体适用税额（按月）

### 知识点2：环境保护税税收优惠与征收管理

**1. 环境保护税税收优惠**

**（1）暂予免征环境保护税的情形。**下列情形中，暂予免征环境保护税：农业生产（不包括规模化养殖）排放应税污染物的；机动车、铁路机车、非道路移动机械、船舶和航空器等流动污染源排放应税污染物的；依法设立的城乡污水集中处理、生活垃圾集中处理场所排放相应应税污染物，不超过国家和地方规定的排放标准的；纳税人综合利用的固体废物，符合国家和地方环境保护标准的；国务院批准免税的其他情形。

**（2）减征环境保护税的情形。**

纳税人排放应税大气污染物或者水污染物的浓度值低于国家和地方规定的污染物排放标准30%的，减按75%征收环境保护税。

纳税人排放应税大气污染物或者水污染物的浓度值低于国家和地方规定的污染物排放标准50%的，减按50%征收环境保护税。

**2. 环境保护税征收管理**

**（1）征收机关。**环境保护税由税务机关依照《中华人民共和国税收征收管理法》和《中华人民共和国环境保护税法》的有关规定征收管理。

**（2）纳税义务发生时间与纳税地点。**环境保护税纳税义务发生时间为纳税人排放应税污染物的当日。纳税人应当向应税污染物排放地的税务机关申报缴纳环境保护税。

**（3）纳税申报。**环境保护税按月计算，按季申报缴纳。不能按固定期限计算缴纳的，可以按次申报缴纳。

纳税人按季申报缴纳的，应当自季度终了之日起15日内，向税务机关办理纳税申报并缴纳税款。纳税人按次申报缴纳的，应当自纳税义务发生之日起15日内，向税务机关办理纳税申报并缴纳税款。

## 四、耕地占用税

### 知识点1：耕地占用税基础

**1. 耕地占用税的概念和纳税人**

**（1）耕地占用税的概念。**耕地占用税是为了合理利用土地资源，加强土地管理，保护耕地，对占用耕地建设建筑物、构筑物或者从事非农业建设的单位和个人征收的一种税。

**（2）耕地占用税纳税人。**耕地占用税的纳税人为在中华人民共和国境内占用耕地建设建筑物、构筑物或者从事非农业建设的单位和个人。单位包括企业、事业单位、社会团体、国家机关、部队以及其他单位；个人包括个体工商户、农村承包经营户以及其他个人。

**2. 耕地占用税征税范围**

**（1）一般规定。**耕地占用税的征税范围包括纳税人为建设建筑物、构筑物或从事其他非农业建设而占用的国家所有和集体所有的耕地。

（2）**特殊规定**。耕地占用税的征收范围不包括城镇村庄范围内绿化林木用地，铁路、公路征地范围内的林木用地，以及河流、沟渠的护堤林用地。

建设直接为农业生产服务的生产设施占用农用地的不缴纳耕地占用税。直接为农业生产服务的生产设施，是指直接为农业生产服务而建设的建筑物和构筑物。

## 知识点 2：耕地占用税税率、应纳税额计算

### 1. 耕地占用税税率

**（1）定额税率。**

人均耕地不超过 1 亩的地区（以县、自治县、不设区的市、市辖区为单位，下同），每平方米为 10～50 元；

人均耕地超过 1 亩但不超过 2 亩的地区，每平方米为 8～40 元；

人均耕地超过 2 亩但不超过 3 亩的地区，每平方米为 6～30 元；

人均耕地超过 3 亩的地区，每平方米为 5～25 元。

**（2）具体适用税率确定。**

各省、自治区、直辖市耕地占用税适用税额的平均水平，不得低于各省、自治区、直辖市耕地占用税平均税额表规定的平均税额。

在人均耕地低于 0.5 亩的地区，省、自治区、直辖市可以根据当地经济发展情况，适当提高耕地占用税的适用税额，但提高的部分不得超过确定的适用税额的 50%。

占用基本农田的，应当按照当地适用税额，加按 150% 征收。

占用园地、林地、草地、农田水利用地、养殖水面、渔业水域滩涂以及其他农用地建设建筑物、构筑物或者从事非农业建设的，适用税额可以适当低于本地区确定的适用税额，但降低的部分不得超过 50%。

各省、自治区、直辖市耕地占用税平均税额如表 7–10 所示。

**表 7–10 各省、自治区、直辖市耕地占用税平均税额**

| 省、自治区、直辖市 | 平均税额（元 / 平方米） |
|---|---|
| 上海 | 45 |
| 北京 | 40 |
| 天津 | 35 |
| 江苏、浙江、福建、广东 | 30 |
| 辽宁、湖北、湖南 | 25 |
| 河北、安徽、江西、山东、河南、重庆、四川 | 22.5 |
| 广西、海南、贵州、云南、陕西 | 20 |
| 山西、吉林、黑龙江 | 17.5 |
| 内蒙古、西藏、甘肃、青海、宁夏、新疆 | 12.5 |

### 2. 应纳税额的计算

应纳税额 = 实际占用耕地面积（平方米）× 适用定额税率

耕地占用税一次性缴纳；包括批准占用的耕地面积和未经批准占用的耕地面积；纳税人实际占用耕地面积的核定以农用地转用审批文件为主要依据，必要的时候应当实地勘测。

## 知识点 3：税收优惠

军事设施、学校、幼儿园、社会福利机构、医疗机构占用耕地免征。

铁路线路、公路线路、飞机场跑道、停机坪、港口、航道、水利工程占用耕地，减按每平方米 2 元的税额征税。

农村居民在规定用地标准以内占用耕地新建自用住宅，按照当地适用税额减半征税。农村居民经批准搬迁，新建自用住宅占用耕地不超过原宅基地面积的部分免征。

农村烈士遗属、因公牺牲军人遗属、残疾军人以及符合农村最低生活保障条件的农村居民，在规定用地标准以内新建自用住宅免征。

根据国民经济和社会发展的需要，国务院可以规定免征或者减征耕地占用税的其他情形，报全国人民代表大会常务委员会备案。按规定免征或者减征耕地占用税后，纳税人改变原占地用途，不再属于免征或者减征耕地占用税情形的，应当按照当地适用税额补缴耕地占用税。

## 知识点 4：征收管理

### 1. 纳税义务发生时间

纳税人收到自然资源主管部门办理占用耕地手续的书面通知的当日（30 日内申报缴纳）。

未经批准占用耕地的：自然资源主管部门认定的纳税人实际占用耕地的当日。

因挖损、采矿塌陷、压占、污染等损毁耕地：为自然资源、农业农村等相关部门认定损毁耕地的当日。

### 2. 纳税地点

纳税人占用耕地或其他农用地，应当在耕地或其他农用地所在地申报纳税。纳税人因建设项目施工或者地质勘查临时占用耕地，应当按照规定缴纳耕地占用税。

### 3. 征收机关与部门配合

税务机关发现纳税人的纳税申报数据资料异常或者纳税人未按照规定期限申报纳税的，可以提请相关部门进行复核，相关部门应当自收到税务机关复核申请之日起 30 日内向税务机关出具复核意见。

纳税人的纳税申报数据资料异常或者纳税人未按照规定期限申报纳税的，包括下列情形：

一是纳税人改变原占地用途，不再属于免征或者减征耕地占用税情形，未按照规定进行申报的。

二是纳税人已申请用地但尚未获得批准先行占地开工，未按照规定进行申报的。

三是纳税人实际占用耕地面积大于批准占用耕地面积，未按照规定进行申报的。

四是纳税人未履行报批程序擅自占用耕地，未按照规定进行申报的。

五是其他应提请相关部门复核的情形。

**4. 全额纳税情形**

纳税人在批准临时占用耕地期满之日起一年内依法复垦，恢复种植条件的，全额退还已经缴纳的耕地占用税。临时占用耕地，是指经自然资源主管部门批准，在一般不超过 2 年内临时使用耕地并且没有修建永久性建筑物的行为。

**5. 依法纳税及退税情形**

因挖损、采矿塌陷、压占、污染等损毁耕地属于税法所称的非农业建设，应依法纳税；自自然资源、农业农村等相关部门认定损毁耕地之日起 3 年内依法复垦或修复，恢复种植条件的，按规定办理退税。

**6. 补缴税款情形**

纳税人改变占地用途，不再属于免征或减征情形的，应自改变用途之日起 30 日内申报补缴税款，补缴税款按改变用途的实际占用耕地面积和改变用途时当地适用税额计算。

## 案例分析

**情景描述：**一家房地产公司计划在一个新兴的城市郊区开发一个大型住宅和商业综合体。该地区原先主要是农田和空地。项目涉及购买大片土地，进行开发和建设，最后销售住宅和商业单位。该项目各阶段分为项目启动阶段——取得了一片包括耕地在内的土地的使用权，建设阶段——公司占用了这片土地进行建设活动，销售阶段——完成建设后，公司开始销售住宅和商业单位。在各个阶段，分别涉及土地增值税、土地使用税、耕地占用税的征收和管理。

**法律分析：**项目启动阶段涉及耕地占用税——公司取得了一片包括耕地在内的土地的使用权，此时须支付耕地占用税，因为项目将改变土地的用途，由农田变为商业和住宅用地。项目建设阶段涉及土地使用税——在建设期间，公司占用了这片土地进行建设活动，由于公司长期使用这片土地，需要缴纳土地使用税。因为土地使用税与长期使用土地（建设期间）相关。项目销售阶段涉及土地增值税——完成建设后，公司开始销售住宅和商业单位。此时，公司需根据销售产生的土地增值部分，计算并缴纳土地增值税。因为土地增值税与开发后的土地销售产生的增值额有关。

**此案例主要考查以下方面：**房地产开发项目在不同阶段涉及的税务问题，特别是与土地相关的税种的征收和管理。通过具体的房地产开发项目，考查了与土地相关的税务法规在实际应用中的具体情景，特别是在不同开发阶段土地相关税种的征收规则和管理要点。

## 本章小结

本章全面介绍了各种税种，如关税、契税、印花税、城市维护建设税、教育费附加、车辆购置税、房产税及城镇土地使用税等的具体征收规定。本章通过深入讲解这些税种，强调了税收在国家财政收入中的重要作用，以及在调节社会经济活动中的关键角色。同时，本章还阐述了税收政策在支持教育和城市发展、促进房地产市场稳定和绿色发展等方面的应用，体现了税收法律在实现国家宏观政策目标中的重要性。

## 课证融通

### 一、单选题

1.［2022 年真题］2021 年 1 月甲公司转让办公楼，取得不含增值税收入 550 万元。该办公楼 2017 年 1 月购入，购房发票注明不含增值税价格为 400 万元，购房时缴纳契税 16 万元并取得完税凭证。甲公司转让办公楼不能取得评估价格，在计算土地增值税时允许扣除的相关税费为 5 万元。计算甲公司转让该办公楼土地增值税增值额的下列算式中，正确的是（　　）。

A.550−（400+16）×（1+4×5%）=50.8（万元）

B.550−400−16−5=129（万元）

C.550−400−5=145（万元）

D.550−400×（1+4×5%）−16−5=49（万元）

2.［2022 年真题］2021 年 4 月甲公司购置了净吨位 600 吨的机动船舶和净吨位 300 吨的非机动驳船各 2 艘。已知机动船舶车船税适用年基准税额为净吨位每吨 4 元。计算甲公司 2021 年度上述船舶应缴纳车船税税额的下列算式中，正确的是（　　）。

A.（600×2×4×50%+300×2×4）÷12×8=3 200（元）

B.（600×2×4+300×2×4×50%）÷12×9=4 500（元）

C.（600×2×4+300×2×4×50%）÷12×8=4 000（元）

D.（600×2×4×50%+300×2×4）÷12×9=3 600（元）

3.［2017 年真题］甲房地产开发企业开发一住宅项目，实际占地面积 12 000 平方米，建筑面积 24 000 平方米，容积率为 2.0，甲房地产开发企业缴纳的城镇土地使用税的计税依据为（　　）。

A.24 000 平方米　　　　B.12 000 平方米

C.36 000 平方米　　　　D.18 000 平方米

4.［2023 年真题］2022 年 2 月法定继承人李某通过继承承受市场价值为 100 万元的房屋一套。同年 10 月李某购买商品房一套，取得增值税普通发票注明金额 200 万元、税额 18 万元。已知当地规定的契税税率为 3%。计算李某上述行为应缴纳契税税额的下列算式中，正确的是（　　）。

A.（100+200）×3%=9（万元）　　B.（100+200+18）×3%=9.54（万元）

C.200×3%=6（万元）　　D.（200+18）×3%=6.54（万元）

5.［2020 年真题］根据印花税法律制度的规定，下列合同中，应征收印花税的是（　　）。

A. 会计咨询合同　　B. 审计咨询合同

C. 法律咨询合同　　D. 技术咨询合同

6.［2021 年真题］根据车船税法律制度的规定，下列各项中，属于机动车车船税扣缴义务人的是（　　）。

A. 机动车所有人所在单位

B. 从事机动车第三者责任强制保险业务的保险机构

C. 机动车登记管理部门

D. 机动车销售机构

7.［2021 年真题］根据环境保护税法律制度的规定，下列情形中，应缴纳环境保护税的是（　　）。

A. 小区物业公司维修下水道产生的噪声

B. 热电厂在符合国家和地方环境保护标准的场所贮存固体废物

C. 运输车辆排放不超过国家规定标准的尾气

D. 依法设立的城乡污水集中处理场所超过国家和地方规定的排放标准向环境排放应税污染物

8.［2019 年真题］根据土地增值税法律制度的规定，纳税人支付的下列款项中，在计算土地增值税计税依据时，不允许从房地产转让收入额中减除的是（　　）。

A. 在转让房地产时缴纳的城市维护建设税

B. 为取得土地使用权所支付的地价款

C. 超过贷款期限的利息部分

D. 开发房地产款项实际发生的土地征用费

## 二、多选题

1.［2022年真题］根据房产税法律制度的规定，下列房产中，属于房产税征税范围的有（　　）。

A. 位于县城的企业生产用房屋　　B. 市区的室内游泳池

C. 农村的菜窖　　D. 市郊公园中的饭店

2.［2017年真题］根据耕地占用税法律制度的规定，下列各项中，免征耕地占用税的有（　　）。

A. 公立学校教学楼占用耕地　　B. 城区内机动车道占用耕地

C. 军事设施占用耕地　　D. 医院内职工住房占用耕地

3.［2023年真题］下列民航机场用地中，不需要缴纳城镇土地使用税的有（　　）。

A. 机场工作区　　B. 跑道

C. 场内外通信导航设施　　D. 机场飞行区四周排水防洪设施

4.［2017年真题］根据关税法律制度相关规定，下列各项进口货物中，实现从价加从量复合计税的有（　　）。

A. 啤酒　　B. 放像机

C. 广播用录像机　　D. 摄影机

5.［2018年真题］根据烟叶税法律制度规定，下列各项中属于烟叶税征收范围的有（　　）。

A. 晾晒烟叶　　B. 烟丝

C. 卷烟　　D. 烤烟叶

6.［2019年真题］根据土地增值税法律制度的规定，下列各项中，在计算土地增值税计税依据时，应列入房地产开发成本的有（　　）。

A. 土地出让金　　B. 前期工程费

C. 耕地占用税　　D. 公共配套设施费

7.［2021年真题］根据环境保护税法律制度的规定，下列关于环境保护税计税依据的表述中，正确的有（　　）。

A. 应税固体废物按照固体废物的排放量确定

B. 应税大气污染物按照污染物排放量折合的污染当量数确定

C. 应税噪声按照超过国家规定标准的分贝数确定

D. 应税水污染物按照污染物排放量折合的污染当量数确定

8.［2020年真题］根据土地增值税法律制度的规定，下列情形中，属于税务机关可要求纳税人进行土地增值税清算的有（　　）。

A. 房地产开发项目全部竣工并完成销售的

B. 整体转让未竣工决算房地产开发项目的

C. 纳税人申请注销税务登记但未办理土地增值税清算手续的

D. 取得销售（预售）许可证满3年仍未销售完毕的

## 三、判断题

1. [ 2020 年真题 ] 甲公司委托施工企业建设一栋办公楼，从该办公楼建成之次月起缴纳房产税。(　　)

2. [ 2019 年真题 ] 居住在 M 市的李某将位于 Y 市的一处自有住房对外出租，李某应向 M 市税务机关申报缴纳该处住房的房产税。(　　)

3. [ 2023 年真题 ] 纳税人以外购重晶石原矿与自采重晶石原矿混合为原矿销售的，在计算资源税应税产品销售额时，不得扣减外购重晶石原矿的购进金额。(　　)

4. [ 2021 年真题 ] 双方合作建商品房，建成后转让的，应征收土地增值税。(　　)

5. [ 2018 年真题 ] 财产所有人将财产赠与政府所立的书据免征印花税。(　　)

6. [ 2019 年真题 ] 土地承包经营权的转让不缴纳契税。(　　)

7. [ 2021 年真题 ] 纳税人在油田范围内运输原油过程中用于加热的自采原油，免征资源税。(　　)

8. [ 2021 年真题 ] 通过租赁方式进口的货物，海关以货物的租金作为关税完税价格。(　　)

# 第八章　税收征收管理法律制度

## 学习目标

### ◆ 知识目标

掌握税收征收管理法的基本概念、适用范围
掌握税收征收管理法征纳双方的权利和义务
掌握税务管理基本规定
掌握税款征收基本规定
掌握税务检查基本规定
掌握税务行政复议程序
熟悉税务管理相对人实施税收违法行为的法律责任
熟悉逃税、欠税、抗税、骗税等行为的典型表现形式及法律责任
熟悉纳税人、扣缴义务人不配合税务检查的法律责任
熟悉重大税收违法失信案件信息公布规定

### ◆ 能力目标

能根据税收征收管理法律制度合法、合理、合规进行账簿、凭证、发票管理
能根据税收征收管理法律制度相应要求进行纳税申报

### ◆ 素质目标

依据税收征收管理法律制度，自觉提高法治素养
从信用社会角度思考税收征收管理法律制度的作用

## 专栏 8：党的二十大精神与税收征收管理法律制度

**深入学习贯彻党的二十大精神守正创新奋力推进新征程税收现代化（节选）**

站在新的历史起点，税务部门学习贯彻党的二十大精神，就是要充分发挥、拓展、提升税收职能作用，以税收现代化服务中国式现代化，在全面建设社会主义现代化国家的新征程中展现更大作为。要紧扣这一要求，调整充实完善税收现代化建设“六大体系”，推进税务系统坚强有力的党的领导制度体系更加成熟，在深刻领悟习近平新时代中国特色社会主义思想的世界观和方法论中充分发挥最大政治优势；科学完备的税收法治体系更加健全，在深入学习贯彻习近平法治思想中全面落实依法治国要求和税收法定原则；优质便捷的税费服务体系更加完善，在始终坚持以人民为中心的发展思想中进一步提高纳税人缴费人的获得感和满意度；严密规范的税费征管体系更加优化，在进一步深化改革中实现更加优化高效统一；合作共赢的国际税收体系更加有效，在胸怀“两个大局”中进一步彰显大国税务形象；高效清廉的队伍组织体系更加有力，在建设担当党的税收事业发展重任的高素质干部队伍中进一步发挥支撑保障作用。要着力提高税收现代化服务中国式现代化的本领，不断增强政治引领能力、守正创新能力、科技驱动能力、制度执行能力、集成共治能力、风险防范能力，矢志不渝、久久为功，努力建成与全面建设社会主义现代化国家、全面推进中华民族伟大复兴相适应的税收现代化，建成为中国式现代化提供更优服务和更大支持的税收现代化，建成在国家治理中的基础性、支柱性、保障性职能作用更为彰显并得到创造性拓展提升的税收现代化，建成广大纳税人缴费人享有更优质服务、广大税务干部获得更全面发展的税收现代化，建成世界上服务对象规模最大、管理水平一流的税收现代化，建成使中国税务走在国内公共管理和行政执法部门第一方阵、走在国际税务领域领先行列的税收现代化。

# 第一节　税收征收管理法概述与税务管理

## 一、税收征收管理法概述

### 知识点 1：税收征收管理法的概念、适用范围和适用对象

微课：税收征收管理法概述

#### 1. 税收征收管理法的概念

税收征收管理法是规范税收征收与管理社会关系的法律体系，属于税收程序法。其主要职能是规定税收实体法中权利、义务的履行程序，构成税法的组成部分。

**2. 税收征收管理法适用范围**

税收征收管理法适用于各类由税务机关征收的税种，包括由海关征收的关税以及海关代征的进口环节增值税和消费税，均按法规执行。与外国缔结的税收相关条约或协定，应按照协议规定执行。

**3. 税收征收管理法适用对象**

**（1）税收征收管理主体。**国务院税务主管部门负责全国税收征收管理，各级税务局按国务院规定的征管范围执行管理。税务机关包括各级税务局、税务分局、税务所和省以下税务局的稽查局，稽查局专责查处偷税（逃税）、欠税追缴、骗税、抗税案件，确保职责划分明确。

**（2）税收征收管理相对人。**纳税人和扣缴义务人是税收征收管理的相对人，应遵守法律规定，依法缴纳税款，并进行代扣代缴、代收代缴税款。

**（3）相关单位和部门。**地方各级人民政府应当依法加强对本行政区域内税收征收管理工作的领导与协调，支持税务机关依法执行职务，依照法定税率计算税额，依法征收税款。各有关部门和单位有责任支持协助税务机关依法履行职责，确保税收征收工作按法定税率进行、合法征收税款。

## 知识点 2：税收征收管理法征纳双方的权利和义务

**1. 征税主体的权利和义务**

**（1）征税主体的权利。**

一是税收立法权。

二是税务管理权。

三是税款征收权。税款征收权是最基本、最主要的职权，包括依法计征权、核定税款权、税收保全和强制执行权、追征税款权。

四是税务检查权。税务检查权包括查账权、场地检查权、询问权、责成提供资料权、存款账户核查权。

五是税务行政处罚权。

六是其他职权。其他职权包括审批减、免、退、延期缴纳的申请权；阻止欠税纳税人离境权；委托代征权；估税权；代位权与撤销权；欠税情况公告权；上诉权。

**（2）征税主体的义务。**

一是广泛宣传义务：宣传税收法律，普及纳税知识。

二是保密义务：为纳税人保密信息，但不包括税收违法行为。

三是队伍建设义务：提高税务人员素质。

四是秉公执法义务：忠于职守，清正廉洁，尊重纳税人权利，不得索贿受贿。

五是回避义务：避免与纳税人、扣缴义务人有关系的利益冲突。

六是建立监督制度：内部制约和监督管理制度的建立与健全。

**2. 纳税主体的权利与义务**

**（1）纳税主体的权利。**

纳税主体的权利包括：知情权；要求保密权；依法享受税收优惠权；申请退还多缴税款权；申请延期申报权；纳税申报方式选择权；申请延期缴纳税款权；索取有关税收凭证的权利；委托税务代理权；陈述权；申辩权，对未出示税务检查证和税务检查通知书的拒绝检查权；税收法律救济权；依法要求听证的权利；税收监督权。

**（2）纳税主体的义务。**

纳税主体的义务包括：按期办理税务登记；及时核定应纳税种、税目；依法设置账簿、保管账簿和有关资料以及依法开具、使用、取得和保管发票的义务；财务会计制度和会计核算软件备案的义务；按照规定安装、使用税控装置的义务；按期、如实办理纳税申报的义务；按期缴纳或者解缴税款的义务，接受税务检查的义务；代扣、代收税款的义务；及时提供信息的义务，如纳税人有歇业、经营情况变化、遭受各种灾害等特殊情况的，应及时向征税机关说明等；报告其他涉税信息的义务，如企业合并、分立的报告义务等。

## 二、税务管理

### 知识点1：税务管理的概念和内容

微课：税务管理

**1. 税务管理的概念**

税务管理，是指税收征收管理机关为了贯彻执行国家税收法律制度，加强税收工作，协调征税关系而对纳税人和扣缴义务人实施的基础性的管理制度和管理行为。税务管理是税收征收管理的重要内容，是税款征收的前提和基础。

**2. 税务管理内容**

税务管理的内容包括税务登记管理、账簿和凭证管理、发票管理、纳税申报管理等。

### 知识点2：税务登记管理

**1. 税务登记管理的概念**

税务登记，又称纳税登记，是税务机关对纳税人的基本情况及生产经营项目进行登记管理的一项基本制度，是税务机关对纳税人实施税收征收管理的起点。税务登记的作用在于掌握纳税人的基本情况和税源分布情况。从税务登记开始，纳税人的身份及征纳双方的法律关系即得到确认。

**2. 税务登记申请人**

企业，企业在外地设立的分支机构和从事生产、经营的场所，个体工商户和从事生产、经营的事业单位，都应当办理税务登记（以下统称从事生产、经营的纳税人）。

前述规定以外的纳税人，除国家机关、个人和无固定生产、经营场所的流动性农村小商贩外，也应当办理税务登记（以下统称非从事生产经营但依照规定负有纳税义务的纳税人）。

根据税收法律、行政法规的规定，负有扣缴税款义务的扣缴义务人（国家机关除外），应当办理扣缴税款登记。

### 3. 税务登记主管机关

县以上（含本级，下同）税务局（分局）是税务登记的主管机关，负责税务登记的设立登记、变更登记、注销登记和税务登记证验证、换证以及非正常户处理、报验登记等有关事项。

县以上税务局（分局）按照国务院规定的税收征收管理范围，实施属地管理，办理税务登记。有条件的城市，可以按照“各区分散受理、全市集中处理”的原则办理税务登记。

### 4. 税务登记内容

根据我国法律和行政法规的规定，我国现行税务登记包括设立（开业）税务登记，变更税务登记，注销税务登记，外出经营报验登记，停业、复业登记，外出经营报验登记，注销税务登记，临时税务登记，非正常户的认定与解除，扣缴税款登记。

## 知识点3：账簿和凭证管理

### 1. 账簿和凭证的概念

账簿和凭证是纳税人进行生产经营活动和核算财务收支的重要资料，也是税务机关对纳税人进行征税、管理、核查的重要依据。纳税人所使用的凭证、登记的账簿、编制的报表及其所反映的内容是否真实可靠，直接关系到计征税款依据的真实性，从而影响应纳税款及时足额入库。账簿、凭证管理是税收管理的基础性工作。

### 2. 账簿设置

账簿包括总账、明细账、日记账以及其他辅助性账簿。总账、日记账应当采用订本式。

从事生产、经营的纳税人应自领取营业执照或者发生纳税义务之日起 15 日内，按照国家有关规定设置账簿。

生产、经营规模小又确无建账能力的纳税人，可以聘请经批准从事会计代理记账业务的专业机构或者财会人员代为建账和办理账务。聘请上述机构或者人员有实际困难的，经县以上税务机关批准，可以按照税务机关的规定，建立收支凭证粘贴簿、进货销货登记簿或者使用税控装置。

扣缴义务人应当自税收法律、行政法规规定的扣缴义务发生之日起 10 日内，按照所代扣、代收的税种，分别设置代扣代缴、代收代缴税款账簿。

### 3. 纳税人财务会计制度及其处理办法

纳税人的财务会计制度及其处理办法，是其进行会计核算的依据，直接关系到计税依据是否真实合理。

**（1）备案制度。**从事生产、经营的纳税人应当自领取税务登记证件之日起 15 日内，将其财务、会计制度或者财务、会计处理办法报送主管税务机关备案。

纳税人使用计算机记账的，应当在使用前将会计电算化系统的会计核算软件、使用说明书及有关资料报送主管税务机关备案。

**（2）税法规定优先。**从事生产、经营的纳税人、扣缴义务人的财务、会计制度或者财务、会计处理办法与国务院或者国务院财政、税务主管部门有关税收的规定抵触的，依照国务院或者国务院财政、税务主管部门有关税收的规定计算应纳税款、代扣代缴和代收代缴税款。

**（3）使用计算机记账。**纳税人建立的会计电算化系统应当符合国家有关规定，并能正确、完整核算其收入或者所得。

#### 4. 账簿、凭证等涉税资料保存

从事生产、经营的纳税人、扣缴义务人必须按照国务院财政、税务主管部门规定的保管期限保管账簿、记账凭证、完税凭证及其他有关资料。

账簿、记账凭证、报表、完税凭证、发票、出口凭证以及其他有关涉税资料应当保存 10 年；但是法律、行政法规另有规定的除外。

账簿、记账凭证、完税凭证及其他有关资料不得伪造、变造或者擅自损毁。

### 知识点 4：发票管理

#### 1. 发票管理机关

税务机关是发票的主管机关，负责发票印制、领购、开具、取得、保管、缴销的管理和监督。国家税务总局统一负责全国发票管理工作。省、自治区、直辖市税务机关依据各自的职责，共同做好本行政区域内的发票管理工作。财政、审计、市场监督管理、公安等有关部门在各自职责范围内，配合税务机关做好发票管理工作。

#### 2. 发票的种类、联次和内容

**（1）发票种类。**

增值税专用发票：包括增值税专用发票和机动车销售统一发票。

增值税普通发票：包括增值税普通发票（折叠票）、增值税电子普通发票和增值税普通发票（卷票）。

其他发票：包括农产品收购发票、农产品销售发票、门票、过路（过桥）费发票、定额发票、客运发票和二手车销售统一发票等。

**（2）发票联次和内容。**

发票的基本联次包括存根联、发票联、记账联。

发票的基本内容包括发票的名称、发票代码和号码、联次及用途、客户名称、开户银行及账号、商品名称或经营项目、计量单位、数量、单价、大小写金额、开票人、开票日期、开票单位（个人）名称（章）等。

3. 发票领购

**（1）领购发票程序。**单位和个人需领购发票，凭税务登记证件、经办人身份证明及规定式样的发票专用章，向主管税务机关申请。机关根据经营范围、规模确认发票类型、数量、领购方式，5个工作日内颁发发票领购簿。领购方应按规定报告发票使用情况，税务机关进行查验。

**（2）代开发票。**单位和个人需临时使用发票，可凭购销商品、提供服务等经营活动证明及经办人身份证明，向经营地税务机关申请代开发票。如有应纳税款，机关先征收税款，再开具发票。税务机关可委托其他单位代开发票，但严禁非法代开发票。

**（3）外地经营领购发票。**暂时在本地以外从事经营的单位或个人，凭所在地税务机关证明，向经营地税务机关领购发票。在本地内跨市、县经营，规定由省、自治区、直辖市税务机关制定。领购发票者可被要求提供保证人或缴纳不超过1万元的保证金，用于限期缴销发票。按期缴销解除担保义务或退还保证金；未按期缴销，保证人或保证金需负法律责任。税务机关收取保证金应开具资金往来结算票据。

4. 发票开具和使用

**（1）开票主体。**单位和个人在经营活动中，发生经济往来需收取款项时，收款方应开具发票。特殊情况下，如收购单位支付给个人款项，或国家税务总局认定其他情形，可由付款方向收款方开具发票。购买商品、接受服务或从事经营活动支付款项的单位和个人，均应向收款方索取发票。在企业破产受理至注销期间，如有合同履行需求，企业可申领或代开发票。

**（2）开票程序。**发票应按规定时限、顺序、栏目一次性如实开具，并盖发票专用章。安装税控装置者应使用规定装置开具，报送相应数据。非税控电子器具用户需备案软件说明资料，并按规定保存、报送发票数据。

**（3）开票地域。**除国务院税务主管部门规定的特殊情形外，发票应在领购单位或个人所在地开具，电子计算机发票需获得主管税务机关批准，并统一监制。机外发票存根联按顺序装订成册。

**（4）禁止性规定。**在取得发票时，开票主体不得要求变更品名和金额。不符合规定的发票不得用于财务报销，任何单位和个人有权拒收。禁止虚开发票，包括开具与实际经营业务不符的、让他人为自己开具的、介绍他人开具的不符发票。

**（5）使用和保管。**发票使用应遵循管理规定，禁止转借、转让、介绍他人转让发票、发票监制章和发票防伪专用品。任何单位和个人不得私自印制、伪造、变造、非法取得或废止的发票。已开具的发票存根联和登记簿应保存5年。

5. 发票检查

**（1）税务机关检查权限。**在发票管理中，税务机关具有以下检查权限：检查印制、领购、开具、取得、保管和缴销发票情况；进行发票查验；查阅、复制与发票相关的凭证、资料；询问当事各方与发票有关的问题和情况；在查处发票案件时，可记录、录音、录像、照相和复制。

**（2）接受检查义务。**印制、使用发票的单位和个人必须接受税务机关合法检查，真实反映情况并提供相关资料，不得拒绝或隐瞒。税务人员在检查时应出示税务检查证。

**（3）发票调出查验。**税务机关需要调出已开具的发票进行查验时，应向被查验方提供发票换票证，该证具有与调出查验的发票同等效力。被查验方不得拒绝接受。对于需要调出查验的空白发票，税务机关应提供收据，经查无问题后应及时返还。

### 6. 网络发票

**（1）定义。**网络发票，是指符合国家税务总局统一标准，通过国家税务总局及省、自治区、直辖市税务局公布的网络发票管理系统开具的发票。

**（2）开具程序。**开具网络发票的单位和个人须登录网络发票管理系统，真实、完整地填写相关内容，确认保存后打印发票。在线开具的网络发票经系统自动保存数据后即完成信息的确认和查验。

**（3）核定与变更。**税务机关根据单位和个人的经营情况，核定其在线开具网络发票的种类、行业类别、开票限额等。如需变更核定内容，可向税务机关提出书面申请，经确认后可进行变更。

**（4）验证与报销。**单位和个人在取得网络发票时，应及时查询验证信息的真实性和完整性。不符合规定的网络发票不得作为财务报销凭证，任何单位和个人有权拒收。

## 知识点5：纳税申报管理

### 1. 纳税申报的概念

纳税申报，是指纳税人按照税法规定，定期就计算缴纳税款的有关事项向税务机关提交书面报告的法定手续。纳税申报是确定纳税人是否履行纳税义务、界定法律责任的主要依据。

### 2. 纳税申报内容

纳税申报内容包括：税种、税目；应纳税项目或者应代扣代缴、代收代缴税款项目；计税依据；扣除项目及标准；适用税率或者单位税额；应退税项目及税额、应减免税项目及税额；应纳税额或者应代扣代缴、代收代缴税额；税款所属期限、延期缴纳税款、欠税、滞纳金等。

### 3. 纳税申报方式

**（1）自行申报。**自行申报又称直接申报，是指纳税人、扣缴义务人在规定的申报期限内，自行直接到税务机关指定的办税服务场所办理纳税申报手续。

**（2）邮寄申报。**邮寄申报以寄出的邮戳日期为实际申报日期。

**（3）数据电文申报。**申报日期以税务机关计算机网络系统收到该数据电文的时间为准，与数据电文相对应的纸质申报资料的报送期限由税务机关确定。

**（4）其他方式。**实行定期定额缴纳税款的纳税人，可以实行简易申报、简并征期等方式申报纳税。

**4. 纳税申报要求**

**（1）纳税申报基本要求。**

纳税人办理纳税申报时，应当如实填写纳税申报表，并根据不同的情况相应报送有关证件、资料。

扣缴义务人办理代扣代缴、代收代缴税款报告时，应当如实填写代扣代缴、代收代缴税款报告表，并报送代扣代缴、代收代缴税款的合法凭证以及税务机关规定的其他有关证件、资料。

**（2）无税及减免税期间纳税申报。**

纳税人在纳税期内没有应纳税款的，也应当按照规定办理纳税申报。

纳税人享受减税、免税待遇的，在减税、免税期间应当按照规定办理纳税申报。

**（3）破产期间纳税申报。**在人民法院裁定受理破产申请之日至企业注销之日期间，企业应当接受税务机关的税务管理，履行税法规定的相关义务。破产程序中如发生应税情形，应按规定申报纳税。从人民法院指定管理人之日起，管理人可以按照《中华人民共和国企业破产法》第二十五条规定，以企业名义办理纳税申报等涉税事宜。

**（4）简并税费申报。**

自 2021 年 5 月 1 日起，海南、陕西、大连和厦门开展增值税、消费税分别与城市维护建设税、教育费附加、地方教育附加申报表整合试点。

自 2021 年 6 月 1 日起，纳税人申报缴纳城镇土地使用税、房产税、车船税、印花税、耕地占用税、资源税、土地增值税、契税、环境保护税、烟叶税中一个或多个税种时，使用《财产和行为税纳税申报表》。纳税人新增税源或税源变化时，需先填报《财产和行为税税源明细表》。

自 2021 年 8 月 1 日起，增值税、消费税分别与城市维护建设税、教育费附加、地方教育附加申报表整合，启用《增值税及附加税费申报表（一般纳税人适用）》《增值税及附加税费申报表（小规模纳税人适用）》《增值税及附加税费预缴表》及其附列资料和《消费税及附加税费申报表》。

**5. 纳税申报延期办理**

纳税人、扣缴义务人按照规定的期限办理纳税申报或者报送代扣代缴、代收代缴税款报告表确有困难，需要延期的，应当在规定的期限内向税务机关提出书面延期申请，经税务机关核准，在核准的期限内办理。

纳税人、扣缴义务人因不可抗力，不能按期办理纳税申报或者报送代扣代缴、代收代缴税款报告表的，可以延期办理；但是，应当在不可抗力情形消除后立即向税务机关报告。税务机关应当查明事实，予以核准。

经核准延期办理纳税申报、报送事项的，应当在纳税期内按照上期实际缴纳的税额或者税务机关核定的税额预缴税款，并在核准的延期内办理税款结算。

# 第二节　税款征收与税务检查

## 一、税款征收

微课：税款征收

### 知识点1：税款征收概述

**1. 税款征收基础**

**（1）税款征收的概念。**税款征收是税务机关依照税收法律、法规的规定，将纳税人依法应当缴纳的税款组织入库的一系列活动的总称。它是税收征收管理工作的中心环节，是全部税收征管工作的目的和归宿。

**（2）税款征收方式**（见表8–1）。

**表8–1　税款征收方式**

| 税款征收方式 | 征收对象 | 征收依据 | 适用范围 |
| --- | --- | --- | --- |
| 查账征收 | 针对财务会计制度健全的纳税人 | 税务机关依据其报送的纳税申报表、财务会计报表和其他有关纳税资料，依照适用税率，计算其应缴纳税款 | 一般企业 |
| 查定征收 | 针对账务不全，但能控制其材料、产量或进销货物的纳税单位或个人 | 税务机关依据正常条件下的生产能力对其生产的应税产品查定产量、销售额并据以确定其应缴纳税款 | 适用于生产经营规模较小、产品零星、税源分散、会计账册不健全，但能控制原材料或进销货的小型厂矿和作坊 |
| 查验征收 | 针对财务制度不健全、生产经营不固定等的纳税人 | 税务机关对纳税人的应税商品、产品，通过查验数量，按市场一般销售单价计算其销售收入，并据以计算其应缴纳税款 | 运用于纳税人财务制度不健全、生产经营不固定、零星分散、流动性大的税源 |
| 定期定额征收 | 针对小型个体工商户 | 税务机关对个体工商户一定经营地点、一定经营时期、一定经营范围内的应纳税经营额（包括经营数量）或所得额进行核定，并以此为计税依据，确定其应缴纳税额 | 适用于经主管税务机关认定和县以上税务机关（含县级）批准的生产、经营规模小，达不到《个体工商户建账管理暂行办法》规定设置账簿标准，难以查账征收，不能准确计算计税依据的个体工商户（包括个人独资企业） |

续表

| 税款征收方式 | 征收对象 | 征收依据 | 适用范围 |
| --- | --- | --- | --- |
| 扣缴征收 | 代扣代缴和代收代缴两种征收方式 | 扣缴义务人依照法律、行政法规的规定履行代扣、代收税款的义务。税务机关按照规定付给扣缴义务人代扣、代收手续费。对法律、行政法规没有规定负有代扣、代收税款义务的单位和个人，税务机关不得要求其履行代扣、代收税款义务 | 扣缴义务人依法履行代扣、代收税款义务时，纳税人不得拒绝；纳税人拒绝的，扣缴义务人应当及时报告税务机关处理 |
| 委托代征税款 | 税务机关根据有利于税收控管和方便纳税的原则，按照国家有关规定，通过委托形式将税款委托给代征单位或个人以税务机关的名义代为征收，并将税款缴入国库的一种税款 | 税务机关向代征单位或个人发给委托代征证书，受托代征单位或个人按照代征证书的要求，以税务机关的名义依法征收税款，纳税人不得拒绝；纳税人拒绝的，受托代征单位或个人应当及时报告税务机关处理 | 适用于零星分散和异地缴纳的税收 |

**2. 应纳税额核定**

**（1）核定情形。**

一是依照法律、行政法规的规定可以不设置账簿的。

二是依照法律、行政法规的规定应当设置但未设置账簿的。

三是擅自销毁账簿或者拒不提供纳税资料的。

四是虽设置账簿，但账目混乱或者成本资料、收入凭证、费用凭证残缺不全，难以查账的。

五是发生纳税义务，未按照规定的期限办理纳税申报，经税务机关责令限期申报，逾期仍不申报的。

六是纳税人申报的计税依据明显偏低，又无正当理由的。

**（2）核定方法。**

一是参照当地同类行业或者类似行业中经营规模和收入水平相近的纳税人的税负水平核定。

二是按照营业收入或者成本加合理的费用和利润的方法核定。

三是按照耗用的原材料、燃料、动力等推算或者测算核定。

四是按照其他合理方法核定。

不能正确核定，可以同时采用两种以上核定方法。纳税人对税务机关采取上述方法核定的应纳税额有异议的，应当提供相关证据，经税务机关认定后，调整应纳税额。

#### 3. 应纳税额调整

**（1）应纳税额调整的概念。**在关联企业业务往来中，未按独立企业价款、费用处理，减少应纳税收入或所得额，税务机关有权进行合理调整。

**（2）应纳税额调整情形。**购销未按独立企业往来作价；利息支付或收取超过或低于正常利率；未按独立企业标准收取或支付劳务费用；财产转让未按独立企业业务往来作价；其他未按独立企业往来作价的情形。

**（3）应纳税额调整方法。**依据同类业务活动价格；按再销售给无关联关系第三者价格计算收入和利润；根据成本加费用和利润；其他合理方法。

**（4）应纳税额调整期限。**税务机关自该业务往来发生的纳税年度起 3 年内进行调整；有特殊情况的，可以自该业务往来发生的纳税年度起 10 年内进行调整。

#### 4. 应纳税款缴纳

**（1）应纳税款当期缴纳。**纳税人按法定期限缴纳或解缴税款。

**（2）应纳税款延期缴纳。**纳税人因特殊困难无法按期缴纳，经批准可以延期缴纳税款，但最长不得超过 3 个月；税务机关应当自收到申请延期缴纳税款报告之日起 20 日内作出批准或不予批准的决定，不予批准的，从缴纳税款期限届满之日起加收滞纳金。

### 知识点 2：税款征收保障措施与其他规定

#### 1. 税款征收保障措施

**（1）责令缴纳。**

一是欠税责令缴纳。对纳税人、扣缴义务人、纳税担保人欠缴的税款，可责令限期缴纳；逾期未缴纳，可采取税收强制执行。

二是登记未办理责令缴纳。对未按规定登记的纳税人责令其缴纳应纳税款；对认定有逃避行为的纳税人，责令限期缴纳。

三是担保人责令缴纳。纳税担保人逾期未缴纳所担保的税款，可责令其限期缴纳；逾期未缴纳可采取其他税款征收措施。

**（2）责令提供纳税担保。**

纳税担保的概念。纳税人提供担保方式，为应缴税款、滞纳金提供保证。

适用情形。有逃避纳税行为，责令纳税人限期提供担保；欠缴税款、滞纳金需出境的；纳税纠纷需行政复议的等。

担保范围和方式。担保范围包括税款、滞纳金和相关费用；担保方式有保证、抵押和质押。

**（3）采取税收保全措施。**

概念：对逃避纳税义务行为的纳税人，责令提供纳税担保。

前提条件：纳税人在规定期内逃避纳税义务；提供担保期限内未提供。

措施：冻结纳税人存款；扣押、查封财产。

不适用范围：生活必需品除外；单价 5 000 元以下用品。

期限：一般不超过 6 个月；需延长的可报国家税务总局批准。

**（4）采取强制执行措施。**

对象：未按期缴纳税款、纳税担保人未缴纳税款的纳税人。

措施：强制扣款；扣押、查封、拍卖或变卖财产。

滞纳金执行：对未缴滞纳金采取强制措施。

抵税财物处理：对抵税财物实施拍卖、变卖。

**（5）欠税清缴。**

离境清缴：出境前结清应缴税款、滞纳金或提供担保。

代位权和撤销权：纳税人放弃到期债权等情形。

欠税报告：向抵押、质押权人说明欠税情况。

欠税公告：定期在媒体公告欠税情况。

**（6）税收优先权。**征收税款优先于无担保债权，除法律规定外。

**（7）阻止出境。**纳税人出境前未结清税款、滞纳金，税务机关可通知出境机关阻止其出境。

**2. 税收征收其他规定**

**（1）税收减免。**纳税人可依法享受减免税款，但非法或违规减免无效；地方政府、主管部门、单位和个人违法减免，税务机关不得执行，应上报上级税务机关。

**（2）税款退还。**纳税人多缴税款，税务机关发现后 10 日内办理退还手续；纳税人 3 年内发现多缴税款，可申请退还，税务机关 30 日内核实后办理。

**（3）税款补缴和追征。**

税收补缴情形：因税务机关责任，导致未缴或少缴税款，3 年内可要求补缴，不得加收滞纳金；若因纳税人计算失误等原因，3 年内可追征税款和滞纳金，特殊情况可延至 5 年；补缴和追征期限从应缴未缴之日计算。

特殊情况：非主观故意的计算错误和明显笔误；纳税人未缴、少缴、未扣或少扣、未收或少收税款，累计 10 万元以上。

偷税、抗税、骗税追征：偷税、抗税、骗税的情况，不受上述期限限制。

**（4）无欠税证明开具。**

服务提升：国家税务总局自 2020 年 3 月 1 日起提供无欠税证明开具服务；无欠税证明表明纳税人在税收系统中无未申报、未缴税款记录。

开具条件和方式：符合条件的纳税人可向税务机关申请，主管税务机关应当受理；符合条件立即开具，不符合条件告知未办结事宜；办结事宜后符合条件，即时开具无欠税证明。

适用场景：境外投标、企业上市等需要，确需开具无欠税证明的情形。

## 二、税务检查

### 知识点1：税务检查基础

**1. 税务机关在税务检查中的职权和职责**

**（1）税务检查的概念。**税务检查，又称纳税检查，是税务机关根据法规进行的审查、核实、监督纳税人履行税收义务的综合活动。

**（2）税务机关税务检查权利。**查账，检查纳税人、扣缴义务人账簿、报表等；实地检查，到生产、经营场所检查应纳税的财产；要求提供文件、证明材料，询问相关问题；检查托运、邮寄有关税款的单据；查询纳税人、扣缴义务人在银行的存款账户。

**（3）税务检查措施与手段。**采取税收保全或强制执行措施；使用记录、录音、录像、照片等手段；向相关单位调查有关纳税人的信息。

**（4）税务检查应遵守义务。**税务机关人员须出示检查证和通知书，保守秘密；被检查人有权拒绝未出示证件的检查。

**2. 被检查人义务**

**（1）接受检查。**被检查人必须接受税务机关合法检查；提供真实情况，不得拒绝或隐瞒。

**（2）配合调查。**应提供有关资料；协助税务机关调查有关纳税情况。

**（3）调查义务。**应协助提供有关纳税人、扣缴义务人的资料。

**3. 纳税信用管理**

**（1）纳税信用管理的概念。**纳税信用管理，是指税务机关对纳税人的纳税信用信息开展的采集、评价、确定、发布和应用等活动，有利于促进纳税人诚信自律，提高税法遵从度，推进社会信用体系建设。

**（2）主体和组织。**国家税务总局主管全国纳税信用管理；省以下税务机关负责地区信用管理。

**（3）信用信息采集。**记录和收集纳税人信用信息。

**（4）信用评价。**年度评价采用指标得分和直接判级方式；评价周期为一个纳税年度；信用级别设 A、B、M、C、D 五级。

**（5）评价结果应用。**应用原则：守信激励、失信惩戒；提供分类服务和管理。

**（6）纳税信用修复。**

修复申请人：未按期办理纳税申报、缴纳税款等，已补办的；未足额缴纳税款、滞纳金，被判为 D 级的。

修复程序：申请人填报修复申请表，承诺纠正失信行为；税务机关 15 个工作日内完成审核；修复完成后按修复后信用级别适用相应政策。

### 知识点 2：税务检查其他规定

**1. 税收违法行为检举管理**

**（1）税收违法行为检举管理原则。**依法、依规、分级分类、属地管理、严格保密；税务局设立税收违法案件举报中心；检举为自愿行为，支出由检举人自行承担；检举人须遵守法规，提供真实材料，不得捏造、歪曲、诬告。

**（2）检举事项的提出与受理。**可实名或匿名检举；合理设置检举接待场所，保障隐私；检举中心应及时审查，不予受理无法确定对象或无有效线索的情形；分级分类处理，检举事项应在 15 个工作日内完成处理。

**（3）检举人的答复和奖励。**实名检举人可要求了解处理情况与查处结果；检举属实，财政部和国家税务总局规定的实名检举人可获得奖励。

**2. 重大税收违法失信案件信息公布**

**（1）公布信息案件范围。**涉及纳税人伪造、变造、隐匿、销毁账簿、虚假纳税申报、拒缴税款等重大违法行为；涉及欠缴税款、转移财产妨碍追缴、骗取国家出口退税款等情况；涉及虚开发票、私自制作伪造发票、逃税等情节严重、有较大社会影响的行为。

**（2）公布案件信息内容。**法人或其他组织：名称、统一社会信用代码、注册地址、法定代表人、负责人、实际责任人信息。自然人：姓名、身份证号码；主要违法事实、走逃情况、相关法律依据、税务处理、行政处罚等情况；实施检查的单位。

**（3）案件信息公布程序。**稽查局依法作出《税务处理决定书》或《税务行政处罚决定书》；在法定期间内，若未提起行政复议或法院裁决案件最终确定效力，可向社会公布；未作出决定的走逃案件，经税务机关查证处理后，进行公告 30 日后，依法向社会公布。

**（4）案件信息公布管理。**省以下税务机关及时录入符合标准的案件信息，通过门户网站向社会公布；根据实际情况，可通过公告栏、报纸、广播、电视、网络媒体、新闻发布会等方式向社会公布；国家税务总局网站链接省税务机关网站的公布内容。

# 第三节 税务行政复议

## 一、税务行政复议概述

### 知识点 1：税务行政复议的概念、范围

**1. 税务行政复议的概念**

税务行政复议，是指纳税人和其他税务当事人对税务机关的税务行政行为不服，依法向上级税务机关提出申诉，请求上一级税务机关对原具体行政行为的合理性、合法性作出审议，复议机关依法对原行政行为的合理性、合法性作出裁决的行政司法活动。

**2. 税务行政复议范围**

**(1)可以申请行政复议的行政行为。**

一是税务机关作出的征税行为(必经复议),包括确认纳税主体、征税对象、征税范围、减税、免税、退税、抵扣税款、适用税率、计税依据、纳税环节、纳税期限、纳税地点和税款征收方式等具体行政行为,征收税款、加收滞纳金,扣缴义务人、受税务机关委托的单位和个人作出的代扣代缴、代收代缴、代征行为等。

二是行政许可、行政审批行为。

三是发票管理行为,包括发售、收缴、代开发票等。

四是税收保全措施、强制执行措施。

五是行政处罚行为:罚款;没收财物和违法所得;停止出口退税权。

六是不依法履行下列职责的行为:开具、出具完税凭证;行政赔偿;行政奖励;其他不依法履行职责的行为。

七是资格认定行为。

八是不依法确认纳税担保行为。

九是政府公开信息工作中的行政行为。

十是纳税信用等级评定行为。

十一是通知出入境管理机关阻止出境行为。

十二是其他具体行政行为。

**(2)可以一并申请行政复议的规范性文件。**

申请人认为税务机关的具体行政行为所依据的规定不合法,对具体行政行为申请行政复议时,可以一并向复议机关提出对该规定(不含规章)的审查申请。

申请人对具体行政行为提出行政复议申请时不知道该具体行政行为所依据的规定的,可以在行政复议机关作出行政复议决定以前提出对该规定的审查申请。

### 知识点 2:税务行政复议管辖

**1. 复议管辖一般规定**

对各级税务局的具体行政行为不服的,向其上一级税务局申请行政复议。

对计划单列市税务局的具体行政行为不服的,向国家税务总局申请行政复议。

对税务所(分局)、各级税务局的稽查局的具体行政行为不服的,向其所属税务局申请行政复议。

对国家税务总局的具体行政行为不服的,向国家税务总局申请行政复议。对行政复议决定不服的,申请人可以向人民法院提起行政诉讼,也可以向国务院申请裁决。国务院的裁决为最终裁决。

**2. 复议管辖特殊规定**

对两个以上税务机关以共同的名义作出的具体行政行为不服的,向共同上一级税务机关申请行政复议；对税务机关与其他行政机关以共同的名义作出的行政行为不服的，向其共同上一级行政机关申请行政复议。

对被撤销的税务机关在撤销以前所作出的行政行为不服的，向继续行使其职权的税务机关的上一级税务机关申请行政复议。

对税务机关作出逾期不缴纳罚款加处罚款的决定不服的，向作出行政处罚决定的税务机关申请行政复议。但是对已处罚款和加处罚款都不服的，一并向作出行政处罚决定的税务机关的上一级税务机关申请行政复议。

申请人向行政行为发生地的县级地方人民政府提交行政复议申请的，由接受申请的县级地方人民政府依法予以转送。

## 二、税务行政复议程序

### 知识点1：税务行政复议申请与受理

#### 1. 税务行政复议申请

申请人须在得知税务机关具体行政行为之日起 60 日内提出行政复议申请，可扣除因正当理由导致的耽误时间。

不服税务机关征税行为，先向行政复议机关提出，再可向法院提起行政诉讼。

申请人对税务机关征税行为不服，须先缴清税款和滞纳金或者提供相应担保，方可提出行政复议申请。

申请人对税务机关逾期不缴纳罚款加处罚款的决定不服，应先缴纳罚款再申请复议。

行政复议申请可书面或者口头提出。

#### 2. 税务行政复议受理

行政复议机关应在 5 日内审查决定是否受理，不符合规定的申请将被拒绝，并书面通知申请人。

不属于本机关受理的申请应告知申请人向相关机关提出，未在规定期限内审查并决定的，被视为受理。

不受理或超期不答复的，申请人可在 15 日内向法院提起行政诉讼。

申请人向复议机关申请复议，如已受理，法定复议期内不得向法院提起行政诉讼；如法院已受理，则不得再行复议。

#### 3. 税务行政复议期间具体行政行为

行政复议期间，具体行政行为不停止执行，除以下情形：被申请人认为需要停止执行，复议机关认为需要停止执行，申请人要求停止执行且复议机关认可，法律规定停止执行。

## 知识点 2：税务行政复议审查和决定

### 1. 税务行政复议审查

**（1）审查形式。**原则上采用书面审查，但可根据需要进行听证，尤其在重大或复杂案件时。

**（2）听证程序。**公开进行，除涉及秘密等情况。

**（3）撤回与处理。**申请人可在决定作出前撤回，但不得再以相同理由提起；机关发现具体行政行为不合法，应在 30 日内处理。

### 2. 税务行政复议决定

**（1）行政复议决定类型。**

决定维持：适用于具体行政行为认定事实清楚、证据确凿、适用依据正确、程序合法、内容适当的。

决定其在一定期限内履行：适用于被申请人不履行法定职责的。

行政复议机关应决定予以撤销、变更或者确认其违法：适用于主要事实不清、证据不足的；适用依据错误的；违反法定程序的；超越或者滥用职权的；具体行政行为明显不当的。

**（2）重新作出具体行政行为要求。**

复议机关责令被申请人重新作出具体行政行为的，被申请人不得作出对申请人更为不利的决定；但是复议机关以原具体行政行为违反法定程序而决定撤销的，被申请人重新作出具体行政行为的除外。

复议机关责令被申请人重新作出具体行政行为的，被申请人应当在 60 日内重新作出具体行政行为。

情况复杂，不能在规定期限内重新作出具体行政行为的，经复议机关批准，可以适当延期，但是延期不得超过 30 日。

**（3）申请人对被申请人重新作出的具体行政行为不服。**

申请人对被申请人重新作出的具体行政行为不服，可以依法申请行政复议，或者提起行政诉讼。

复议机关应当自受理申请之日起 60 日内作出行政复议决定。

情况复杂，不能在规定期限内作出行政复议决定的，经复议机关负责人批准，可以适当延期，并告知申请人和被申请人；但延长期限最多不得超过 30 日。

行政复议决定书一经送达，即发生法律效力。

# 第四节 税收法律责任

## 一、税务管理相对人实施税收违法行为法律责任

### 知识点1：违法税务管理规定法律责任与首违不罚

**1. 违法税务管理规定法律责任**

**（1）纳税人未按相关规定行为。**

一是纳税人未按照规定设置、保管账簿或者保管记账凭证和有关资料的。

二是未按照规定将财务、会计制度或者财务、会计处理办法和会计核算软件报送税务机关备查的。

三是未按照规定将其全部银行账号向税务机关报告的。

四是未按照规定安装、使用税控装置，或者损毁或者擅自改动税控装置的。

有以上行为之一的，由税务机关责令限期改正，可以处2 000元以下的罚款；情节严重的，处2 000元以上1万元以下的罚款。

**（2）扣缴义务人未按相关规定行为。**扣缴义务人未按照规定设置、保管代扣代缴、代收代缴税款账簿或者保管代扣代缴、代收代缴税款记账凭证及有关资料的，由税务机关责令限期改正。可以处2 000元以下的罚款；情节严重的，处2 000元以上5 000元以下的罚款。

**（3）未按照规定的期限办理纳税申报和报送纳税资料。**纳税人未按照规定的期限办理纳税申报和报送纳税资料的，或者扣缴义务人未按照规定的期限向税务机关报送代扣代缴、代收代缴税款报告表和有关资料的、由税务机关责令限期改正，可以处2 000元以下的罚款；情节严重的，处2 000元以上1万元以下的罚款。

**（4）编造虚假计税依据。**纳税人、扣缴义务人编造虚假计税依据的，由税务机关责令限期改正，并处5万元以下的罚款。

**（5）非法印制、转借、倒卖、变造或者伪造完税凭证。**由税务机关责令改正，处2 000元以上1万元以下的罚款；情节严重的，处1万元以上5万元以下的罚款；构成犯罪的，依法追究刑事责任。

**（6）对银行和其他金融机构的规定。**未依照《中华人民共和国税收征收管理法》的规定在从事生产、经营的纳税人的账户中登录税务登记证件号码，或者未按规定在税务登记证件中登录从事生产、经营的纳税人的账户账号的，由税务机关责令其限期改正，处2 000元以上2万元以下的罚款；情节严重的，处2万元以上5万元以下的罚款。

**（7）扣缴义务人应扣未扣、应收而不收税款。**由税务机关向纳税人追缴税款，对扣缴义务人处应扣未扣、应收未收税款50%以上3倍以下的罚款。

**（8）税务代理人违反税收法律、行政法规。**造成纳税人未缴或者少缴税款的，除由纳税人缴纳或者补缴应纳税款、滞纳金外，对税务代理人处纳税人未缴或者少缴税款50%

以上 3 倍以下的罚款。

**2. 首违不罚制度**

为了进一步推进税务领域“放管服”改革，更好地服务市场主体，根据《中华人民共和国行政处罚法》《中华人民共和国税收征收管理法》等法律法规，国家税务总局推广“首违不罚”清单制度，制定并发布全国统一的《税务行政处罚“首违不罚”事项清单》。包括：

纳税人未按照税收征收管理法及实施细则等有关规定将其全部银行账号向税务机关报送；

纳税人未按照税收征收管理法及实施细则等有关规定设置、保管账簿或者保管记账凭证和有关资料；

纳税人未按照税收征收管理法及实施细则等有关规定的期限办理纳税申报和报送纳税资料；

纳税人使用税控装置开具发票，未按照税收征收管理法及实施细则、发票管理办法等有关规定的期限向主管税务机关报送开具发票的数据且没有违法所得；

纳税人未按照税收征收管理法及实施细则、发票管理办法等有关规定取得发票，以其他凭证代替发票使用且没有违法所得；

纳税人未按照税收征收管理法及实施细则、发票管理办法等有关规定缴销发票且没有违法所得；

扣缴义务人未按照税收征收管理法及实施细则等有关规定设置、保管代扣代缴、代收代缴税款账簿或者保管代扣代缴、代收代缴税款记账凭证及有关资料；

扣缴义务人未按照税收征收管理法及实施细则等有关规定的期限报送代扣代缴、代收代缴税款有关资料；

扣缴义务人未按照《税收票证管理办法》的规定开具税收票证；

境内机构或个人向非居民发包工程作业或劳务项目，未按照《非居民承包工程作业和提供劳务税收管理暂行办法》的规定向主管税务机关报告有关事项。

## 知识点 2：逃税、欠税、抗税、骗税行为

**1. 逃税行为**

纳税人采取伪造、变造、隐匿、擅自销毁账簿、记账凭证，或者在账簿上多列支出或者不列、少列收入，或者经税务机关通知申报而拒不申报或者进行虚假的纳税申报的手段，不缴或者少缴应纳税款的，追缴税款、滞纳金，并处 50% 以上 5 倍以下罚款（扣缴义务人相同）。

纳税人采取欺骗、隐瞒手段进行虚假纳税申报或者不申报，逃避缴纳税款数额较大并且占应纳税额 10% 以上的，处 3 年以下有期徒刑或者拘役，并处罚金；数额巨大并且占应纳税额 30% 以上的，处 3 年以上 7 年以下有期徒刑，并处罚金。

有逃税行为已受行政处罚的，不予追究刑事责任；但是，5 年内因逃避缴纳税款受过刑事处罚或者被税务机关给予 2 次以上行政处罚的除外。

### 2. 欠税行为

纳税人欠缴应纳税款，采取转移或者隐匿财产的手段，妨碍税务机关追缴欠缴的税款的，由税务机关追缴欠缴的税款、滞纳金，并处欠缴税款 50% 以上 5 倍以下的罚款；构成犯罪的，依法追究刑事责任。

### 3. 抗税行为

对抗税行为，除由税务机关追缴其拒缴的税款、滞纳金外，依法追究刑事责任。

情节轻微，未构成犯罪的，由税务机关追缴其拒缴的税款、滞纳金，并处拒缴税款 1 倍以上 5 倍以下的罚款。

### 4. 骗税行为

纳税人有骗税行为，由税务机关追缴其骗取的退税款，并处骗取税款 1 倍以上 5 倍以下的罚款；构成犯罪的，依法追究刑事责任。

为纳税人、扣缴义务人非法提供银行账户、发票、证明或者其他方便，骗取国家出口退税款的，税务机关除没收其违法所得外，可以处未缴、少缴或者骗取的税款 1 倍以下的罚款。

### 5. 不配合税务检查行为

税务检查期间，纳税人、扣缴义务人发生不配合税务机关进行税务检查的下列行为：逃避、拒绝或者以其他方式阻挠税务机关检查的；提供虚假资料，不如实反映情况，或者拒绝提供有关资料的；拒绝或者阻止税务机关记录、录音、录像、照相和复制与案件有关的情况和资料，由税务机关责令改正，可以处 1 万元以下的罚款；情节严重的，处 1 万元以上 5 万元以下的罚款。

## 二、税务行政主体实施税收违法行为法律责任

### 知识点 1：渎职行为法律责任

一是税务人员徇私舞弊，对依法应当移交司法机关追究刑事责任的不移交，情节严重的，依法追究刑事责任。

二是税务人员利用职务上的便利，收受或者索取纳税人、扣缴义务人财物或者谋取其他不正当利益，构成犯罪的，依法追究刑事责任；未构成犯罪的，依法给予行政处分。

三是税务人员徇私舞弊或者玩忽职守，不征或者少征应征税款，致使国家税收遭受重大损失，构成犯罪的，依法追究刑事责任；未构成犯罪的，依法给予行政处分。

四是税务人员滥用职权，故意刁难纳税人、扣缴义务人的，调离税收工作岗位，并依法给予行政处分。

五是税务人员对控告、检举税收违法行为的纳税人、扣缴义务人以及其他检举人进行打击报复的，依法给予行政处分；构成犯罪的，依法追究刑事责任。

## 知识点 2：重大税收违法失信案件信息公布

一是税务机关违反规定擅自改变税收征收管理范围和税款入库预算级次的，责令限期改正，对直接负责的主管人员和其他直接责任人员依法给予降级或者撤职的行政处分。

二是税务人员在征收税款或者查处税收违法案件时，未按照《中华人民共和国税收征收管理法》的规定进行回避的，对直接负责的主管人员和其他直接责任人员，依法给予行政处分。未按照《中华人民共和国税收征收管理法》的规定为纳税人、扣缴义务人、检举人保密的，对直接负责的主管人员和其他直接责任人员，由所在单位或者有关单位依法给予行政处分。

三是税务人员与纳税人、扣缴义务人勾结，唆使或者协助纳税人、扣缴义务人实施税收违法行为，构成犯罪的，依法追究刑事责任；尚不构成犯罪的，依法给予行政处分。

四是税务人员私分扣押、查封的商品、货物或者其他财产，情节严重、构成犯罪的，依法追究刑事责任；未构成犯罪的，依法给予行政处分。

五是违反法律、行政法规的规定提前征收、延缓征收或者摊派税款的，由其上级机关或者行政监察机关责令改正，对直接负责的主管人员和其他直接责任人员依法给予行政处分。

六是违反法律、行政法规的规定，擅自作出税收的开征、停征或者减税、免税、退税、补税以及其他同税收法律、行政法规相抵触的决定的，除按《中华人民共和国税收征收管理法》的规定撤销其擅自作出的决定外，补征应征未征税款，退还不应征收而征收的税款，并由上级机关追究直接负责的主管人员和其他直接责任人员的行政责任；构成犯罪的，依法追究刑事责任。

### 案例分析

**情景描述：**创新科技有限公司是一家专注于人工智能研发的高新技术企业。公司近期申请了研发费用加计扣除税收优惠，但税务局部分拒绝了申请，理由是部分研发项目不符合相关税收优惠政策的规定。现公司准备向税务机关主张权利，要求财务人员厘清整个流程。

**法律分析：**一是创新科技有限公司对税务局的决定提出异议，并请求复审。税务局回应并提供了拒绝扣除的具体理由和依据。二是创新科技有限公司准备提交行政复议申请。准备材料——创新科技有限公司准备相关的研发项目说明、财务记录、税收优惠政策解释等材料。正式申请——创新科技有限公司向省级税务局或行政复议机构提交行政复议申请。三是行政复议机构受理。案件审理——行政复议机构受理案件，进行调查和审理。听证会（如有必要）——举行听证会，双方陈述立场和证据。四是复议决定。行政复议机构作出决定——根据调查和审理结果，行政复议机构可能支持原税务局决定、要求税务局重新审核或支持创新科技有限公司的申诉。通知相关方——行政复议机构将复议决定通知创新科技有限公司和税务局。五是后续行动。接受决定——双方根据复议决定执行。进一步申诉——如果创新科技有限公司不满意复议结果，可以向法院提起行政诉讼。通过此案例，创新科技有限公司能够了解并遵循税务行政复议的流程，有效地维护自身合法权益。同时，这一过程也展示了税收法律框架下企业与税务机关之间解决争议的正规途径。

**此案例主要考查以下方面：**企业与税务机关之间出现的税收争议解决过程中的法律程序和策略。通过具体的税收争议情景，考查了企业如何在税务法律框架下，通过正规的法律途径解决与税务机关之间的纠纷。此案例不仅强调了合规性、合理性，以及法律程序的重要性，而且展示了在税收法律框架下企业维护自身合法权益的正确途径。

## 本章小结

本章详细介绍了税收征收管理法的基本概念、适用范围及对象、纳税人的权利和义务、税务管理基本规定、税款征收基本规定、税务检查基本规定、税务行政复议程序等，强调了税收征收管理法在国家税收系统中的核心地位，突出了其在规范税收征收与管理社会关系、维护税法权威和公正性方面的重要作用。同时，通过税收征收管理法的学习，学生可以提高法治意识和社会责任感，增强遵守税法的自觉性。

## 课证融通

### 一、单选题

1.［2022 年真题］根据税收征收管理法律制度的规定，下列情形中，税务机关应准予退税并加算银行同期存款利息的是（　　）。

A. 税务机关发现纳税人多缴税款 10 万元，距结算缴纳税款之日 4 年

B. 纳税人发现并申请税务机关退还多缴的税款 10 万元，距结算缴纳税款之日 4 年

C. 纳税人发现并申请税务机关退还多缴的税款 3 万元，距结算缴纳税款之日 2 年

D. 税务机关发现纳税人多缴税款 3 万元，距结算缴纳税款之日 2 年

2.［2023 年真题］根据税收征收管理法律制度的规定，纳税人对税务机关作出的下列行政行为不服的，应当先向复议机关申请行政复议，对行政复议决定不服的，可以再向人民法院提起行政诉讼的是（　　）。

A. 停止出口退税权　　B. 加收滞纳金

C. 税收强制执行措施　　D. 没收违法所得

3.［2023 年真题］因纳税人确实有特殊困难，税务机关最长可多少时间缓缴税款？（　　）

A.1 个月　　B.3 个月　　C.6 个月　　D.12 个月

4.［2021 年真题］何某对 H 市 M 县税务局作出的行政处罚行为不服后申请行政复议，下列各项中有权受理何某行政复议申请的是（　　）。

A.H 市人民政府　　B.H 市税务局

C.M 县税务局　　D.M 县人民政府

5.［2018 年真题］根据税收征收管理法律制度的规定，除法律、行政法规另有规定外，从事生产、经营的纳税人必须按照国务院财政、税务主管部门规定的保存期限保管账簿、记账凭证、完税凭证及其他有关涉税资料，该期限为（　　）。

A.20 年　　B.15 年　　C.30 年　　D.10 年

6.［2020 年真题］根据税收征收管理法律制度的规定，下列各项中，属于税款征收的保障措施的是（　　）。

A. 查账征收　　B. 税务行政复议

C. 税收保全　　D. 自行申报

7.［2021 年真题］根据税收征收管理法律制度的规定，下列各项中，不属于重大税收违法失信案件范围的是（　　）。

A. 骗取国家出口退税款

B. 虚开增值税专用发票

C. 虚开普通发票 100 份或者金额 40 万元以上

D. 不缴或者少缴应纳税款 100 万元以上

8.［2021 年真题］甲公司按规定最晚应于 2019 年 4 月 18 日缴纳应纳税款 200 000 元，但其迟迟未缴。税务机关责令其于当年 5 月 31 日前缴纳，并按日加收滞纳税款 0.5‰ 的滞纳金，甲公司直至当年 6 月 17 日才将税款缴清。计算甲公司应缴纳滞纳金金额的下列算式中，正确的是（　　）。

A.200 000 ×（13+31）× 0.5‰ =4 400（元）

B.200 000 ×（12+31+17）× 0.5‰ =6 000（元）

C.200 000 ×（12+31）× 0.5‰ =4 300（元）

D.200 000 ×（13+31+17）× 0.5‰ =6 100（元）

## 二、多选题

1.［2022 年真题］根据税收征收管理法律制度的规定，纳税人对税务机关的下列行为不服的，可以提出行政复议申请的有（　　）。

A. 加收滞纳金　　B. 评定纳税信用等级

C. 代开发票　　D. 罚款

2.［2020 年真题］根据税收征收管理法律制度的规定，下列情形中，税务机关有权核定纳税人应纳税额的有（　　）。

A. 纳税人设置的账簿账目混乱难以查账

B. 纳税人按法律、行政法规规定应当设置但未设置账簿的

C. 纳税人虽设置账簿，但成本资料、收入凭证、费用凭证残缺不全，难以查账的

D. 纳税人未按照规定的期限缴纳税款，经税务机关责令限期缴纳，逾期仍不缴纳的

3.［2018 年真题］根据税收征收管理法律制度的规定，下列情形中，属于行政复议期间具体行政行为可以停止执行的情形有（　　）。

A. 人民法院认为需要停止执行的　　B. 法律规定停止执行的

C. 被申请人认为需要停止执行的　　D. 复议机关认为需要停止执行的

4.［2020 年真题］根据税收征收管理法律制度的规定，对下列税务机关作出的行政处罚不服的，向国家税务总局申请行政复议的有（　　）。

A. 计划单列市的税务局　　B. 省级税务局

C. 省级税务局的稽查局　　D. 国家税务总局

5.［2020 年真题］根据税收征收管理法律制度的规定，纳税人对税务机关作出的下列行政行为不服时，可以申请行政复议的有（　　）。

A. 加收滞纳金　　B. 发票管理行为

C. 不依法确认纳税担保行为　　D. 纳税信用等级评定行为

6.［2020 年真题］甲公司 3 月发生的下列活动中，属于重大税收违法失信案件的信息公布范围的有（　　）。

A. 在账簿上多列支出，使其少缴应纳税款 11 万元

B. 通过转移财产的手段欠缴税款金额 50 万元

C. 以暴力、威胁方法拒不缴纳税款

D. 骗取国家出口退税款

7.［2021 年真题］根据税收征收管理法律制度的规定，纳税人对税务机关的下列具体行政行为不服时，应当先向复议机关申请行政复议的有（　　）。

A. 加收滞纳金　　B. 发票管理行为

C. 确认适用税率　　D. 停止出口退税权

8.［2021 年真题］根据税收征收管理法律制度的规定，下列各项中，属于强制执行措施的有（　　）。

A. 书面通知纳税人开户银行冻结纳税人的金额相当于应纳税款的存款

B. 书面通知纳税人开户银行从纳税人的存款中扣缴税款

C. 依法拍卖纳税人价值相当于应纳税款的商品，以拍卖所得抵缴税款

D. 通知出境管理机关阻止欠缴税款的纳税人出境

## 三、判断题

1. [ 2022 年真题 ] 享受免税待遇的纳税人在免税期间无须办理纳税申报。(　　)

2. [ 2021 年真题 ] 申请人申请税务行政复议，不得采取口头申请的形式。(　　)

3. [ 2021 年真题 ] 纳税人采用邮寄申报方式进行纳税申报的，以税务机关收到申报资料的日期为实际申报日期。(　　)

4. [ 2019 年真题 ] 纳税人对税务机关作出逾期不缴纳罚款加处罚款的决定不服的，应当先缴纳罚款和加处罚款再申请行政复议。(　　)

5. [ 2021 年真题 ] 纳税人享受减免税待遇的，在减免税期间无须办理纳税申报。(　　)

6. [ 2021 年真题 ] 行政复议机关责令被申请人重新作出具体行政行为的，被申请人不得以同一事实和理由作出与原具体行政行为相同或基本相同的具体行政行为。(　　)

7. [ 2021 年真题 ] 纳税人享受免税待遇的，在免税期间不需要办理纳税申报。(　　)

8. [ 2019 年真题 ] 增值税一般纳税人在纳税期内没有应纳税款，无须提交纳税申报。(　　)

# 第九章 劳动合同和社会保险法律制度

## 学习目标

### 知识目标

掌握《中华人民共和国劳动合同法》（以下简称《劳动合同法》）的适用范围

掌握劳动关系与劳动合同之间的关系

掌握劳动合同必备条款、可备条款

掌握劳动合同履行、变更具体规定

掌握劳动合同解除、终止具体规定

熟悉特殊劳动合同和劳动争议的解决

掌握基本养老保险主要内容

掌握基本医疗保险主要内容

掌握工伤保险主要内容

掌握失业保险主要内容

熟悉社会保险费管理事项与法律责任

### 能力目标

能根据《劳动合同法》对具体劳动合同合规性进行分析

能准确计算劳动合同解除所涉及经济补偿的计算

能明晰基本医疗保险缴纳及结算等规定

能明晰基本养老保险缴纳、享受条件与待遇

### 素质目标

从劳动合同主要内容思考我国法律制度对劳动者的保护

从社会保险主要内容明晰我国社会保障体系为保障社会成员的基本生活和福利而提供物质帮助的各项措施

## 专栏 9：党的二十大精神与社会保障体系

**党的二十大报告（节选）**

健全覆盖全民、统筹城乡、公平统一、安全规范、可持续的多层次社会保障体系。完善基本养老保险全国统筹制度，发展多层次、多支柱养老保险体系。实施渐进式延迟法定退休年龄。扩大社会保险覆盖面，健全基本养老、基本医疗保险筹资和待遇调整机制，推动基本医疗保险、失业保险、工伤保险省级统筹。促进多层次医疗保障有序衔接，完善大病保险和医疗救助制度，落实异地就医结算，建立长期护理保险制度，积极发展商业医疗保险。加快完善全国统一的社会保险公共服务平台。健全社保基金保值增值和安全监管体系。健全分层分类的社会救助体系。坚持男女平等基本国策，保障妇女儿童合法权益。完善残疾人社会保障制度和关爱服务体系，促进残疾人事业全面发展。

# 第一节　劳动合同法律制度

## 一、劳动关系与劳动合同

### 知识点 1：劳动关系与劳动合同辨析

#### 1. 劳动关系与劳动合同的概念

劳动关系是指劳动者与用人单位依法签订劳动合同而在劳动者与用人单位之间产生的法律关系。劳动者接受用人单位的管理，从事用人单位安排的工作，成为用人单位的成员，从用人单位领取劳动报酬并依法享受劳动保护。

劳动合同是劳动者和用人单位之间依法确立劳动关系，明确双方权利、义务的协议。

#### 2. 劳动关系的特征

一是劳动关系的主体具有特定性，即劳动者和用人单位。

二是劳动关系的内容具有较强的法定性。

三是劳动者在签订和履行劳动合同时的地位是不同的，签订前平等，签订后劳动者隶属于用人单位。

### 知识点 2:《劳动合同法》适用范围

**1. 适用《劳动合同法》的劳动关系**

中华人民共和国境内的企业、个体经济组织、民办非企业单位等组织（以下称用人单位）与劳动者建立劳动关系，订立、履行、变更、解除或者终止劳动合同，适用《劳动合同法》。依法成立的会计师事务所、律师事务所等合伙组织和基金会，也属于《劳动合同法》规定的用人单位。

**2. 依照《劳动合同法》执行的劳动关系**

国家机关、事业单位、社会团体和与其建立劳动关系的劳动者，订立、履行、变更、解除或者终止劳动合同，依照《劳动合同法》执行。

**3. 部分适用《劳动合同法》的劳动关系**

地方各级人民政府及县级以上人民政府有关部门为安置就业困难人员提供的给予岗位补贴和社会保险补贴的公益性岗位，其劳动合同不适用《劳动合同法》有关无固定期限劳动合同的规定以及支付经济补偿的规定。

## 二、劳动合同订立

### 知识点 1：劳动合同订立基础

**1. 劳动合同订立的概念**

劳动合同订立，是指劳动者和用人单位经过相互选择与平等协商，就劳动合同的各项条款达成一致意见，并以书面形式明确规定双方权利、义务的内容，从而确立劳动关系的法律行为。

**2. 劳动合同订立原则**

劳动合同订立原则包括：合法原则、公平原则、平等自愿原则、协商一致原则、诚实信用原则。

**3. 订立主体**

**（1）劳动合同订立主体资格要求。**

对于劳动者而言：年满 16 周岁；文艺、体育和特种工艺单位招用未满 16 周岁的未成年人，必须遵守国家有关规定，并保障其接受义务教育的权利。

对于用人单位而言：依法成立，有用人权利能力和用人行为能力；分支机构取得营业执照或者登记证书属于用人单位，未依法取得营业执照或者登记证书的，受用人单位委托可以与劳动者订立劳动合同。

**（2）劳动合同订立主体义务。**

对于劳动者而言：用人单位有权了解劳动者与劳动合同直接相关的基本情况，劳动者应当如实说明。

对于用人单位而言：用人单位招聘时须真实告知工作相关信息，不得扣押证件，违者须返还并受罚；禁止以担保或其他名义索财，违反规定者须返还并罚款 500 至 2 000 元，如损害劳动者权益，须承担赔偿责任。

## 知识点 2：劳动关系建立时间与劳动合同订立形式

### 1. 劳动关系建立时间和职工名册

**（1）用工之日。**用人单位与劳动者在用工前订立劳动合同的，劳动关系自用工之日起建立。无论劳动者与用人单位是否签订劳动合同、何时签订劳动合同，劳动关系的建立时间都为用工之日。

**（2）职工名册。**用人单位应当建立职工名册备查。职工名册应当包括劳动者姓名、性别、居民身份证号码、户籍地址及现住址、联系方式、用工形式、用工起始时间、劳动合同期限等内容。

### 2. 劳动合同订立形式

**（1）劳动合同订立形式基本原则。**劳动合同是诺成合同，原则上，双方应当以书面形式订立，但非全日制用工双方当事人可以订立口头协议。

**（2）劳动合同书面形式。**建立劳动关系，应当订立书面劳动合同。已建立劳动关系，未同时订立书面劳动合同的，应当自用工之日起 1 个月内订立书面劳动合同。

**（3）劳动合同口头形式。**非全日制用工双方当事人可以订立口头协议，该用工形式按小时计酬，每天不超过 4 小时，每周不超过 24 小时。其特点包括：可与一个或多个用人单位订立合同，禁止约定试用期，任何一方可随时通知终止用工，无须支付经济补偿；劳动报酬不得低于最低小时工资标准，结算支付周期最长不超过 15 日。

**（4）未签订劳动合同的法律规定。**

用人单位应当自用工之日起 1 个月内与劳动者订立书面劳动合同。

用工 1 个月内，若劳动者未签合同，用人单位可终止关系，无须补偿，但须支付工资。

超过 1 个月不满 1 年未签合同，用人单位须支付双倍工资，并补订合同；否则终止关系并支付补偿。

满 1 年未签合同，视为已签无固定期限合同，须补订合同，且自满 1 个月次日至满 1 年前一日支付双倍工资。

## 知识点 3：劳动合同效力

### 1. 劳动合同生效

劳动合同是一种诺成合同，双方经协商一致并签字盖章后即生效。合同文本由用人单位和劳动者各持一份。合同生效与否不影响劳动关系的确立。

若用人单位未提供约定的工作岗位，劳动者可要求提供或要求追究违约责任；反之，若劳动者未履行合同，用人单位可要求履行或追究违约责任。当一方未履行合同导致另一方损失时，违约方须赔偿相应损失。

**2. 无效劳动合同情形**

无效劳动合同是指尽管已签署成立，但国家不予承认其法律效力的合同。无效合同可能因违反平等自愿、协商一致、诚实信用、公平等原则，以及法律、行政法规的强制性规定而使全部或部分条款无效。

以下情况的劳动合同可能被认定为无效或部分无效：

一是以欺诈、胁迫的手段或者乘人之危，使对方在违背真实意思的情况下订立或者变更劳动合同的；

二是用人单位免除自身的法定责任、排除劳动者权利的；

三是违反法律、行政法规强制性规定的。

对劳动合同的无效或部分无效有争议的，由劳动争议仲裁机构或者人民法院确认。

**3. 无效劳动合同法律后果**

无效劳动合同自订立时起即无法产生法律约束力。部分无效的劳动合同，若不影响其他部分效力，则其他部分仍然有效。

确认劳动合同无效后，若劳动者已提供劳动，用人单位应支付相应劳动报酬，数额参照相同或相近岗位劳动者的报酬标准确定。

劳动合同无效，若给对方造成损害，有过错的一方应承担相应赔偿责任。

## 三、劳动合同主要内容

### 知识点1：劳动合同必备条款

**1. 劳动合同基础信息**

**（1）用工双方信息。**

一是用人单位的名称、住所和法定代表人或者主要负责人。用人单位名称是指注册登记时的所用名称，用于标识单位。住所是发生法律关系中心区域，须在劳动合同中标明具体地址。若用人单位有两个以上办事机构，以主要办事机构所在地为住所。法人单位须注明法定代表人，非法人单位要在合同中明确主要负责人。

二是劳动者的姓名、住址和居民身份证或者其他有效身份证件号码。劳动者姓名以户籍登记（身份证上的姓名）为准。住址取决于户籍所在地，若经常居住地与户籍不同，则以经常居住地为准。

**（2）工作内容和工作地点。**

工作内容，包括劳动者从事工作的工种、岗位、劳动定额、产品质量标准等，是劳动者判断能否胜任及是否愿意从事工作的关键信息。

工作地点，是指劳动者可能从事工作的具体地理位置，影响上下班时间、生活，关系到切身利益，是订立劳动合同不可缺少的信息，用人单位必须告知劳动者。

### 2. 劳动合同期限

劳动合同期限的种类。劳动合同分为固定期限劳动合同、以完成一定工作任务为期限的劳动合同和无固定期限劳动合同。

**（1）固定期限劳动合同。**固定期限劳动合同，是指用人单位与劳动者约定合同终止时间的劳动合同。合同期满即终止劳动关系，但双方如协商一致可续订。

**（2）以完成一定工作任务为期限的劳动合同。**以完成一定工作任务为期限的劳动合同，是指用人单位与劳动者约定以某项工作的完成为合同期限的劳动合同。通常在以下情况下可签订：以完成单项任务为期限的合同；以项目承包方式完成任务的合同；因季节原因用工的合同；其他双方约定的以完成特定工作为期限的合同。

**（3）无固定期限劳动合同。**无固定期限劳动合同，是指用人单位与劳动者约定无确定终止时间的劳动合同。这种合同没有确切的终止日期，只要未发生法定解除情形或双方一致同意解除，双方须继续履行。然而，并非完全没有终止时间，若出现法定情形或双方一致解除，该合同同样可解除。公益性岗位由地方各级及县级以上地方人民政府提供，其劳动合同不适用《劳动合同法》有关无固定期限劳动合同的规定。有下列情形之一时，应当订立无固定期限劳动合同：

一是劳动者在该用人单位连续工作满 10 年的。计算始于用人单位用工之日，包括《劳动合同法》实施前的工作年限。若非因本人原因调动到新用人单位工作，原用人单位的工作年限与新用人单位合并计算。原用人单位已支付经济补偿，新用人单位在解除或终止合同时无须再计算原用人单位的工作年限。

二是用人单位初次实行劳动合同制度或者国有企业改制重新订立劳动合同时，劳动者在该用人单位连续工作满 10 年且距法定退休年龄不足 10 年的。

三是连续订立 2 次固定期限劳动合同，且未发生特定情形，如违反规章制度、失职营私、与其他用人单位建立劳动关系等，续订劳动合同的。

四是连续订立固定期限劳动合同的次数从《劳动合同法》2008 年 1 月 1 日施行后续订固定期限劳动合同时开始计算。若用人单位自用工之日起满 1 年未与劳动者订立书面劳动合同，视为用人单位已与劳动者订立无固定期限劳动合同。

### 3. 工作时间与休息、休假

**（1）工作时间。**

一是标准工时制：又称标准工作日，法定的每日 8 小时、每周 40 小时，可协商延长工时，但每日不超过 1 小时，特殊情况下每日不超过 3 小时，每月不超过 36 小时。

二是不定时工作制：适用于工作性质或条件不受标准工作时间限制的岗位。

三是综合计算工时制：又称综合计算工作日，根据生产和工作特点，以周、月、季、年为周期，平均日、周工作时间基本与法定标准相同，可采取集中工作、轮休调休、弹性工作等方式。

**（2）休息、休假。**休息是指劳动者在国家规定的法定工作时间以外，无须履行劳动义务而自行支配的时间，包括工作日内的间歇时间、工作日之间的休息时间以及公休假日。休假是指劳动者无须履行劳动义务、有工资保障的法定休息时间，包括法定假日和年休假。

**（3）带薪年休假。**

一是年休假条件。连续工作满 1 年以上的员工，可享有带薪年休假，根据工作年限分为 5 天、10 天、15 天。

二是年休假安排。可集中或分段安排，通常不跨年度。新进员工若符合条件，当年度的年休假天数按剩余日历天折算，折算后不足 1 整天的部分不享受年休假。

三是不享受年休假情形。其包括寒暑假多于年休假天数、请事假累计 20 天以上不扣工资、病假累计 2 个月以上（满 1 年不满 10 年）、病假累计 3 个月以上（满 10 年不满 20 年）、病假累计 4 个月以上（满 20 年以上）。

**4. 劳动报酬**

**（1）工资支付。**工资支付采用法定货币，每月至少支付一次，用人单位应当合法支付劳动者在法定休假日、婚丧假期间的工资。

**（2）加班工资。**标准工时制下，超出日标准工时按 150% 支付；休息日按 200% 支付；法定休假日按 300% 支付。

**（3）最低工资制度。**最低工资制度是指正常工作时间内，用人单位应支付给劳动者的最低劳动报酬，不包括一些附加报酬，扣除劳动者原因的造成经济损失不得超过月工资的 20%。

**（4）其他内容。**其包括社会保险、劳动保护、劳动条件、职业危害防护等内容，未包含必备条款须改正，若造成损害须承担赔偿责任。

## 知识点 2：可备条款

**1. 试用期**

试用期是为了相互了解和确认劳动者是否符合招聘条件而设立的考察期。以下是试用期的原则：

**（1）试用期期限。**劳动合同期限 3 个月以上不满 1 年的，试用期不超过 1 个月；1 年以上不满 3 年的，试用期不超过 2 个月；3 年以上或无固定期限的，试用期不超过 6 个月。

**（2）试用期约定。**同一劳动者只能约定一次试用期。完成特定工作任务或劳动合同期限不满 3 个月的，不得设定试用期。若合同仅约定试用期，该期限即为劳动合同期限。

**（3）违规约定与赔偿。**用人单位违规设定试用期，劳动行政部门责令改正，已履行的，用人单位按试用期满月工资为标准支付赔偿金。

**（4）试用期工资。**不得低于相同岗位最低档工资或约定工资的 80%，也不得低于当地最低工资标准。约定工资是指劳动者试用期满后的工资。

**2. 服务期**

**（1）服务期适用范围。**服务期是因享受用人单位提供的特殊待遇而作出的关于劳动履行期限的承诺。提供专项培训并进行专业技术培训的用人单位可与劳动者订立协议，并约定服务期。劳动合同期满而服务期未到，劳动合同延续至服务期结束，双方另有约定则依其约定。

**（2）劳动者违反服务期约定的违约责任。**违反服务期约定的，应按约定向用人单位支付违约金，不得超过培训费用。用人单位要求支付的违约金不得超过服务期尚未履行部分应分摊的培训费用。

**（3）劳动者解除劳动合同非违反服务期约定。**用人单位未按照合同约定提供劳动保障、劳动条件、劳动报酬、社会保险等情形。

**3. 保守商业秘密和竞业限制**

**（1）规定内容。**其包括商业秘密的定义、用人单位与劳动者的协议、竞业限制范围和经济补偿。商业秘密是指未公开且为权利人带来经济利益的技术和经营信息。

**（2）竞业限制条件。**竞业限制条件仅适用于高级管理人员、高级技术人员和其他保密人员，约定须符合法律规定，期限不得超过 2 年。

**（3）违约责任与经济补偿。**劳动者违反竞业限制，按约定支付违约金，不得超过提供的培训费用。法院支持解雇后支付补偿的要求，未规定时按前 12 个月平均工资的 30% 支付补偿。

**（4）解雇情形。**若劳动者因规定情形被解雇，用人单位仍有权要求支付违约金，如违反劳动纪律、严重失职、对用人单位造成重大损害等。

## 知识点 3：劳动合同履行和变更

**1. 劳动合同履行**

劳动合同的履行是指合同生效后，双方按照约定完成义务和享受权利，实现合同目的的法律行为。

**（1）用人单位与劳动者应按合同约定履行各自义务。**

一是按照劳动合同约定和国家规定，用人单位应及时足额支付劳动报酬。用人单位拖欠或未足额支付的，劳动者可以向当地人民法院申请支付令，违规支付的须支付赔偿金。

二是用人单位须遵循劳动定额标准，不得强迫劳动者加班。安排加班时应支付加班费。

三是拒绝违章指挥或冒险作业不算违反劳动合同，劳动者对危险条件有权提出批评、检举和控告。

四是用人单位变更信息不影响合同履行。

五是合并或分立不影响原合同，由继承权利和义务的单位履行。

**（2）用人单位应建立完善劳动规章制度，保障劳动者权益。**

一是规章制度包括合同、工资、社会保险、工时休假、职工奖惩等，是合同的一部分，对双方有法律约束力。

二是制定、修改或决定涉及劳动者利益的规章制度须经讨论和协商，工会或职工有权提出修改意见。

三是公示或告知直接涉及劳动者切身利益的规章制度，未公示或未告知的规定对劳动者无效。

四是规章制度违法应改正，给劳动者造成损害的，须承担赔偿责任。

**2. 劳动合同变更**

劳动合同变更是指在合同履行前或履行完毕前，经双方协商同意对合同内容进行部分修改、补充或删减的法律行为。变更应经书面协商，并由双方各保留一份文本。若口头变更已实际履行超过 1 个月，内容合法、合规，且不违反公序良俗，不得以未采用书面形式为由主张合同无效。

## 知识点 4：劳动合同的解除和终止

**1. 劳动合同解除**

**（1）劳动合同解除的概念和分类。**劳动合同解除，是指在合同期限届满之前，因双方协商或法定情形，单方通知结束劳动关系的法律行为。劳动合同解除分为协商和法定两种情况。

一是协商解除。它是指在自愿基础上协商一致提前终止劳动合同。《劳动合同法》规定用人单位提出解除劳动合同须支付经济补偿，而劳动者提出则无须支付。

二是法定解除。在法律规定的情形下，一方当事人可以单方解除合同，通知对方结束劳动关系。主动解除方通常负有通知义务，可分为劳动者和用人单位的单方解除。

**（2）劳动者单方面解除劳动合同的情形。**

一是提前通知解除。劳动者以书面形式提前 30 日通知用人单位解除劳动合同；试用期内提前 3 日通知解除，无须支付经济补偿。未履行通知程序属违法解除，损失须赔偿。

二是随时通知解除。劳动者可随时通知解除劳动合同，用人单位须支付经济补偿，如用人单位未提供劳动保护、未支付劳动报酬、未缴纳社会保险费等情形。

三是无须事先告知解除。劳动者可立即解除，如用人单位以暴力、威胁、非法限制人身自由强迫劳动、违章指挥、强令冒险作业等情形。

**（3）用人单位可单方解除劳动合同情形。**

一是劳动者过错解除。用人单位可随时通知解除，无须支付经济补偿，如劳动者在试用期未符合录用条件、违反规章制度、失职、营私舞弊等情形。

二是无过失性辞退。用人单位可提前通知或额外支付 1 个月工资后解除，适用于劳动者因非过失原因无法履行合同的情形。

三是经济性裁员。用人单位裁员须提前 30 日说明情况，须支付经济补偿。优先留用条款规定了裁员后重新招用的优先条件。

四是工会在解除劳动合同中的监督作用。用人单位单方解除合同须提前通知工会，工会可要求纠正，用人单位应当研究工会的意见，并将处理结果书面通知工会。

2. 劳动合同终止

**（1）劳动合同终止的概念和情形。**劳动合同终止，是指由于某种法律事实的出现，导致用人单位与劳动者之间的劳动关系自动消灭，或因无法继续履行而不得不终止的情形。劳动合同终止的情形包括合同期满、劳动者享受基本养老保险待遇、达到法定退休年龄等。

**（2）对劳动合同解除和终止的限制性规定。**依据《劳动合同法》，劳动者若满足以下情形之一，用人单位不得无过失性辞退或经济性裁员，合同续延至相应情形消失时方可终止：从事职业病危害作业未进行离岗前职业健康检查，或在职业病观察期间的；在本单位患职业病或工伤丧失或部分丧失劳动能力的；病休在规定医疗期内的；孕期、产期、哺乳期的女职工；连续工作 15 年，距法定退休年龄不足 5 年的；法律规定的其他情形。但若符合因劳动者过错解除劳动合同的情形，则不受上述限制。患职业病或工伤丧失劳动能力的终止按国家工伤保险规定执行。

**（3）劳动合同解除和终止的经济补偿。**

经济补偿，指在劳动合同解除或终止时，根据《劳动合同法》规定，用人单位给予劳动者的经济上的补偿。经济补偿金是法定的，主要针对在劳动者无过错情况下的合同解除和终止。

用人单位在特定情形下须支付经济补偿，包括符合随时通知解除、用人单位提出协商一致解除、提前 30 日通知或额外支付 1 个月工资后解除、裁员解除等情形。

经济补偿的支付。经济补偿金根据劳动者工作年限和工资标准计算，并以货币形式支付。经济补偿金 = 劳动者工作年限 × 每工作 1 年应得的经济补偿。

经济补偿年限计算标准：每满 1 年支付 1 个月工资；不满 1 年超过 6 个月，按 1 年计算；不满 6 个月，支付半个月工资。

经济补偿基数计算标准：月工资是指劳动者在劳动合同解除或终止前 12 个月的平均工资；若月工资低于当地最低工资标准，按最低标准计算；若月工资高于用人单位所在地区上年度职工月平均工资 3 倍的，按 3 倍职工月平均工资支付，年限最高不超过 12 年。

特殊计算：《劳动合同法》施行之前已存续的合同，按当时规定支付经济补偿；施行后解除的合同，从施行日起计算经济补偿年限。两段补偿合并计算。

**（4）劳动合同解除和终止的法律后果及双方义务。**劳动合同解除或终止后，劳动关系消失，劳动者应按约定办理工作交接。用人单位须在 15 日内为劳动者完成档案和社保关系转移手续，出具相关证明。未提供书面证明的，须承担责任。用人单位在解除或终止劳动合同时应支付经济补偿，应在办结工作交接时支付。逾期未支付的，将按规定加付赔偿金。若用人单位违反规定解除或终止合同，劳动者可要求继续履行，若不能继续履行，须支付赔偿金。劳动者若违反《劳动合同法》规定解除合同，造成用人单位损失，须承担赔偿责任。

## 知识点 5：集体合同与劳务派遣

### 1. 集体合同

**（1）集体合同的概念和分类。**集体合同是由工会代表企业职工一方与用人单位订立的书面协议，主要覆盖劳动报酬、工作时间、休息休假、劳动安全卫生、保险福利等内容。尚未设立工会的用人单位，可由上级工会指导劳动者推举的代表与用人单位订立。专项集体合同可涉及劳动安全卫生、女职工权益保护、工资调整机制等。行业性和区域性集体合同可由工会与企业代表签署。

**（2）集体合同订立。**集体合同内容由用人单位和职工各自派出代表，通过集体协商方式协商确定。双方代表人数对等，每方至少 3 人，各自确定 1 名首席代表。协商一致的合同草案提交职工代表大会或全体职工讨论，须有 2/3 以上职工出席且半数以上同意方可通过，通过后由首席代表签字。签署后报送劳动行政部门，15 日内未提出异议即生效。集体合同标准不得低于当地政府规定，用人单位与劳动者签署的劳动合同标准不得低于集体合同规定。

**（3）集体合同纠纷和法律救济。**用人单位违反集体合同侵犯职工劳动权益，工会可要求其承担责任。发生争议时，经协商未解决，工会可依法申请仲裁或提起诉讼，确保集体合同实施和职工权益得以保障。

### 2. 劳务派遣

**（1）劳务派遣的概念和特征。**劳务派遣，是指劳务派遣单位与劳动者签订劳动合同，与用工单位签署劳务派遣协议，将被派遣劳动者派往用工单位提供劳务的一种形式。在此模式下，劳动合同关系存在于派遣单位和被派遣员工之间，实际劳动发生在被派遣员工与用工单位之间，表现为劳动力雇用和使用分离，被派遣劳动者与用工单位无劳动关系。

**（2）劳务派遣的适用范围。**劳务派遣是劳动合同用工的补充形式，适用于临时性、辅助性或替代性的工作岗位。其中，临时性岗位存续时间不超过 6 个月，辅助性岗位为非主营业务提供服务，替代性岗位允许被其他劳动者代替。用工单位须控制派遣人数，被派遣员工不得超过用工总量的 10%。用工总量是指与用工单位签订劳动合同人数和被派遣员工数之和。用工单位不得设立劳务派遣单位，也不得再将被派遣员工派往其他用工单位。

**（3）劳务派遣单位、用工单位与被派遣劳动者的权利和义务。**

劳务派遣单位：与被派遣劳动者订立 2 年以上的固定期限劳动合同，按月支付劳动报酬；在无工作期间支付被派遣劳动者按当地最低工资标准的报酬；劳务派遣合同中须明确被派遣劳动者的用工单位、派遣期限和工作岗位等事项。

用工单位：根据实际需求与劳务派遣单位签署劳务派遣协议，约定岗位、人员数量、派遣期限和劳动报酬等；按同工同酬原则，对被派遣劳动者与同类岗位的本单位劳动者实行相同的劳动报酬；不得分割连续用工期限，严禁将被派遣员工派往其他用工单位。

被派遣劳动者：享有与用工单位的劳动者同工同酬的权利，不得被克扣工资；有权在劳务派遣单位或用工单位依法参加或组织工会，保障合法权益。

其他规定：劳务派遣单位和用工单位不得向被派遣劳动者收取费用；在纠纷解决方面，工会可依法要求用工单位承担责任，而劳务派遣单位和用工单位可协商解决或依法申请仲裁、提起诉讼。

## 四、劳动争议解决

微课：劳动争议的解决

### 知识点1：劳动争议及解决方法

**1. 劳动争议的概念与范围**

劳动争议，是指在劳动关系中，由于实现劳动权利、履行劳动义务发生的分歧，也称为劳动纠纷或劳资争议。劳动争议主要包括以下方面：确认劳动关系、劳动合同订立、履行、变更、解除和终止、除名、辞退、离职、工作时间、休息休假、社会保险、福利、培训、劳动保护、劳动报酬、工伤医疗费、经济补偿、赔偿金等，以及法律法规规定的其他劳动争议。涉及劳动者与用人单位的纠纷，无论是否订立书面劳动合同，以及解除或终止劳动关系等情况，均属于劳动争议范围。

**2. 劳动争议解决原则和方法**

**（1）基本原则。**根据事实，遵循合法、公正、及时、调解为主的原则，依法保护当事人的合法权益。

**（2）基本方法。**

协商：当事人可自行协商解决劳动争议，也可请工会或第三方共同协商，达成和解协议。

调解：调解组织在双方自愿的基础上，劝导当事人化解矛盾，达成协议，及时解决劳动争议。

仲裁：协商不成或达成协议后不履行，可向劳动争议仲裁机构申请仲裁。

诉讼：对仲裁裁决不满意的，除《中华人民共和国劳动争议调解仲裁法》另有规定外，可向人民法院提起诉讼。

**（3）劳动争议仲裁与一般经济纠纷仲裁的不同。**

一是申请程序不同：劳动争议仲裁申请不要求双方达成仲裁协议，只需一方申请，相关机构即可受理。而一般经济纠纷的仲裁，须事先或事后达成仲裁协议。

二是裁决效力不同：除部分劳动争议外，劳动争议仲裁不实行“一裁终局”制度，当事人对裁决不满可向法院提起诉讼。

**（4）举证责任。**发生劳动争议，当事人对自己提出的主张，有责任提供证据。与争议事项有关的证据属于用人单位掌握管理的，用人单位应当提供。若用人单位不提供相关证据，应承担不利后果。在法律未明确规定举证责任时，仲裁庭可根据公平和诚实信用原则，考虑当事人的举证能力等因素确定责任的承担。

值得注意的是，用人单位如违反规定，拖欠或未足额支付劳动报酬、工伤医疗费、经济补偿或赔偿金，劳动者可向劳动行政部门投诉，劳动行政部门应依法处理。

## 知识点 2：劳动调解

### 1. 调解组织

**（1）企业劳动争议调解委员会。**企业劳动争议调解委员会由职工代表和企业代表组成，职工代表由工会成员或全体职工推举，企业代表由企业负责人指定。企业劳动争议调解委员会主任由工会成员或双方推举的人员担任。

**（2）基层人民调解组织。**基层人民调解组织依法设立，具有劳动争议调解职能。

**（3）乡镇、街道组织。**乡镇、街道组织在乡镇、街道设立，拥有劳动争议调解职能。

### 2. 调解程序

**（1）申请劳动争议调解。**当事人可书面或口头申请，口头申请时，调解组织须当场记录申请人基本情况、争议事项、理由和时间。

**（2）听取陈述与疏导。**调解组织应充分听取双方当事人陈述事实和理由，耐心疏导，协助达成协议。

**（3）制作调解协议书。**若达成协议，应制作调解协议书。调解协议书由双方签名或盖章，调解员签名并加盖组织印章后生效，对当事人具有约束力，应履行。

**（4）未达成协议时的仲裁。**若 15 天内未达成协议，当事人可依法申请仲裁。

**（5）调解协议履行。**一方未履行调解协议，另一方可申请仲裁。对于支付拖欠的报酬、工伤医疗费、经济补偿或赔偿金，用人单位未履行调解协议，劳动者可凭调解协议书向人民法院申请支付令，法院应依法发出支付令。

## * 知识点 3：劳动仲裁

### 1. 劳动仲裁机构

劳动仲裁机构为劳动人事争议仲裁委员会（以下简称仲裁委员会）。仲裁委员会按照统筹规划、合理布局和适应实际需要的原则设立，不按行政区划层层设立。仲裁委员会下设劳动人事争议仲裁院，为实体化办事机构。仲裁委员会的经费依法由财政予以保障。

### 2. 劳动仲裁参加人

**（1）当事人。当事人**包括发生劳动争议的劳动者和用人单位，以及与劳动者发生争议的劳务派遣单位和用工单位为共同当事人。涉及个人承包经营者时，将发包的组织和个人承包经营者作为共同当事人。

**（2）代表人。**劳动者一方可推举代表人参加仲裁，尤其是当争议涉及集体合同履行时。代表人的行为对其所代表的当事人具有效力。

**（3）第三人。**与争议处理结果有利害关系的第三人可申请参加仲裁活动。

**（4）代理人。**当事人可委托代理人参加仲裁，须提交有委托人签名或盖章的委托书。

**3. 劳动争议仲裁案件的管辖**

**（1）管辖原则。**仲裁委员会负责管辖本区域内发生的劳动争议，根据劳动合同履行地或用人单位所在地划定管辖区域。

**（2）履行地变化。**劳动合同履行地或用人单位所在地变化后，不改变争议仲裁的管辖。

**4. 劳动仲裁申请和受理**

**（1）仲裁时效。**申请仲裁时效期间为 1 年，从当事人知道或应当知道权利被侵害之日起计算。特殊情况下存在仲裁时效中断和中止机制。

**（2）仲裁申请。**当事人提交书面仲裁申请，内容包括劳动者和用人单位基本信息、争议事项、理由、证据等。口头申请须由仲裁委员会记录，并由申请人确认。

**5. 劳动仲裁开庭**

**（1）基本制度。**仲裁庭先行调解，公开进行，但可根据当事人协议或涉及商业秘密和隐私的情况不公开。仲裁庭由 3 名仲裁员组成，简单劳动争议案件可以由 1 名仲裁员独任仲裁。执行回避制度时应确保裁决公正。

**（2）开庭程序。**仲裁庭组成后通知当事人，提前通知开庭日期和地点。当事人有正当理由可请求延期。仲裁员应当听取双方陈述和答辩，主持庭审调查、质证和辩论、征询当事人最后意见，并进行裁决前调解。裁决应在受理之日起 45 日内结束，可适度延期。

**6. 劳动仲裁裁决**

**（1）裁决规则。**裁决应当按照多数仲裁员的意见作出，裁决书载明争议事项、理由、结果、当事人权利、裁决日期。

**（2）一裁终局案件。**特定劳动争议案件的裁决为终局裁决，包括追索一定金额的劳动报酬、工伤医疗费、经济补偿或赔偿金等。

**（3）裁决撤销。**用人单位可在 30 日内提出撤销裁决的申请，须提供证据证明裁决存在法律错误或其他情形。

**7. 劳动仲裁执行**

**（1）先予执行。**仲裁庭可裁决先予执行，移送人民法院执行，条件包括当事人权利义务关系明确，不执行将严重影响申请人的生活。劳动者申请先予执行时，可不提供担保。

**（2）履行期限。**当事人对发生法律效力的调解书、裁决书应按规定期限履行。逾期未履行，可向人民法院申请执行。

**（3）不予执行裁决。**被申请人可提出证据证明裁决存在一定情形，人民法院可裁定不予执行。此程序用于确保劳动争议的公正解决和裁决的有效执行。

## *知识点 4：劳动诉讼

**1. 劳动诉讼的提起**

**（1）仲裁裁决不予受理或逾期未决定。**若仲裁委员会未受理或逾期未决定劳动争议事项，申请人有权向人民法院提起诉讼。

**（2）劳动者对终局裁决不服。**劳动者对劳动争议的终局裁决不满意，可在收到仲裁裁决书后的 15 日内向人民法院提起诉讼。

**（3）当事人对非终局裁决不服。**当事人对终局裁决之外的其他劳动争议案件的仲裁裁决不认同，同样有权在收到裁决书后的 15 日内向人民法院提起诉讼。

**（4）终局裁决被撤销。**若终局裁决被人民法院裁定撤销，当事人可在收到裁定书后的 15 日内就涉及的劳动争议事项向人民法院提起诉讼。

**2. 劳动诉讼程序**

劳动诉讼程序遵循《民事诉讼法》的相关规定。

这一程序确保在劳动争议情况下，当事人对仲裁裁决不满意或发生一定情况时，能够及时向人民法院提起诉讼。整个劳动诉讼过程将依据法律规定进行，以保障各方的合法权益。

## 知识点 5：违反劳动合同法律制度的法律责任

**1. 用人单位违反法律规定的法律责任**

**（1）规章制度违法责任。**

一是违反规章制度。若用人单位的规章制度直接涉及劳动者切身利益并违反法律、法规，劳动行政部门将责令改正，并发出警告；若造成劳动者损害，用人单位应当承担赔偿责任。

二是建立职工名册违规。用人单位违反《劳动合同法》关于建立职工名册的规定，劳动行政部门可责令限期改正，逾期不改正的，可处 2 000 元以上 2 万元以下罚款。

**（2）劳动合同订立违法责任。**

一是合同文本不完备。若用人单位提供的劳动合同文本未包含必备条款或未交付劳动者，劳动行政部门可责令改正，若造成损害，用人单位应承担赔偿责任。

二是未订立书面合同。超过 1 个月不满 1 年未订立书面合同，用人单位应支付 2 倍的工资。

三是未订立无固定期限合同。用人单位应支付 2 倍的工资。

四是试用期约定不当。用人单位违反规定约定试用期，劳动行政部门可责令改正，已履行的试用期可按月工资标准支付赔偿金。

五是扣押身份证等证件。用人单位违规扣押劳动者身份证等证件，劳动行政部门可责令限期退还，并按法规给予处罚。

六是以担保等名义收费。用人单位以担保或其他名义向劳动者收取财物，劳动行政部门可责令退还，并处以 500 元以上 2 000 元以下的罚款；若造成损害，用人单位应承担赔偿责任。

七是无效合同赔偿责任。若劳动合同被确认无效，用人单位应承担赔偿责任。

**（3）用人单位履行劳动合同违法责任。**

一是违法强迫劳动。用人单位采取暴力、威胁或非法限制人身自由手段强迫劳动，构成犯罪的将追究刑事责任，同时应承担赔偿责任。

二是违法劳动条件。用人单位提供劣势劳动条件或环境，对劳动者身心健康造成严重损害，劳动行政部门可予以行政处罚，同时应当赔偿。

**（4）解除和终止劳动合同违法责任。**

一是违法解除或终止合同。用人单位违反《劳动合同法》规定解除或终止劳动合同，应支付经济补偿标准 2 倍的赔偿金。

二是未支付补偿。若用人单位未支付经济补偿，劳动行政部门可责令限期支付，逾期不支付，用人单位应按应付金额加付 50% 至 100% 的赔偿金。

三是未出具书面证明。用人单位未向劳动者出具解除或终止劳动合同的书面证明，劳动行政部门可责令改正，若造成损害，用人单位应当承担赔偿责任。

**（5）其他法律责任。**

一是招用他人合同未解除。用人单位招用未解除合同的劳动者，给其他用人单位造成损失，应当承担连带赔偿责任。

二是违规劳务派遣。劳务派遣单位、用工单位违反规定，劳动行政部门可责令改正，逾期不改正，可处以罚款，并吊销劳务派遣业务经营许可证。对被派遣劳动者造成损害，劳务派遣单位与用工单位应当承担连带赔偿责任。

三是非法用人单位责任。对不具备合法经营资格的用人单位的违法犯罪行为，应追究法律责任，劳动者已付出劳动的，应按照《劳动合同法》规定支付相应的劳动报酬、经济补偿、赔偿金，给劳动者造成损害的，应当承担赔偿责任。

四是个人承包责任。个人承包经营违规招用劳动者，给劳动者造成损害，发包组织与个人承包经营者承担连带赔偿责任。

**2. 劳动者违反《劳动合同法》的法律责任**

一是若劳动合同被确认无效，有过错的劳动者应承担赔偿责任。

二是劳动者违反《劳动合同法》解除合同，导致用人单位损失，应负赔偿责任。

三是劳动者违约，如违反保密或竞业限制，致使用人单位损失，同样应支付违约金。

四是违反培训协议、未满服务期解雇或因严重违纪解除劳动合同的，劳动者应按合同支付违约金。

# 第二节 社会保险法律制度

## 一、社会保险和基本养老保险

### 知识点 1：社会保险

社会保险是我国强制实行的社会化保险，通过国家、用人单位和个人共同筹集资金、建立基金，确保个人在老年、疾病、工伤、失业、生育等情况下能够得到资助。我国的社会保险法制主要由《中华人民共和国社会保险法》等法规构成，其中包括基本养老、基本医疗、工伤、失业和生育保险。2019 年，《关于全面推进生育保险和职工基本医疗保险合并实施的意见》推动了这两项保险整合。

## 知识点 2：基本养老保险

### 1. 基本养老保险制度

基本养老保险制度，是指在劳动者缴费达到法定期限并且劳动者达到法定退休年龄后，国家和社会提供物质帮助，以保障劳动者因年老而退出劳动领域者的生活来源的社会保险制度。这是社会保险体系中最重要、实施最广泛的一项制度。

### 2. 基本养老保险覆盖范围

**（1）基本养老保险制度的组成。**基本养老保险制度包括职工基本养老保险、新型农村社会养老保险（新农保）、城镇居民社会养老保险（城居保）。根据国务院《关于建立统一的城乡居民基本养老保险制度的意见》（国发〔2014〕8 号），新农保和城居保已在全国合并实施，构建了统一的城乡居民基本养老保险制度，其中以职工基本养老保险为主体。

**（2）职工基本养老保险。**职工基本养老保险涵盖国有企业、城镇集体企业、外商投资企业、城镇私营企业、其他城镇企业及其职工，以及实行企业化管理的事业单位及其职工。用人单位和职工共同缴纳基本养老保险费，个体工商户和其他灵活就业人员也可参保，个人自行缴费。

### 3. 基本养老保险基金的组成和来源

基本养老保险基金来源包括用人单位和个人缴费以及政府补贴，实行社会统筹与个人账户相结合。基金包括统筹养老金和个人账户养老金。用人单位按照规定比例缴费，纳入统筹基金。职工按照个人工资比例缴费，存入个人账户。政府在基金出现不足时提供补贴。

### 4. 个人账户管理

个人账户养老金不得提前支取，计息利率不低于银行定期存款利率，免征利息税。在跨统筹地区就业时，个人基本养老保险关系可转移，缴费年限累计计算。个人达到法定退休年龄时，基本养老金分段计算、统一支付。

## 知识点 3：职工基本养老保险费缴纳、享受条件和待遇

微课：职工基本养老保险费的缴纳

### 1. 职工基本养老保险费的缴纳

**（1）单位缴费。**自 2019 年 5 月 1 日起，降低城镇职工基本养老保险（包括企业和机关事业单位基本养老保险）单位缴费比例。高于 16% 的可降至 16%，低于 16% 的要研究提出过渡办法。

**（2）个人缴费。**职工个人按照本人缴费工资的 8% 缴费，记入个人账户。个人缴费工资基数是按照职工本人上一年度月平均工资计算的，月平均工资包括各项收入，但不包括用人单位承担的社会保险费、劳动保护费、福利费等。新招聘职工从第二年起，按上一年实际工资的月平均工资作为缴费工资基数。缴费不计征个人所得税。城镇个体工商户和灵活就业人员可以在当地社会平均工资 60%～300% 选择适当的缴费基数，缴费比例为 20%，其中 8% 记入个人账户。

#### 2. 职工基本养老保险的享受条件和待遇

**（1）享受条件。**

年龄条件：达到法定退休年龄，男 60 周岁，女工人 50 周岁，女干部 55 周岁；从事特殊劳动的男 55 周岁，女 45 周岁；因病或非因工致残，完全丧失劳动能力的男 50 周岁，女 45 周岁。

缴费条件：累计缴费满 15 年。

**（2）待遇。**

基本养老金：符合条件的个人按月领取基本养老金。

丧葬补助金和抚恤金：个人因病或非因工死亡，其遗属可以领取丧葬补助金和抚恤金，所需资金从基本养老保险基金中支付。

病残津贴：未达到法定退休年龄时因病或非因工致残完全丧失劳动能力的个人可以领取病残津贴，所需资金从基本养老保险基金中支付。

## 二、基本医疗保险

### 知识点 1：基本医疗保险的概念和覆盖范围

#### 1. 基本医疗保险的概念

基本医疗保险制度，是指按照国家规定缴纳一定比例的医疗保险费，参保人因患病和意外伤害而就医诊疗，由医疗保险基金支付其一定医疗费用的社会保险制度。

#### 2. 基本医疗保险覆盖范围

**（1）职工基本医疗保险。**职工应当参加职工基本医疗保险，由用人单位和职工按照国家规定共同缴纳基本医疗保险费。职工基本医疗保险费的征缴范围包括各类企业、机关事业单位及个体工商户等，无雇工的个体工商户和其他灵活就业人员可以按规定参加职工基本医疗保险。

**（2）城乡居民基本医疗保险。**2016 年 1 月 3 日，国务院《关于整合城乡居民基本医疗保险制度的意见》规定整合城镇居民基本医疗保险和新型农村合作医疗，建立统一的城乡居民基本医疗保险制度。该制度覆盖范围包括现有城镇居民基本医疗保险和新型农村合作医疗所有应参保人员，即覆盖城乡居民，统一保障待遇。

## 知识点 2：基本医疗保险的实施和缴纳

### 1. 全面推进生育保险和职工基本医疗保险合并实施

根据国务院办公厅 2019 年 3 月 6 日印发的《关于全面推进生育保险和职工基本医疗保险合并实施的意见》，推进两项保险合并实施，统一参保登记，即参加职工基本医疗保险的在职职工同步参加生育保险。统一基金征缴和管理，将生育保险基金并入职工基本医疗保险基金，并确定新的用人单位职工基本医疗保险费率，个人不再缴纳生育保险费。两项保险合并实施后实行统一定点医疗服务管理，统一经办和信息服务，确保职工生育期间的生育保险待遇不变。

### 2. 职工基本医疗保险费缴纳

基本医疗保险采用统账结合模式，包括社会统筹基金和个人账户基金。单位缴费部分由统筹地区确定，一般为职工工资总额的 6% 左右，分为建立统筹基金和划入个人账户两部分。个人缴费部分和用人单位划入个人医疗账户部分也由统筹地区统一确定，分别为个人工资的 2% 和 30% 左右。基本医疗保险关系转移接续制度允许个人跨统筹地区就业，基本医疗保险关系随个人转移，缴费年限累计计算。

退休人员基本医疗保险费的缴纳根据个人的缴费年限和法定退休年龄，参加职工基本医疗保险的个人在达到法定退休年龄时，如果累计缴费达到规定年限，则退休后不再缴纳基本医疗保险费，按照国家规定享受基本医疗保险待遇。对于未达到规定缴费年限的个人，可以选择缴费至规定年限。各地对最低缴费年限没有全国统一的规定，由各统筹地区根据本地情况确定。

## 知识点 3：基本医疗保险的费用结算

### 1. 职工基本医疗费用结算

参保人员符合基本医疗保险药品目录、诊疗项目、医疗服务设施标准以及急诊、抢救的医疗费用，按照国家规定从基本医疗保险基金中支付。医疗费用中应由基本医疗保险基金支付的部分，由社会保险经办机构与医疗机构、药品经营单位直接结算。各地对职工基本医疗保险费用结算方式存在差异。要享受基本医疗保险待遇，参保人员一般需要在基本医疗保险的定点医疗机构就医、购药或在定点零售药店购买药品。医疗费用必须符合基本医疗保险药品目录、诊疗项目、医疗服务设施标准以及给付标准。在社会医疗统筹基金起付标准以上与最高支付限额以下的费用部分，由社会医疗统筹基金按一定比例支付。起付标准是当地职工年平均工资的 10% 左右，最高支付限额是当地职工年平均工资的 6 倍左右，支付比例一般为 90%。在起付标准以下的费用部分，由个人账户资金支付或个人自付；在起付标准以上至最高支付限额以下的费用部分，个人也须承担一定比例，一般为 10%，可由个人账户支付或自付。对于最高支付限额以上的医疗费用，个人可以通过单位补充医疗保险或参加商业保险等途径解决。

### 2. 基本医疗保险基金不支付的医疗费用

应当从工伤保险基金中支付的；应当由第三人负担的；应当由公共卫生负担的；在境外就医的；医疗费用应当由第三人负担，如第三人不支付或无法确定第三人，则由基本医疗保险基金先行支付，有权向第三人追偿。

### 3. 医疗期

医疗期，是指企业职工因患病或非因工负伤停止工作，进行治疗休息，但不得解除劳动合同的期限。医疗期的期限根据个人实际工作年限和在本单位工作年限，给予 3 个月到 24 个月的不同期限。在医疗期内，企业职工可以获得病假工资、疾病救济费和医疗待遇。用人单位在医疗期内不得解除或终止劳动合同，除非存在一定的特殊情形。医疗期满仍未痊愈或不能从事原工作的职工，用人单位须给予经济补偿。医疗期相关规定如表 9–1 所示。

表 9–1　医疗期

| 实际工作年限 | 在本单位工作年限 | 医疗期 | 计算期限（从病休第一天开始，累计计算） |
|---|---|---|---|
| ＜ 10 年 | ＜ 5 年 | 3 个月 | 6 个月内累计病休时间计算 |
| | ≥ 5 年 | 6 个月 | 12 个月内累计病休时间计算 |
| ≥ 10 年 | ＜ 5 年 | 6 个月 | 12 个月内累计病休时间计算 |
| | 满 5 年不满 10 年 | 9 个月 | 15 个月内累计病休时间计算 |
| | 满 10 年不满 15 年 | 12 个月 | 18 个月内累计病休时间计算 |
| | 满 15 年不满 20 年 | 18 个月 | 24 个月内累计病休时间计算 |
| | ≥ 20 年 | 24 个月 | 30 个月内累计病休时间计算 |

### 4. 医疗期内待遇

企业职工在医疗期内，其病假工资、疾病救济费和医疗待遇按照相关规定执行。病假工资或疾病救济费可以低于当地最低工资标准支付，但最低不能低于最低工资标准的 80%。医疗期内，除劳动者有以下情形外，用人单位不得解除或终止劳动合同：在试用期间被证明不符合录用条件的；严重违反用人单位规章制度的；严重失职、营私舞弊，给用人单位造成重大损害的；劳动者同时与其他用人单位建立劳动关系，对完成本单位的工作任务造成严重影响，或者经用人单位提出，拒不改正的；以欺诈、胁迫的手段或者乘人之危，使用人单位在违背真实意思的情况下订立或者变更劳动合同致使劳动合同无效的；被依法追究刑事责任。

如医疗期内遇合同期满，则合同必须续延至医疗期满，职工在此期间仍然享受医疗期内待遇。对医疗期满尚未痊愈者，或者医疗期满后，不能从事原工作，也不能从事用人单位另行安排的工作，被解除劳动合同的，用人单位须按经济补偿规定给予其经济补偿。

## 三、工伤保险

### 知识点1：工伤保险的概念

工伤保险，是指在职业工作中或规定的特殊情况下遭遇意外伤害或职业病，导致暂时或永久丧失劳动能力以及死亡时，劳动者或其遗属能够从国家和社会获得物质帮助的社会保险制度。

### 知识点2：工伤保险费缴纳

职工应当参加工伤保险，由用人单位缴纳工伤保险费，职工不缴纳工伤保险费。用人单位包括企业、事业单位、社会团体、民办非企业单位、基金会、律师事务所、会计师事务所等组织和有雇工的个体工商户。用人单位应当按照《工伤保险条例》的规定为本单位全部职工或者雇工缴纳工伤保险费，费率由社会保险经办机构确定。

### 知识点3：工伤认定与劳动能力鉴定

#### 1. 工伤认定

应当认定工伤的情形包括在工作时间和工作场所内，因工作原因受到事故伤害的；工作时间前后在工作场所内，从事与工作有关的预备性或者收尾性工作受到事故伤害的；在工作时间和工作场所内，因履行工作职责受到暴力等意外伤害的；患职业病的；因工外出期间，由于工作原因受到伤害或者发生事故下落不明的；在上下班途中，受到非本人主要责任的交通事故或者城市轨道交通、客运轮渡、火车事故伤害的。

视同工伤的情形包括在工作时间和工作岗位突发疾病死亡或者在48小时之内经抢救无效死亡的；在抢险救灾等维护国家利益、公共利益活动中受到伤害的；职工原在军队服役，因战、因公负伤致残，已取得革命伤残军人证，到用人单位后旧伤复发的。

不认定为工伤的情形包括故意犯罪、醉酒或吸毒、自残或自杀。

#### 2. 劳动能力鉴定

工伤职工发生工伤，经治疗伤情相对稳定后存在残疾、影响劳动能力的，应进行劳动能力鉴定，包括劳动功能障碍程度和生活自理障碍程度的等级鉴定。标准由国务院社会保险行政部门会同国务院卫生行政部门等部门制定。

### 知识点4：工伤保险待遇

#### 1. 工伤医疗待遇

涵盖治疗费用、住院伙食补助费、交通食宿费、康复性治疗费以及停工留薪期工资福利待遇。

停工留薪期内，原工资福利待遇不变，由单位按月支付，一般不超过12个月。严重伤情可适度延长，但不得延长超过 12 个月。

伤残后，停工留薪期待遇停止，按规定享受伤残待遇。

#### 2. 辅助器具装配

工伤职工根据需要，经劳动能力鉴定确认，可安装假肢、矫形器等，费用按国家规定标准从工伤保险基金支付。

#### 3. 伤残待遇

包括生活护理费、一次性伤残补助金、伤残津贴等。支付标准由伤残等级和地区确定。

#### 4. 工亡待遇

工伤职工死亡，其近亲属享受丧葬补助金、供养亲属抚恤金、一次性工亡补助金。

### 知识点 5：工伤保险待遇负担

#### 1. 费用支付

治疗工伤的医疗费用、康复费用、伤残津贴、生活护理费等由工伤保险基金支付。用人单位负担的包括治疗期间的工资福利、五级或六级伤残职工伤残津贴、一次性伤残就业补助金等。

#### 2. 特别规定

本人工资按前 12 个月平均月缴费工资计算，高于统筹地区职工平均工资 300% 和低于 60% 的按相应比例计算。符合领取基本养老金条件的停发伤残津贴，享受基本养老保险待遇。职工所在单位未缴纳工伤保险费，由单位支付，不支付的由工伤保险基金先行支付，可追偿。

### 知识点 6：特别规定

#### 1. 终止享受工伤保险待遇的情形

终止享受工伤保险待遇的情形包括：丧失待遇条件、拒不接受劳动能力鉴定、拒绝治疗。

#### 2. 其他情形

职工所在用人单位未依法缴纳工伤保险费，发生工伤事故的，由用人单位支付工伤保险待遇。用人单位不支付的，从工伤保险基金中先行支付，由用人单位偿还。用人单位不偿还的，社会保险经办机构可以追偿。

由于第三人的原因造成工伤，第三人不支付工伤医疗费用或者无法确定第三人的，由工伤保险基金先行支付。工伤保险基金先行支付后，有权向第三人追偿。

职工同时在两个或两个以上单位就业，各单位分别为职工缴纳工伤保险费，工伤发生由受伤时工作单位负责。

## 四、失业保险

微课：失业保险

### 知识点1：失业保险基础

**1. 失业保险的概念**

失业，是指在法定劳动年龄内，有劳动能力和愿望但没有工作机会的劳动者所处的状态。失业保险是国家通过法定措施实施的社会保险制度，通过集中建立基金，为因失业而暂时中断生活来源的劳动者提供基本的生活保障，并通过职业培训和介绍等手段促进其再就业。

**2. 失业保险费缴纳**

职工应当参加失业保险，由用人单位和职工按照国家规定共同缴纳失业保险费。缴费范围包括国有企业、城镇集体企业、外商投资企业、城镇私营企业和其他城镇企业及其职工，事业单位及其职工。按照《失业保险条例》规定，城镇企业、事业单位应按本单位工资总额的2%缴纳失业保险费，职工按照本人工资的1%缴纳失业保险费。为减轻企业负担、促进就业，有关部门多次降低失业保险费率，将缴费比例总和从3%阶段性降至1%，个人费率不得超过单位费率。职工跨地区就业，失业保险关系随个人转移，缴费年限累计计算。

### 知识点2：失业保险待遇

**1. 可享受失业保险金和其他待遇人员**

失业前用人单位和本人已缴纳失业保险费满1年；非本人意愿中断就业，包括终止、解除、开除、暴力、威胁、非法限制自由导致解雇等情形；已进行失业登记，并有求职要求。

**2. 失业保险金领取期限**

用人单位须及时提供解雇或终止劳动关系证明，报经办机构备案；失业人员可凭社会保障卡或身份证领取，无须提供解雇证明等文件。

失业保险金自登记之日起计算，领取期限：缴费满1年不足5年，最长为12个月；缴费满5年不足10年，最长为18个月；缴费10年以上，最长为24个月；重新就业后，再次失业，期限合并计算，最长不超过24个月。

**3. 失业保险金发放标准**

不得低于城市居民最低生活保障标准，一般不高于当地最低工资标准；具体数额由省、自治区、直辖市人民政府确定。

**4. 其他失业保险待遇**

在领取失业保险金期间，享受基本医疗保险待遇，费用由失业保险基金支付，个人无须缴纳医疗保险费；失业期间死亡，享受一次性丧葬补助金和抚恤金；接受职业介绍、培训的费用由失业保险基金支付，标准由地方政府规定；其他与失业保险有关的费用由国务院规定或批准。

**5. 停止享受失业保险待遇情形**

失业人员在领取失业保险金期间：重新就业的；应征服兵役的；移居境外的；享受基本养老保险待遇的；被判刑收监执行或者被劳动教养的；无正当理由，拒不接受当地人民政府指定的部门或者机构介绍的工作的；有法律、行政法规规定的其他情形的。

## 五、社会保险费征缴与管理

### 知识点1：社会保险登记

**1. 用人单位社会保险登记**

根据《社会保险费征缴暂行条例》，企业在办理登记注册时，同步办理社会保险登记。非企业缴费单位成立后30天内，须向当地社会保险经办机构提出社会保险登记申请。

**2. 个人社会保险登记**

用人单位应在雇用员工后的30天内为其向当地社会保险经办机构申请办理社会保险登记。无雇工的个体工商户、未在用人单位参保的非全日制从业人员以及其他灵活就业人员，须主动向社会保险经办机构提出登记申请。

### 知识点2：社会保险费缴纳

用人单位应当主动申报并按时足额缴纳社会保险费，除非有法定事由等不可抗力，不得缓缴或减免。职工应由用人单位代扣代缴社会保险费，并应当及时向职工报告每月的明细情况。无雇工的个体工商户、未在用人单位参保的非全日制从业人员和其他灵活就业人员可直接向社会保险费征收机构缴纳。

根据《深化党和国家机构改革方案》，社会保险费由税务部门统一征收，包括基本养老保险费、基本医疗保险费、失业保险费等。2019年1月1日起，税务部门开始统一征收各项社会保险费。按照《关于印发降低社会保险费率综合方案的通知》的规定，企业职工基本养老保险和其他险种缴费继续按现行征收体制，实行“成熟一省、移交一省”的方式，确保缴费方式的稳定。

### 知识点3：社会保险基金管理

社会保险基金按险种分账核算，执行国家统一的会计制度。基本医疗保险基金与生育保险基金合并建账及核算。社会保险基金专款专用，任何组织和个人不得侵占或者挪用。基金存入财政专户，通过预算实现收支平衡。县级以上人民政府在基金支付不足时，应给予补贴。

社会保险经办机构应定期公布社会保险参保情况和基金的收支、结余、收益情况。在保证安全的前提下，按国务院规定进行投资运营，实现保值增值。社会保障基金不得违规投资运营，不得用于平衡其他政府预算，不得用于兴建、改建办公场所和支付人员经费、运行费用、管理费用或者违反法律、行政法规规定挪作其他用途。

## 六、违反社会保险法律制度的法律责任

### 知识点1：用人单位违法责任

用人单位不办理社会保险登记的，由社会保险行政部门责令限期改正；逾期不改正的，对用人单位处应缴社会保险费 1 倍以上 3 倍以下的罚款，对其直接负责的主管人员和其他直接责任人员处 500 元以上 3 000 元以下的罚款。

用人单位未按时足额缴纳社会保险费的，由社会保险费征收机构责令限期缴纳或者补足，并自欠缴之日起，按日加收 0.05% 的滞纳金；逾期仍不缴纳的，由有关行政部门处欠缴数额 1 倍以上 3 倍以下的罚款。

用人单位拒不出具终止或解除劳动关系证明的，劳动行政部门责令改正，如造成损害，须承担赔偿责任。

### 知识点 2：骗保行为责任

以欺诈手段骗取社会保险待遇的，社会保险行政部门责令退回骗取的社会保险金，罚款 2 倍至 5 倍的骗取金额。

社会保险服务机构以欺诈手段骗取社会保险基金支出的，社会保险行政部门责令退回骗取的社会保险金，罚款 2 倍至 5 倍的骗取金额，若涉及有执业资格人员，则吊销其执业资格。

### 知识点 3：社会保险机构责任

社会保险经办机构及其工作人员有违法行为的，社会保险行政部门责令改正，如造成损失，须赔偿，对直接负责人员依法处分。

社会保险费征收机构更改社会保险费缴费基数、费率，导致少收或多收社会保险费的，责令追缴或退还，对直接负责人员依法处分。

隐匿、转移、侵占、挪用社会保险基金或违规投资运营的，责令追回，没收违法所得，对直接负责人员依法处分。

泄露用人单位和个人信息的，对直接负责人员依法处分，如造成损失，须赔偿。

国家工作人员在社会保险管理、监督中滥用职权、玩忽职守、营私舞弊的，依法给予处分。

违法构成犯罪的，依法追究刑事责任。

## 案例分析

**情景描述：**［2021 年真题］2020 年 9 月 21 日，技术人员张某到甲公司应聘成功，约定于次日上岗工作。后因公司原因张某于 2020 年 9 月 25 日到岗工作。2020 年 9 月 30 日，双方订立了 3 年期劳动合同。2020 年 11 月，甲公司出资安排张某外出参加专项技术培训，双方签订了服务期协议，对相关事项进行了约定。服务期内，张某在工作中严重失职、营私舞弊，给公司造成重大损害。公司据此解除了劳动合同并要求张某支付违反服务期的违约金并赔偿损失。张某对此不服，认为公司违法解除劳动合同，要求公司支付经济补偿和赔偿金。已知：甲公司实行标准工时制。

**法律分析：**在甲公司与张某之间的劳动争议中，法律允许的处理方式是什么？甲公司与张某的劳动关系是从何时开始的？甲公司与张某签订的服务期协议中，哪些内容是符合法律规定的？甲公司解除与张某的劳动合同时，应遵循哪种法定方式？

**此案例主要考查以下方面：**劳动法领域中的劳动合同解除、劳动争议处理以及劳动关系确立的相关法律问题。此案例强调了劳动合同的法律效力、解除劳动合同的程序和条件、服务期协议的合法性及其执行，以及在劳动争议中双方的合法权益和义务。通过这些问题的分析，此案例展示了在劳动关系中遵循法律规定的重要性，以及企业和员工如何在法律框架下妥善处理争议。

## 本章小结

本章详细介绍了劳动合同法的基本内容、劳动合同的订立、履行、变更、解除、终止的规定，以及社会保险法涉及的基本养老、基本医疗、工伤、失业等保险的主要内容。本章通过对劳动合同和社会保险法律制度的深入解析，强调了法律在保护劳动者权益、维护劳动关系稳定和推动社会和谐发展中的关键作用。同时，本章也体现了法治理念在现代社会治理中的应用，促进了学生对法律制度的深入理解和正确应用。

## 课证融通

### 一、单选题

1.［2022 年真题］甲公司与周某签订了试用期为 1 个月的劳动合同，合同约定周某转正后的工资为每月 10 000 元。已知甲公司员工的月平均工资为 7 000 元，当地月最低工资标准为 2 480 元。周某在试用期的月工资最低为（　　）。

A.8 000 元　　B.7 000 元　　C.10 000 元　　D.2 480 元

2.［2022 年真题］甲公司职工李某非因工负伤入院治疗时，在甲公司工作年限为 4 年，其实际工作年限为 12 年。李某应享受的医疗期期间为（　　）。

A.9 个月　　B.6 个月　　C.3 个月　　D.12 个月

3.［2020 年真题］2019 年 8 月 1 日，甲公司向郭某发出书面录用通知。8 月 6 日，郭某到甲公司上班。8 月 10 日，甲公司与郭某签订劳动合同，约定劳动合同期限 2 年，试用期 1 个月。甲公司与郭某劳动关系建立的时间为（　　）。

A.2019 年 9 月 1 日　　B.2019 年 8 月 10 日

C.2019 年 8 月 6 日　　D.2019 年 8 月 1 日

4.［2020 年真题］根据劳动合同法律制度的规定，下列关于非全日制用工形式的表述中，正确的是（　　）。

A. 小时计酬标准不得低于用人单位所在地最低小时工资标准

B. 双方当事人任何一方终止用工均应提前 3 天通知对方

C. 劳动报酬可按月结算

D. 双方当事人可以约定试用期

5.［2018 年真题］2017 年 7 月 1 日，李某到甲公司工作，按月领取工资 3 000 元。同年 9 月 1 日，甲公司与李某签订书面劳动合同。已知，当地月最低工资标准为 1 800 元，当地上年度职工月平均工资为 3 500 元。因未及时与李某签订书面劳动合同，甲公司应向其补偿的工资数额为（　　）。

A.7 000 元　　B.3 000 元　　C.3 500 元　　D.1 800 元

6.［2019 年真题］甲公司通过签订服务期协议将尚有 4 年劳动合同期限的职工刘某派出参加 6 个月的专业技术培训，甲公司提供 10 万元专项培训费用。双方约定，刘某培训结束后须在甲公司工作满 5 年，否则应向公司支付违约金。刘某培训结束工作 2 年时因个人原因向公司提出解除劳动合同。下列关于刘某服务期约定及劳动合同解除的表述中，正确的是（　　）。

A. 双方不得在服务期协议中约定违约金

B. 5 年服务期的约定因超过劳动合同剩余期限而无效

C. 刘某可以解除劳动合同，但甲公司有权要求其支付违约金

D. 服务期约定限制了刘某的自主择业权

7.［2020 年真题］甲公司与刘某订立了 1 年期限劳动合同，刘某上班 2 个月后，不能胜任工作，经甲公司培训后仍不能胜任，甲公司欲解除与刘某的劳动合同，此时刘某已怀孕。下列关于甲公司解除与刘某劳动合同的表述中，正确的是（　　）。

A. 甲公司提前 30 日以书面形式通知刘某可解除劳动合同

B. 甲公司不得解除劳动合同

C. 甲公司可随时通知刘某而解除劳动合同

D. 甲公司额外支付刘某 1 个月工资后可解除劳动合同

8. ［2021 年真题］根据社会保险法律制度的规定，职工发生伤亡的下列情形中，视同工伤的是（　　）。

A. 在下班途中受到本人负主要责任的交通事故伤害

B. 因工外出期间，由于非工作原因受到伤害

C. 在抢救灾害、维护国家利益、公共利益活动中受到伤害

D. 在工作时间和工作岗位，突发疾病，虽经抢救但在 72 小时后死亡

## 二、多选题

1. ［2020 年真题］2019 年 11 月 1 日，甲公司向张某发出录用通知，11 月 6 日，张某到甲公司上班，截至 2019 年 12 月 31 日，甲公司一直未与张某签订劳动合同。关于甲公司未与张某签订书面劳动合同法律后果的下列表述中，正确的有（　　）。

A. 甲公司与张某之间视为自 2019 年 12 月 6 日起已订立无固定期限劳动合同

B. 甲公司应当与张某补订书面劳动合同

C. 甲公司与张某之间未建立劳动关系

D. 甲公司与张某之间的劳动关系自 2019 年 11 月 6 日起建立

2. ［2020 年真题］甲公司与刘某签订了 2 年期限劳动合同。合同履行 1 年时，刘某因自主创业而向甲公司提出解除劳动合同。下列关于刘某单方面解除劳动合同方式及后果的表述中，正确的有（　　）。

A. 刘某应向甲公司支付违约金

B. 刘某应提前 3 日以书面形式通知甲公司

C. 刘某应提前 30 日以书面形式通知甲公司

D. 甲公司不需向刘某支付经济补偿

3. ［2018 年真题］根据社会保险法律制度的规定，下列关于社会保险费征缴的表述中，正确的有（　　）。

A. 职工应当缴纳的社会保险费由用人单位代扣代缴

B. 用人单位未按时足额缴纳社会保险费的，由社会保险费征收机构责令其限期缴纳或者补足

C. 未在用人单位参加社会保险的非全日制从业人员可以直接向社会保险征收机构缴纳社会保险费

D. 用人单位应当自用工之日起 30 日内为其职工向社会保险经办机构申请办理社会保险登记

4. ［2021 年真题］下列工作岗位中，企业可以采用劳务派遣用工形式的有（　　）。

A. 主营业务岗位　　B. 替代性岗位

C. 临时性岗位　　D. 辅助性岗位

5. ［2023 年真题］甲公司职工钱某在上班期间因操作失误致使手臂损伤而住院治疗，

下列关于钱某住院治疗期间享受工资福利待遇的表述中，正确的有（　　）。

A. 钱某应享受医疗期待遇

B. 甲公司应当按照员工工资福利待遇按月向其支付工资

C. 钱某应享受停工留薪期待遇

D. 甲公司可以根据当地最低工资标准的 80% 按月向其支付工资

6.［2021 年真题］乙公司明知王某系甲公司技术人员，仍与其协商后加以聘用。后因王某忙于乙公司的技术研发对完成甲公司的工作任务造成严重影响，并给甲公司造成经济损失。关于王某与甲、乙公司同时建立劳动关系后果的下列表述中，正确的有（　　）。

A. 甲公司解除劳动合同应向王某支付经济补偿

B. 甲公司可随时通知王某解除劳动合同

C. 甲公司有权要求王某赔偿经济损失

D. 甲公司的经济损失应当由乙公司与王某承担连带赔偿责任

7.［2021 年真题］根据社会保险法律制度的规定，参保职工因工伤发生的下列费用中，由用人单位支付的有（　　）。

A. 一次性伤残补助金

B. 终止或者解除劳动合同时，应当享受的一次性伤残就业补助金

C. 五级、六级伤残职工按月领取的伤残津贴

D. 治疗工伤期间的工资福利

8.［2021 年真题］领取失业保险金的下列人员中，应当停止领取失业保险金，并同时停止享受其他失业保险待遇的有（　　）。

A. 重新就业的李某

B. 移居境外的孙某

C. 应征服兵役的张某

D. 被行政拘留 10 日的王某

## 三、判断题

1.［2022 年真题］劳动者因职业病请求用人单位给予工伤保险待遇发生的纠纷，属于劳动争议。（　　）

2.［2021 年真题］参加职工基本养老保险的个人跨统筹地区就业的，其基本养老保险关系随本人转移，缴费年限累计计算。（　　）

3.［2020 年真题］最低工资标准包括以货币形式发放的住房补贴。（　　）

4.［2023 年真题］集体合同中劳动报酬和劳动条件等标准不得低于当地人民政府规定的最低标准。（　　）

5.［2023 年真题］用人单位应当在解除劳动合同时出具解除劳动合同的证明，并在 15 日内为劳动者办理档案和社会保险关系转移手续。（　　）

6.［2020 年真题］劳动争议由劳动合同履行地或者用人单位所在地的劳动争议仲裁委员会管辖，双方当事人分别向劳动合同履行地和用人单位所在地的劳动争议仲裁委员会申请仲裁的，由用人单位所在地的劳动争议仲裁委员会管辖。（　　）

7.［2019 年真题］参加基本养老保险的个人，在未到法定退休年龄时因病或者非因工致残完全丧失劳动能力的，可以领取病残津贴。(　　)

8.［2020 年真题］用人单位与劳动者订立的劳动合同中劳动报酬和劳动条件等标准不得低于集体合同规定的标准。(　　)

# 第十章　支付结算法律制度

## 学习目标

### ◆ 知识目标

掌握支付结算的概念、原则、基本要求和工具
掌握银行卡的分类、账户和交易、计息与收费
掌握汇兑、委托收款等结算方式
掌握支付机构的概念和支付服务的种类
熟悉银行结算账户的开立、变更和撤销
熟悉各类银行结算账户的开立和使用
熟悉银行卡收单、条码支付、网络支付、预付卡等电子支付方式
熟悉支付结算纪律和违反法律制度的法律责任

### ◆ 能力目标

能明晰票据、银行卡等非现金支付工具的使用方法和注意事项
能运用支付结算法律制度解决实际问题

### ◆ 素质目标

养成遵守支付结算原则和纪律的意识和习惯
培养对支付结算法律制度的尊重和维护

**专栏 10：党的二十大精神与支付结算法律制度**

**如何理解建设现代中央银行制度**

建设现代中央银行制度是实现现代金融政策体系服务功能的需要。一是健全现代货币政策框架。货币政策以币值稳定为首要目标，更加重视充分就业。中央银行要实现币值稳定目标，要以市场化方式对银行体系货币创造行为进行调控，保持资产负债表的健康可持续，必须实行独立的中央银行财务预算管理制度，防止财政赤字货币化。二是建设金融基础设施服务体系。金融基础设施是中央银行实现目标任务的重要支撑，通过统筹规划金融业综合统计、反洗钱以及金融市场登记托管、清算结算、支付、征信等金融基础设施建设，推动境内外各类金融基础设施互联互通。三是构建系统性金融风险防控体系。中央银行必须在事前事中事后全过程切实履行防控系统性金融风险的责任。健全宏观审慎管理体系，强化金融监管协调机制，保护金融消费者合法权益，对重大金融风险的责任进行严肃追究和惩戒。四是完善国际金融协调合作治理机制。推动国际货币体系和金融监管改革，推进金融双向开放。

资料来源：本书编写组．党的二十大报告学习辅导百问 [M]. 北京：学习出版社，2022.

# 第一节　支付结算基本内容

## 一、支付结算概述

### 知识点 1：支付结算的概念

支付结算，是指单位、个人在社会经济活动中使用票据、银行卡和汇兑、托收承付、委托收款等结算方式进行货币给付及资金清算的行为。主要功能是完成资金从一方当事人向另一方当事人的转移。银行（指银行业金融机构）以及单位（含个体工商户）和个人是办理支付结算的主体。银行是支付结算和资金清算的中介机构。未经中国人民银行批准的非银行金融机构和其他单位不得作为中介机构办理支付结算业务。支付结算是指转账结算，不包括使用现金。

微课：支付结算基本内容

### 知识点 2：主要支付结算工具与支付结算原则

我国已形成了以票据和银行卡为主体，以电子支付（网上银行、第三方支付）为发展方向的非现金支付工具体系。

#### 1. 主要支付结算工具

**（1）三票一卡**。三票一卡是指汇票、本票、支票、银行卡。汇票分为银行汇票和商业汇票，商业汇票根据承兑人的不同划分为银行承兑汇票和商业承兑汇票。

**（2）结算方式**。结算方式包括：汇兑、托收承兑、委托收款、网上支付。

#### 2. 办理支付结算原则

恪守信用，履约付款；谁的钱进谁的账，由谁支配；银行不垫款。

## 二、支付结算的基本要求

### 知识点 1：基本要求与填写规范

#### 1. 基本要求

单位、个人和银行办理支付结算，必须使用按中国人民银行统一规定印制的票据凭证和结算凭证；不得伪造、变造签章和其他记载事项；填写应当规范。

#### 2. 填写规范

**（1）收款人名称**。单位和银行的名称应当记载全称或规范化简称。

**（2）出票日期**。出票日期必须使用中文大写。

**（3）规范写法**。出票日期规范写法如表 10–1 所示。

**表 10–1　出票日期规范写法**

<table>
<tr><th colspan="2">实际日期</th><th>票据日期</th></tr>
<tr><td colspan="2">月为“壹”“贰”和“壹拾”的</td><td rowspan="2">前加“零”</td></tr>
<tr><td colspan="2">日为“壹”至“玖”和“壹拾”“贰拾”“叁拾”的</td></tr>
<tr><td colspan="2">日为“拾壹”至“拾玖”的</td><td>前加“壹”</td></tr>
<tr><td>注意事项</td><td colspan="2">为防止变造出票日期。月：1、2、10 ＋“零”。日：1～9，10、20、30 ＋“零”；11～19 ＋“壹”。<br>日期写法应满足三大要求：汉语语言的规律、数字金额的构成、防止涂改的要求。<br>如 1 月 15 日，应写成零壹月壹拾伍日；10 月 20 日，应写成零壹拾月零贰拾日。</td></tr>
</table>

#### 3. 关于金额

票据和结算凭证金额以中文大写和阿拉伯数码同时记载，二者必须一致，二者不一致的票据无效；二者不一致的结算凭证，银行不予受理。

### 知识点 2：其他要求

#### 1. 签章要求

签章要求如表 10–2 所示。

**表 10-2　签章要求**

| 分类 | | 具体要求 |
|---|---|---|
| 一般规定 | | 票据和结算凭证上的签章为签名、盖章或者签名加盖章 |
| 具体规定 | 单位、银行 | 该单位、银行的盖章，加其法定代表人或其授权的代理人的签名或者盖章（预留银行签章） |
| | 个人 | 本人的签名或者盖章 |

**2. 更改要求**

出票金额、出票日期、收款人名称不得更改，更改的票据无效；更改的结算凭证，银行不予受理。

对票据和结算凭证上的其他记载事项，原记载人可以更改，更改时应当由原记载人在更改处签章证明。

**3. 区分“伪造”与“变造”**

票据和结算凭证上的签章和其他记载事项应当真实，不得伪造、变造。

伪造是指无权限人假冒他人或虚构他人名义签章的行为；变造是指无权更改票据内容的人，对票据上“签章以外”的记载事项加以改变的行为。

伪造人不承担票据责任，而应追究其刑事责任（附带民事赔偿）。

## 第二节　银行结算账户

### 一、银行结算账户概述

#### 知识点 1：银行结算账户的概念和分类

**1. 银行结算账户概念**

银行结算账户，是指银行为存款人开立的办理资金收付结算的活期存款账户。银行，是指在中国境内经批准经营支付结算业务的银行业金融机构；存款人，是指在中国境内开立银行结算账户的机关、团体、部队、企业、事业单位、其他组织、个体工商户和自然人。

**微课：**银行结算账户概述

**2. 银行结算账户分类**

**（1）按存款人分类。**银行结算账户按存款人分类可分为单位银行结算账户和个人银行结算账户。

**（2）按用途分类。**银行结算账户按用途分类可分为基本存款账户、一般存款账户、专用存款账户和临时存款账户。

**（3）其他要求**。

一是个体工商户凭营业执照以字号或经营者姓名开立的银行结算账户纳入单位银行结算账户管理。

二是财政部门为实行财政国库集中支付的预算单位在商业银行开设的零余额账户按基本存款账户或专用存款账户管理。

三是一般情况下，须先开立基本存款账户，然后才能开立其他三个账户，但因注册验资而开立的临时存款账户等情形除外。注册验资而开立的临时存款账户后期可以转为基本存款账户。

四是个人结算账户，存款人凭个人身份证件以自然人名称开立。

## 知识点 2：银行结算账户开立

### 1. 开立地点要求

存款人在注册地或住所地开立银行结算账户，可在异地开户，但须满足跨省、市、县的开户条件。

### 2. 开立核实要求

银行应核实企业开户意愿，可采用面对面或视频方式，确保工作记录完备。对于法定代表人或单位负责人信息不清晰的，银行应在开户初期谨慎开通非柜面业务。

### 3. 审慎开通事项

针对法定代表人或单位负责人信息不清楚的单位，银行须与其面签账户管理协议，并保存视频、音频资料。初期原则上不开通非柜面业务，待了解后再审慎处理。

### 4. 开立名称要求

存款人申请开立单位账户时，账户名称、开户证明文件上的名称及预留签章中的名称应一致。特殊情况除外，例如注册验资的临时存款账户或法定代表人与银行协议中的出资人名称不同等。

### 5. 存款人自主原则

存款人除法律、法规及国务院规定外，不得被强制指定到特定银行开立结算账户。

### 6. 开户申请签章要求

单位应使用公章和法定代表人或其代理人的签名或印章。开户申请上的签章应与开户协议的签章一致。变更和撤销申请的签章要求与开户相同。

### 7. 签订银行结算账户管理协议要求

存款人提交开户申请时，填写开户申请书并由银行认真审查。对于异地开户的单位，银行须与法定代表人或负责人面签账户管理协议。

**（1）异地开户**。银行与法定代表人或负责人面签账户管理协议。

（2）**开通非柜面转账业务**。存款人和银行签订协议，约定转账的限额、笔数等。

### 8. 不同法人在开户制度上的区别

企业与非企业法人在开户制度上的区别如表 10–3 所示。

**表 10–3　企业与非企业法人在开户制度上的区别**

| 项目 | 非企业法人 | 企业 |
| --- | --- | --- |
| 核准制账户 | 基本存款账户、临时存款账户（因注册验资和增资验资开立的临时存款账户除外）、预算单位专用存款账户、QFII 专用存款账户 | 基本存款账户、临时存款账户改为执行备案制 |
| 开户许可证 | 有正本和副本之分，正本由申请人保管，副本由申请人开户银行留存 | 用基本存款账户编号，代替原基本存款账户核准号使用；申请开立一般存款账户、专用存款账户、临时存款账户时，应当向银行提供基本存款账户编号 |
| 生效日 | 存款人开立单位银行结算账户，自正式开立之日起 3 个工作日后，方可办理付款业务；注册验资的临时存款账户转为基本存款账户和因借款转存开立的一般存款账户除外 | 自开立之日即可办理收付款业务 |

## 知识点 3：银行结算账户变更

### 1. 主动变更

存款人变更账户名称、单位的法定代表人或主要负责人、地址等其他开户证明文件后，应及时向开户银行办理变更手续。

存款人更改名称，但不改变开户银行及账号的，应于 5 个工作日内向开户银行提出银行结算账户的变更申请，并出具有关部门的证明文件。

单位的法定代表人或主要负责人、住址以及其他开户资料发生变更时，应于 5 个工作日内书面通知开户银行并提供有关证明。

### 2. 被动变更

银行发现企业名称、法定代表人或单位负责人发生变更的，应及时通知企业办理变更手续；企业自通知送达之日起的合理期限内仍未办理变更手续，且未提出合理理由的，银行有权采取措施适当控制账户交易。

企业营业执照、法定代表人或者单位负责人有效身份证件列明有效期限的，银行应当于到期日前提示企业及时更新，有效期到期后的合理期限内企业仍未更新，且未提出合理理由的，银行应当按规定中止其办理业务。

### 3. 原开户许可证处理

因办理变更收回企业开户许可证原件，不再换发新的开户许可证。

企业名称、法定代表人或单位负责人变更，账户管理系统重新生成新的基本存款账户编号，银行应当打印《基本存款账户信息》并交付企业。

企业遗失或损毁取消许可前基本存款账户开户许可证的，由企业出具说明，人民银行分支机构不再补发，企业可以向基本存款账户开户银行申请打印《基本存款账户信息》。

### 知识点 4：银行结算账户撤销

#### 1. 应当撤销银行结算账户的法定情形

应当撤销银行结算账户的法定情形包括：被撤并、解散、宣告破产或关闭的；注销、被吊销营业执照的；因“迁址”需要变更开户银行的；因其他原因需要撤销银行结算账户的。存款人迁址视不同情况（是否变更开户行）分别适用变更或撤销的规定。

#### 2. 撤销程序

银行在收到存款人撤销银行结算账户的申请后，对于符合销户条件的，应在 2 个工作日内办理撤销手续。

存款人撤销银行结算账户，必须与开户银行核对银行结算账户存款余额，交回各种重要空白票据及结算凭证，银行核对无误后方可办理销户手续。

企业因转户原因撤销基本存款账户的，银行应打印已开立银行结算账户清单并交付企业。

#### 3. 撤销顺序

撤销银行结算账户时，应当先撤销一般存款账户、专用存款账户、临时存款账户，将账户资金转入基本存款账户后，方可办理基本存款账户的撤销。

撤销基本存款账户后，需要重新开立基本存款账户的，应在撤销其原基本存款账户后 10 日内申请重新开立基本存款账户。

#### 4. 不得撤销银行结算账户情形

存款人尚未清偿其开户银行债务的，不得申请撤销该银行结算账户。

#### 5. 强制撤销

银行对一年未发生收付活动且未欠开户银行债务的单位银行结算账户，以及对于按照账户管理规定应撤销而未办理销户手续的单位银行结算账户，应通知单位自发出通知之日起 30 日内办理销户手续，逾期视同自愿销户，未划转款项列入久悬未取专户管理。

## 二、各类银行结算账户开立和使用

### 知识点 1：基本存款账户

#### 1. 基本存款账户的概念

基本存款账户是存款人因办理日常转账结算和现金收付需要开立的银行结算账户。

**2. 基本存款账户开立范围**

基本存款账户开立范围：企业法人；非法人企业；机关、事业单位；团级（含）以上军队、武警部队及分散执勤的支（分）队；社会团体；民办非企业组织；异地常设机构；外国驻华机构；个体工商户；居民委员会、村民委员会、社区委员会；单位设立的独立核算的附属机构，包括食堂、招待所、幼儿园；其他组织，即按照现行的法律、行政法规规定可以成立的组织，如业主委员会、村民小组等组织。

**3. 基本存款账户开户证明文件**

**（1）关键证照**。属于开立范围内，按照机构类型提供个体工商户营业执照、批文、证明等。

**（2）其他要求**。单位附属独立核算的食堂、招待所、幼儿园，应出具其主管部门的基本存款账户开户许可证和批文。

开户时，应出具法定代表人或单位负责人有效身份证件。法定代表人或单位负责人授权他人办理的，还应出具法定代表人或单位负责人授权书以及被授权人的有效身份证件。

**4. 使用规定**

基本存款账户是存款人的主办账户，一个单位只能开立一个基本存款账户。存款人日常经营活动的资金收付，以及存款人的工资、奖金和现金的支取，应通过该账户办理。

### 知识点 2：一般存款账户

**1. 一般存款账户的概念**

一般存款账户，是指存款人因借款或其他结算需要，在基本存款账户开户银行以外的银行营业机构开立的银行结算账户。

**2. 一般存款账户开户证明文件**

一般存款账户开户证明文件包括：基本存款账户开户许可证或企业基本存款账户编号；开立基本存款账户规定的证明文件；存款人因向银行借款需要，应出具借款合同；存款人因其他结算需要，应出具有关证明。

**3. 一般存款账户使用范围**

一般存款账户用于办理存款人借款转存、借款归还和其他结算的资金收付。该账户可以办理现金缴存，但不得办理现金支取。开立一般存款账户没有数量限制。

### 知识点 3：专用存款账户

**1. 专用存款账户的概念**

专用存款账户，是指存款人按照法律、行政法规和规章，对特定用途资金进行专项管理和使用而开立的银行结算账户。

### 2. 专用存款账户使用规定

专用存款账户的使用规定如表 10–4 所示。

表 10–4 专用存款账户的使用规定

| 各类专用账户 | 具体使用规定 |
|---|---|
| 单位银行卡账户 | 资金必须由基本存款账户转入，该账户不得办理现金收付业务（不存不取） |
| 证券交易结算资金账户；<br>期货交易保证金账户；<br>信托基金账户 | 不得支取现金（可存不取） |
| 基本建设资金账户；<br>更新改造资金账户；<br>政策性房地产开发资金账户 | 需要支取现金的，应在开户时报中国人民银行当地分支行批准 |
| 粮、棉、油收购资金账户；<br>社会保障基金账户；<br>住房基金账户；<br>党、团、工会经费账户 | 支取现金应按照国家现金管理的规定办理 |
| 收入汇缴账户 | 除向其基本存款账户或预算外资金财政专用存款账户划缴款项外，只收不付，不得支取现金 |
| 业务支出账户 | 除从其基本存款账户拨入款项外，只付不收，可以按规定支取现金 |

### 3. 开户要求

存款人申请开立专用存款账户，应向银行出具其开立基本存款账户规定的证明文件、基本存款账户开户许可证或企业基本存款账户编号和各项专用资金的有关证明文件。

## 知识点 4：预算单位零余额账户

### 1. 开户程序

预算单位使用财政性资金可申请开立零余额账户。由预算单位向财政部门提出设立申请。

### 2. 开户要求

一个基层预算单位只能开设一个零余额账户。

### 3. 账户管理

预算单位未开立基本存款账户，或者原基本存款账户在国库集中支付改革后已按照财政部门的要求撤销的，作为基本存款账户管理。除此情形外，作为专用存款账户管理。

#### 4. 使用规定

预算单位零余额账户用于财政授权支付；可以办理转账、提取现金等结算业务；可以向本单位按账户管理规定保留的相应账户划拨工会经费、住房公积金及提租补贴，以及财政部门批准的特殊款项；不得违反规定向本单位其他账户和上级主管单位、所属下级单位账户划拨资金。

### 知识点 5：临时存款账户

#### 1. 临时存款账户的概念

临时存款账户，是指存款人因临时需要并在规定期限内使用而开立的银行结算账户。

#### 2. 临时存款账户适用范围

一是设立临时机构，如设立工程指挥部、摄制组、筹备领导小组等。

二是异地临时经营活动，如建筑施工及安装单位等在异地的临时经营活动。

三是注册验资、增资。

四是军队、武警单位承担基本建设或者异地执行作战、演习、抢险救灾、应对突发事件等临时任务。

#### 3. 开户时不需要提供基本存款账户开户登记证的情形

设立临时机构；境外（含港、澳、台地区）机构在境内从事经营活动；军队、武警单位因执行作战、演习、抢险救灾、应对突发事件等任务需要开立银行账户；验资临时账户。

#### 4. 开户证明文件

**（1）关键证照**。适用范围内的机构或活动，提供执照、批文、证明等。

**（2）其他要求**。军队、武警需要开立临时存款账户的凭团级以上单位后勤（联勤）部门出具的批件或证明，如开立基本存款账户需要军级以上单位。

#### 5. 使用规定

临时存款账户的有效期最长不得超过 2 年；临时存款账户支取现金，应按照国家现金管理的规定办理；除注册验资临时存款账户外（只收不付），其他的可提现。

### 知识点 6：个人银行结算账户

#### 1. 个人银行结算账户的概念

个人银行结算账户，是指存款人因投资、消费、结算等需要而凭个人身份证件以自然人名称开立的银行结算账户。自然人可根据需要申请开立个人银行结算账户，也可以在已开立的储蓄账户中选择并向开户银行申请确认为个人银行结算账户。储蓄账户仅限于办理现金存取业务，不得办理转账结算。

### 2. 个人银行结算账户的分类及功能

个人银行结算账户的分类及功能如表 10–5 所示。

**表 10–5 个人银行结算账户的分类及功能**

<table>
<tr><th colspan="2">项目类型</th><th>Ⅰ类</th><th colspan="2">Ⅱ类</th><th colspan="2">Ⅲ类</th></tr>
<tr><td rowspan="2">转账业务</td><td>向非绑定账户转出</td><td>√</td><td colspan="2">限额</td><td colspan="2">限额</td></tr>
<tr><td>向非绑定账户转入</td><td>√</td><td>限额</td><td rowspan="3">经银行工作人员面对面确认身份</td><td>限额</td><td>经银行工作人员面对面确认身份</td></tr>
<tr><td rowspan="2">现金业务</td><td>存入</td><td>√</td><td>限额</td><td colspan="2">×</td></tr>
<tr><td>支取</td><td>√</td><td>限额</td><td colspan="2">×</td></tr>
<tr><td colspan="2">购买投资理财等金融产品</td><td>√</td><td colspan="2">√</td><td colspan="2">×</td></tr>
<tr><td colspan="2">消费和缴费</td><td>√</td><td colspan="2">限额</td><td colspan="2">限额</td></tr>
<tr><td colspan="2">限额</td><td>—</td><td colspan="2">日累计≤ 1 万元；<br>年累计≤ 20 万元</td><td colspan="2">任一时点账户余额≤ 2 000 元</td></tr>
<tr><td colspan="2">注意事项</td><td colspan="5">银行通过Ⅱ类账户放贷及个人通过Ⅱ类账户还贷，不受转账限额规定。<br>Ⅲ类账户不得发放实体介质（卡、折）。<br>个人开立Ⅱ、Ⅲ类户，可以绑定Ⅰ类户或者信用卡账户进行身份验证，不得绑定非银行支付机构开立的支付账户进行身份验证。在银行柜面开立的，则无须绑定Ⅰ类账户或者信用卡账户进行身份验证。<br>经银行柜面、自助设备加以银行工作人员现场面对面确认身份的，Ⅱ类户还可以办理现金存取、非绑定账户资金转入业务。<br>开立银行账户或者办理其他个人银行账户业务，原则上应当由开户申请人本人亲自办理，符合条件的，可以由他人代理办理。</td></tr>
</table>

### 3. 开户程序

开户程序如表 10–6 所示。

**表 10–6 开户程序**

<table>
<tr><th colspan="2">方式</th><th>可开立账户</th></tr>
<tr><td colspan="2">柜面开户</td><td>Ⅰ、Ⅱ、Ⅲ类</td></tr>
<tr><td rowspan="2">自助机具开户</td><td>工作人员现场核验</td><td>Ⅰ、Ⅱ、Ⅲ类</td></tr>
<tr><td>工作人员未现场核验</td><td>Ⅱ、Ⅲ类</td></tr>
<tr><td colspan="2">电子渠道开户</td><td>Ⅱ、Ⅲ类</td></tr>
</table>

### 4. 开户证明文件

个人银行账户实行实名制管理。申请人开立账户时应提供本人有效身份证件（见表 10–7）。银行通过有效身份证件仍无法准确判断申请人身份的，应要求出具辅助身份材料。

表 10-7　证件类别

| 开户人 | | 有效身份证件 | 辅助身份证明 |
| --- | --- | --- | --- |
| 中国大陆居民 | 定居国内 | 身份证；不满 16 周岁的可以使用户口簿 | 户口簿、护照、机动车驾驶证、居住证、社会保障卡、军人和武警身份证件、公安机关出具的户籍证明、工作证；军人、武警尚未领取居民身份证的，还应出具军人保障卡或所在单位开具的尚未领取居民身份证的证明材料 |
| | 定居国外 | 中国护照 | 定居国外的证明文件 |
| 中国港澳居民 | | 来往内地通行证、港澳居民居住证 | 香港、澳门特别行政区居民身份证 |
| 中国台湾居民 | | 来往大陆通行证、台湾居民居住证 | 在台湾居住的有效身份证明 |
| 外国人 | | 外国护照或永久居留证 | 外国居民身份证、使领馆人员身份证件或者机动车驾驶证等其他带有照片的身份证件 |

**5. 代理开户**

**（1）出具证明**。代理人应出具代理人、被代理人的有效身份证件以及合法的委托书等。银行认为有必要的，应要求代理人出具证明代理关系的公证书。

**（2）单位代理**。单位代理开立的个人银行账户，在被代理人持本人有效身份证件到开户银行办理身份确认、密码设（重）置等激活手续前，只收不付。

**（3）法定代理**。无民事行为能力或限制民事行为能力的开户申请人，由法定代理人或者人民法院等有关部门依法指定的人员代理办理。无民事行为能力人或限制民事行为能力人，可以申请开立个人银行结算账户，但不得使用银行卡。

**6. 使用规定**

个人银行结算账户用于办理个人转账收付和现金存取，11 类合法款项可以转入个人银行结算账户。

单位从其银行结算账户支付给个人银行结算账户的款项，每笔超过 5 万元人民币（不包含 5 万元人民币）的，应向其开户银行提供付款依据。单笔超过 5 万元人民币时，付款单位若在付款用途栏或备注栏注明事由，可不再另行出具付款依据。一切个人合法所得可以转入个人银行结算账户，但禁止公款私存。

从单位银行结算账户支付给个人银行结算账户的款项应纳税的，税收代扣单位付款时应向其开户银行提供完税证明。

## 知识点 7：异地银行结算账户

**1. 异地银行结算账户的概念**

异地银行结算账户，是指存款人在其注册地或住所地行政区域之外（跨省、市、县）开立的银行结算账户。

### 2. 异地银行结算账户适用范围

异地银行结算账户适用范围：营业执照注册地与经营地不在同一行政区域（跨省、市、县）需要开立基本存款账户的；办理异地借款和其他结算需要开立一般存款账户的；存款人因附属的非独立核算单位或派出机构发生的收入汇缴或业务支出需要开立专用存款账户的；异地临时经营活动需要开立临时存款账户的；自然人根据需要在异地开立个人银行结算账户的。

各类银行结算账户的现金存取规定如表 10-8 所示。

**表 10-8 各类银行结算账户的现金存取规定**

<table>
<tr><th colspan="2">账户名称</th><th>存现</th><th>取现</th></tr>
<tr><td colspan="2">基本存款账户</td><td>√</td><td>√</td></tr>
<tr><td colspan="2">一般存款账户</td><td>√</td><td>×</td></tr>
<tr><td rowspan="8">专用存款账户</td><td>单位银行卡账户</td><td>×</td><td>×</td></tr>
<tr><td>证券交易结算资金</td><td>√</td><td>×</td></tr>
<tr><td>期货交易保证金</td><td>√</td><td>×</td></tr>
<tr><td>信托基金</td><td>√</td><td>×</td></tr>
<tr><td>收入汇缴</td><td>√</td><td>×</td></tr>
<tr><td>业务支出</td><td>×</td><td>√</td></tr>
<tr><td>其他专用存款账户</td><td>√</td><td>√</td></tr>
<tr><td rowspan="2">临时存款账户</td><td>验资</td><td>√</td><td>×</td></tr>
<tr><td>其他</td><td>√</td><td>√</td></tr>
<tr><td colspan="2">预算单位零余额账户</td><td>×</td><td>√</td></tr>
<tr><td rowspan="3">个人银行结算账户</td><td>Ⅰ</td><td>√</td><td>√</td></tr>
<tr><td>Ⅱ</td><td>限额</td><td>限额</td></tr>
<tr><td>Ⅲ</td><td>×</td><td>×</td></tr>
</table>

## 知识点 8：银行结算账户的管理

### 1. 实名制管理

存款人应当以实名开立银行结算账户，并对其出具的开户（变更、撤销）申请资料实质内容的真实性负责，但法律、行政法规另有规定的除外。

存款人不得出租、出借银行结算账户和利用银行结算账户套取银行信用或洗钱。

### 2. 预留银行签章管理

预留银行签章管理如表 10-9 所示。

表 10-9　预留银行签章管理

<table>
<tr><th colspan="2">情形</th><th>办理人员</th><th colspan="2">证明文件</th></tr>
<tr><td rowspan="2">遗失</td><td>公章或财务章</td><td>—</td><td colspan="2">书面申请、营业执照等</td></tr>
<tr><td>个人章</td><td>—</td><td colspan="2">经签名确认的书面申请、原预留印章或签字人的身份证件</td></tr>
<tr><td rowspan="5">更换</td><td rowspan="3">公章或财务章</td><td rowspan="2">法定代表人或单位负责人</td><td>正常更换</td><td>书面申请、原预留公章或财务专用章等；<br>法定代表人或单位负责人的身份证件</td></tr>
<tr><td>无法提供原章</td><td>原印鉴卡、营业执照正本、司法部门的证明</td></tr>
<tr><td>授权他人</td><td colspan="2">书面申请、原预留公章或财务专用章等 + 授权书，以及法定代表人或单位负责人的身份证件和被授权人的身份证件</td></tr>
<tr><td rowspan="2">个人章</td><td>法定代表人或单位负责人</td><td colspan="2">加盖该单位公章的书面申请以及法定代表人或单位负责人的身份证件</td></tr>
<tr><td>授权他人</td><td colspan="2">加盖该单位公章的书面申请、法定代表人或单位负责人的身份证件（非必须）、该单位出具的授权书以及被授权人的身份证件</td></tr>
</table>

**3. 可授权他人办理的事项**

存款人申请临时存款账户展期，变更、撤销单位银行结算账户，变更预留公章、财务章、个人签章以及补（换）发开户许可证时可由法定代表人或单位负责人直接办理，也可授权他人办理。对注册地和经营地均在异地的单位，银行应当与其法定代表人或者负责人面签银行结算账户管理协议。

**4. 对账管理**

银行结算账户的存款人应与银行按规定核对账务。银行结算账户的存款人收到对账单或对账信息后，应及时核对账务并在规定期限内向银行发出对账回单或确认信息。

# 第三节　非票据结算方式

## 一、银行卡

### 知识点 1：银行卡的概念和分类

**1. 银行卡的概念**

银行卡，是指经批准由商业银行向社会发行的具有消费信用、转账结算、存取现金等全部或部分功能的信用支付工具。

### 2. 银行卡分类

银行卡分类如表 10-10 所示。

**表 10-10　银行卡分类**

| 分类标准 | 类别 | 分类标准 | 类别 |
|---|---|---|---|
| 是否可以透支 | 信用卡 | 按是否向发卡银行交存备用金 | 贷记卡（在信用额度内先消费、后还款的信用卡） |
| | | | 准贷记卡（交存一定金额的备用金，余额不足时，可在信用额度内透支的信用卡） |
| | 借记卡 | 按功能 | 转账卡：实时扣账的借记卡，具有转账结算、存取现金和消费功能<br>专用卡：具有专门用途、在特定区域使用的借记卡，具有转账结算、存取现金功能。专门用途是指在百货、餐饮、饭店、娱乐行业以外的用途<br>储值卡：发卡银行根据持卡人要求将其资金转至卡内储存，交易时直接从卡内扣款的预付钱包式借记卡 |
| 币种 | 人民币卡 | | |
| | 外币卡 | 国内商户可受理的 | 如 VISA、MasterCard 等 |
| 信息载体 | 磁条卡、芯片卡 | | |
| 发行对象 | 单位卡、个人卡 | | |
| 联名（认同）卡是商业银行与营利性机构 / 非营利性机构合作发行的银行卡附属产品，所依附的银行卡品种必须是经批准的品种，并应当遵守相应品种的业务章程或管理办法 | | | |

## 知识点 2：银行卡具体要求

### 1. 要求

发卡银行可根据申请人的资信程度要求其提供担保。担保的方式可采用保证、抵押或质押。

银行卡及其账户只限经发卡银行批准的持卡人本人使用，不得出租和转借。

### 2. 申领

申领人分类如表 10-11 所示。

**表 10-11　申领人分类**

| 申领人 | 申领卡种 | 申领条件 | 提供证明 |
|---|---|---|---|
| 单位 | 单位卡 | 开立基本存款账户 | 凭开户许可证或基本存款账户编号 |
| 个人 | 银行卡（储值卡除外） | — | 凭身份证件 |
| | 贷记卡 | 年满“18 周岁”<br>有“固定”职业和“稳定”收入<br>工作单位和户口在“常住地”<br>填写申请表，并在持卡人处亲笔签字 | 提供本人及附属卡持卡人、担保人的身份证复印件 |

### 3. 注销

持卡人在还清全部交易款项、透支本息和有关费用后，可申请办理销户。

发卡行受理注销之日起 45 天后，被注销信用卡账户方能清户。

### 4. 挂失

向发卡银行或代办银行申请挂失。

### 5. 发卡银行追偿透支款项和诈骗款项途径

发卡银行追偿透支款项和诈骗款项途径包括：扣减持卡人保证金；依法处理抵押物和质物；向保证人追偿透支款项；通过司法机关的诉讼程序进行追偿。

## 知识点 3：贷记卡

### 1. 贷记卡的特点

贷记卡的特点包括：先消费后还款；区别于准贷记卡的开卡时缴存备用金规定。

### 2. 非现金交易优惠政策

一是免息还款期。免息还款期，是指银行记账日至到期还款日。

二是最低还款额。现金交易（如贷记卡提现）不享受上述优惠政策。

### 3. 计息及透支利率

发卡银行对准贷记卡及借记卡（不含储值卡）账户内的存款，按照中国人民银行规定的同期同档次存款利率及计息办法计付利息。

自 2021 年 1 月 1 日起，信用卡透支率由发卡机构与持卡人自主协商确定。

利率调整机制：发卡机构至少提前 45 日通知，持卡人有权在新利率生效前选择销户，并按照已签订的协议偿还相关款项。

发卡机构在信用卡协议中以显著方式提示，确保持卡人充分知悉并确认接受的事项：信用卡利率标准和计结息方式；免息还款期和最低还款额待遇的条件和标准；向持卡人收取违约金的详细情形和收取标准等。信用卡协议中应同时注明日利率和年利率。

### 4. 信用卡预借现金业务

**（1）业务种类。**

一是现金提取。它是指持卡人通过柜面和自动柜员机等自助机具，以现钞形式获得信用卡预借现金额度内资金。

二是现金转账。它是指持卡人将信用卡预借现金额度内资金划转到本人银行结算账户。

三是现金充值。它是指持卡人将信用卡预借现金额度内资金划转到本人在非银行支付机构开立的支付账户。

**（2）风险控制。**

一是信用卡持卡人通过 ATM 等自助机具办理现金提取业务，每卡每日累计不得超过人民币 1 万元。

二是借记卡持卡人通过 ATM 等自助机具办理现金提取业务，每卡每日累计不得超过人民币 2 万元。

三是储值卡面值或卡内币值不得超过人民币 1 000 元。

**5. 由发卡机构自主决定的事项**

由发卡机构自主决定的事项包括：免息还款期和最低还款额待遇的条件和标准；信用卡透支的计结息方式；信用卡溢缴款收费计付利息及利率标准；持卡人违约逾期未还款是否收取违约金；是否提供信用卡现金充值服务。

**6. 不得收取的款项**

不得收取的款项包括：滞纳金；发卡机构向持卡人提供超过授信额度用卡的，不得收取超限费；发卡机构对向持卡人收取的违约金和年费、取现手续费、货币兑换费等服务费用不得计收利息。

## 知识点 4：银行卡收单

**1. 银行卡收单的概念、收单机构及特约商户**

**（1）银行卡收单的概念。**银行卡收单，是指持卡人刷卡消费后，银行在约定期限内与特约商户进行结算，并向其收取一定比例手续费的行为。

**（2）银行卡收单机构及特约商户**（见表 10-12）。

**表 10-12　银行卡收单机构及特约商户**

| 收单机构 | 特约商户 |
| --- | --- |
| 从事银行卡收单业务的银行业金融机构 | — |
| 获得银行卡收单业务许可、为实体特约商户提供收单服务的支付机构 | 实体特约商户 |
| 为网络特约商户提供收单服务的支付机构 | 网络特约商户 |

**2. 管理规定**

**（1）特约商户管理。**

一是实行实名制管理。强调特约商户须进行实名注册，并确保信息真实准确。

二是签订银行卡受理协议。规定受理协议内容，包括可受理的卡种、交易类型、结算账户设定、资金结算周期、手续费标准以及差错和纠纷处理方式。

三是确定收单银行结算账户。对单位，要求使用同名单位银行账户或与其存在合法资金管理关系的指定账户；对个体户或自然人，要求使用同名个人银行账户。

四是本地化管理。强调在特约商户所在地提供服务，不得跨省开展收单业务，以确保本地化运营和管理。

**（2）业务与风险管理。**

一是风险应对措施。针对高风险商户，采取措施如限制卡种和交易类型、强化监测、设置交易限额、延迟结算、增加检查频率、建立风险准备金等，但不停止交易。对于风险事件，包括延迟结算、暂停交易、回收终端等，同时涉嫌违法要及时报案。

二是风险事件。涉及套现、洗钱、欺诈、移机、持卡人信息泄露等风险事件，需要采取相应的防范和处理措施。

三是资金结算。规定收单机构须按协议约定及时结算资金到特约商户账户，最迟不得超过交易后 30 天，但对涉嫌违法违规的风险交易可延迟结算。

四是差错及退货处理。收单机构负责根据原交易信息处理差错和退货交易，将资金返还至持卡人原银行账户或指定的其他账户，确保退款迅速、准确。

### 3. 结算收费

收单机构向商户收取的收单服务费由收单机构与商户协商确定具体费率；发卡机构收取的发卡行服务费不区分商户类别，实行政府指导价、上限管理（见表 10–13）。对非营利性的医疗机构、教育机构、社会福利机构、养老机构、慈善机构刷卡交易，发卡行服务费、网络服务费全额减免。

**表 10–13　结算费用**

| 收费项目 | 收费方式 | 费率及封顶标准 |
|---|---|---|
| 收单服务费 | 收单机构向商户收取 | 实行市场调节价 |
| 发卡行服务费 | 发卡机构向收单机构收取 | 借记卡：不高于 0.35%（封顶 13 元） |
| | | 贷记卡：不高于 0.45% |
| 网络服务费 | 银行卡清算机构向发卡机构、收单机构分别收取 | |

## 二、汇兑和委托收款

### 知识点 1：汇兑

微课：汇兑和委托收款

### 1. 汇兑的概念、分类、适用范围、记载事项

**（1）汇兑的概念和分类**。汇兑，是指汇款人委托银行将其款项支付给收款人的结算方式。汇兑分为信汇、电汇。

**（2）汇兑适用范围**。单位、个人的各种款项结算均可使用。

**（3）汇兑记载事项**。汇兑记载事项包括：表明信汇或电汇的字样；无条件支付的委托；确定的金额；收款人名称；汇款人名称；汇入地点、汇入行名称；汇出地点、汇出行名称；委托日期；汇款人签章。

汇兑凭证记载的汇款人、收款人在银行开立存款账户的，必须记载其账号。

### 2. 汇款回单、收账通知、撤汇

**（1）汇款回单**。汇出银行受理汇款人签发的汇兑凭证，经审查无误后，应及时向汇入银行办理汇款，并向汇款人签发汇款回单。

汇款回单只能作为汇出银行受理汇款的依据，不能作为该笔汇款已转入收款人账户的证明。

**（2）收账通知**。收账通知是银行将款项确已收入收款人账户的凭据。汇入银行对开立存款账户的收款人，应将汇入的款项直接转入收款人账户，并向其发出收账通知。

**（3）撤汇**。汇款人对汇出银行尚未汇出的款项可以申请撤销。申请撤销时，应出具正式函件或本人身份证件及原信、电汇回单。

#### 知识点 2：委托收款

**1. 委托收款适用范围**

委托收款是收款人委托银行向付款人收取款项的结算方式。单位和个人凭已承兑商业汇票、债券、存单等付款人债务证明办理款项的结算，均可以使用委托收款结算方式。同城异地均可使用。

**2. 委托收款程序**

**（1）签发委托收款凭证必须记载的事项**。签发委托收款凭证必须记载的事项包括：表明委托收款的字样；确定的金额；付款人名称；收款人名称；委托收款凭据名称及附寄单证张数；委托日期；收款人签章。

**（2）签发托收凭证**。委托收款以银行以外的单位为付款人的，委托收款凭证必须记载付款人开户银行名称；以银行以外的单位或在银行开立存款账户的个人为收款人的，委托收款凭证必须记载收款人开户银行名称；未在银行开立存款账户的个人为收款人，委托收款凭证必须记载被委托银行名称。

**（3）委托**。收款人办理委托收款应向银行提交委托收款凭证和有关债务证明。

**（4）付款**。以银行为付款人的，银行应当在当日将款项主动支付给收款人。以单位为付款人的，银行应及时通知付款人，付款人应于接到通知的当日书面通知银行付款。如果付款人未在接到通知的次日起 3 日内通知银行付款的，视为同意付款。银行应于付款人接到通知日的次日起第 4 日上午开始营业时，将款项划给收款人。

## 三、预付卡

#### 知识点 1：预付卡基础知识

**1. 预付款的概念**

预付卡，是指发卡机构以特定载体和形式发行的、可在发卡机构之外购买商品或服务的预付价值。

**2. 单用途预付卡与多用途预付卡**

**（1）单用途预付卡**。单用途预付卡由商业企业发行，只在本企业或同一品牌连锁商业企业购买商品、服务。

**（2）多用途预付卡**。多用途预付卡由专营发卡机构发行，可跨地区、跨行业、跨法人使用。

### 3. 记名预付卡和不记名预付卡

记名预付卡和不记名预付卡的比较如表 10-14 所示。

**表 10-14　记名预付卡和不记名预付卡的比较**

| 项目 | 记名预付卡 | 不记名预付卡 |
| --- | --- | --- |
| 区分标准 | 记载持卡人身份信息 | 不记载持卡人身份信息 |
| 单张限额 | 5 000 元 | 1 000 元 |
| 挂失 | 可挂失 | 不可挂失 |
| 赎回 | 购卡后 3 个月可赎回 | 不可赎回 |
| 有效期 | 无 | 不得低于 3 年；超期可延期、激活、换卡 |
| 提供身份证 | 需要 | 一次性购买 1 万元以上需要 |
| 使用信用卡购买及充值 | × | × |

### 4. 实名购买预付卡的登记信息

实名购买预付卡的登记信息如表 10-15 所示。

**表 10-15　实名购买预付卡的登记信息**

| 登记对象 | 具体内容 |
| --- | --- |
| 购卡人 | 姓名或单位名称 |
| 单位经办人 | 姓名、有效身份证件名称和号码、联系方式 |
| 其他相关内容 | 购卡数量、购卡日期、购卡总金额、预付卡卡号及金额 |

## 知识点 2：预付卡相关使用规定

### 1. 使用规定

使用规定包括：人民币计价；无透支功能；预付卡在发卡机构拓展、签约的特约商户中使用；不得用于或变相用于提现，不得用于购买非本机构发行的预付卡、单一行业卡及其他商业预付卡或向其充值，卡内资金不得向银行账户或非本发卡机构开立的网络支付账户转移。

### 2. 充值

预付卡只能通过现金或银行转账方式进行充值，不得使用信用卡为预付卡充值；单张预付卡充值后的资金余额不得超过规定限额；单次 5 000 元以下通过发卡机构网点，同日累计现金充值在 200 元以下的，可通过自助充值终端、销售合作机构代理等方式充值。

### 3. 转账购买

单位一次性购买 5 000 元以上，个人一次性购买 5 万元以上，应当通过银行转账等非现金结算方式，不得使用现金。

#### 4. 转账充值

一次性充值 5 000 元以上，不得使用现金。

#### 5. 赎回记名卡时应提供的资料

赎回记名卡时应提供的资料如表 10–16 所示。

表 10–16 赎回记名卡时应提供的资料

| 办理人 | 提供资料 |
| --- | --- |
| 持卡人办理 | 预付卡、持卡人和购卡人的有效身份证件 |
| 他人代理赎回 | 持卡人办理时应提供的资料、代理人和被代理人的有效身份证件 |
| 单位购买的记名预付卡，只能由单位办理赎回。 | |

### 知识点 3：发卡机构

#### 1. 性质

预付卡发卡机构必须是经中国人民银行核准，取得《支付业务许可证》的支付机构。

#### 2. 要求

预付卡发卡机构必须采取有效措施加强对购卡人和持卡人信息的保护，确保信息安全，防止信息泄露和滥用。

预付卡发卡机构必须严格发票管理，按照规定开具发票。

对客户备付金，须 100% 集中交存中国人民银行。

## 案例分析

**情景描述：**［2021 年真题］2020 年 8 月，应届大学毕业生王某入职甲公司。按照财务人员的要求，王某在 P 银行申请开立 I 类个人银行结算账户，用于工资发放。9 月王某收到工资和公司在 P 银行代办的社保卡，12 月开立一个 II 类个人银行结算账户，在 P 银行申请一笔汽车消费贷款。已知：王某未开立其他账户。

**法律分析：**王某使用 II 类个人银行结算账户可以办理哪些业务？甲公司为王某代办社保卡时，需要向 P 银行提供哪些材料？王某通过手机银行申请开立 II 类个人银行结算账户时，需要满足哪些条件？ I 类个人银行结算账户可以通过哪些方式开户？

**此案例主要考查以下方面：**个人银行结算账户（包括 I 类和 II 类账户）的特性、适用业务、开户条件和方法。通过这些问题的分析，案例展示了在金融服务领域中个人银行账户的操作规范，以及在开立和使用银行账户时需要遵循的相关法律规定和银行政策。

## 本章小结

本章深入分析了支付结算的概念、原则、基本要求和工具，银行卡的分类、账户和交易、计息与收费，以及汇兑、委托收款等结算方式，探讨了支付机构的概念和支付服务种类，银行结算账户的开立、变更和撤销，以及支付结算纪律和违反法律制度的法律责任。通过本章内容，学生认识了遵守支付结算原则和纪律的重要性，培养了对支付结算法律制度的尊重和维护意识，加强了在金融活动中合法合规操作的理念。

## 课证融通

### 一、单选题

1.［2022 年真题］下列银行结算账户中，自开立之日即可办理收付款业务的是（　　）。

A. 甲大学工会开立的专用存款账户　　B. 丙公司开立的基本存款账户

C. 乙预算单位开立的零余额账户　　D. 丁开发区筹备领导小组开立的临时存款账户

2.［2023 年真题］根据支付结算法律制度的规定，非绑定账户向Ⅱ类个人银行结算账户转入资金、存入现金的日累计限额为（　　）。

A.3 万元　　B.1 万元　　C.5 000 元　　D.2 万元

3.［2021 年真题］根据支付结算法律制度的规定，对于应撤销而未办理销户手续的单位银行结算账户，银行通知该账户的存款人在法定期限内办理销户手续，逾期视同自愿销户。该期限是（　　）。

A. 自银行发出通知之日起 10 日内　　B. 自银行发出通知之日起 5 日内

C. 自银行发出通知之日起 30 日内　　D. 自银行发出通知之日起 2 日内

4.［2021 年真题］根据支付结算法律制度的规定，下列各项中，不属于信用卡预借现金业务的是（　　）。

A. 现金转账　　B. 现金提取　　C. 现金支付　　D. 现金充值

5.［2020 年真题］下列首次申请开立单位银行结算账户的存款人中，不应开立基本存款账户的是（　　）。

A. 丙学校　　B. 甲电影公司临时摄制组　　C. 丁居民委员会　　D. 乙公司

6.［2020 年真题］根据支付结算法律制度的规定，下列关于记名预付卡的表述中，正确的是（　　）。

A. 不得设置有效期　　B. 不可赎回　　C. 卡内资金无限额　　D. 不可挂失

7.［2021 年真题］根据支付结算法律制度的规定，下列各项中，按是否具有透支功能对银行卡分类的是（　　）。

A. 信用卡和借记卡　　B. 磁条卡和芯片卡

C. 单位卡和个人卡　　D. 人民币卡和外币卡

8.［2021 年真题］甲公司营业执照到期，经开户银行提示后在合理期限内仍未更新银行结算账户信息，且未提出合理理由。其开户银行应采取的措施是（　　）。

A. 中止甲公司账户办理业务　　B. 将甲公司账户内资金转入久悬未取专户管理

C. 请求主管部门给予甲公司行政处罚　　D. 要求甲公司限期撤销账户

## 二、多选题

1.［2019 年真题］根据支付结算法律制度的规定，关于开立企业银行结算账户办理事项的下列表述中，正确的有（　　）。

A. 银行为企业开通非柜面转账业务，应当约定通过非柜面渠道向非同名银行账户转账的日累计限额

B. 注册地和经营地均在异地的企业申请开户，法定代表人可授权他人代理签订银行结算账户管理协议

C. 企业预留银行的签章可以为其财务专用章加其法定代表人的签名

D. 银企双方应当签订银行结算账户管理协议，明确双方的权利与义务

2.［2022 年真题］根据支付结算法律制度的规定，下列业务中，Ⅲ类个人银行结算账户可以办理的有（　　）。

A. 存取现金　　B. 限额消费和缴费

C. 限额向非绑定账户转出资金　　D. 购买投资理财产品

3.［2022 年真题］关于张某拟一次性购买金额为 20 000 元的多用途预付卡的下列表述中，正确的有（　　）。

A. 张某可以购买 4 张单张金额为 5 000 元的记名预付卡

B. 张某应当使用实名并提供有效身份证件

C. 张某可以使用信用卡购买

D. 张某可以购买 20 张单张金额为 1 000 元的不记名预付卡

4.［2021 年真题］下列业务中，李某使用在 P 银行开通的个人网上银行可以办理的有（　　）。

A. 股票交易　　B.B2C 网上支付

C. 外汇买卖业务　　D. 期货交易

5.［2021 年真题］乙公司为甲公司下属分公司，单位负责人王某到 P 银行申请开立单位银行结算账户。下列各项中，王某在开户申请书上应当填写的内容的有（　　）。

A. 加盖乙公司单位公章　　B. 加盖甲公司单位公章

C. 填写甲公司相关信息　　D. 加盖王某个人名章

6.［2021 年真题］2020 年 8 月甲公司在 P 银行开立基本存款账户。甲公司申请开立下列银行结算账户时，应提供基本存款账户编号的有（　　）。

A. 因借款在 Q 银行开立一般存款账户

B. 因产能升级在 R 银行开立技术改造专用存款账户

C. 因异地临时经营在 S 银行开立临时存款账户

D. 因结算需要在 T 银行开立证券交易结算资金账户

7. [ 2021 年真题 ] 根据支付结算法律制度的规定，下列款项中，可以划转个人银行结算账户的有（　　）。

A. 债券投资的本金和收益　　B. 保险理赔款项

C. 纳税退还款项　　D. 工资、奖金收入

8. [ 2021 年真题 ] 王某持有一张 P 银行发行的借记卡。下列各项中，属于该卡具备的功能有（　　）。

A. 消费　　B. 网上支付　　C. 透支　　D. 存取款

## 三、判断题

1. [ 2022 年真题 ] 银行办理支付结算，有合理理由可以压票。（　　）

2. [ 2020 年真题 ] 企业银行结算账户自开立之日即可办理收付款业务。（　　）

3. [ 2020 年真题 ] 非银行支付机构不得为单位开立支付账户。（　　）

4. [ 2021 年真题 ] 非法持有他人信用卡数量较大的，应追究刑事责任。（　　）

5. [ 2021 年真题 ] 甲公司申请开立基本存款账户，其法定代表人应当配合银行做好开户意愿核实工作。（　　）

6. [ 2023 年真题 ] 个体户冯某凭营业执照以其姓名开立银行结算账户，属于个人银行账户。（　　）

7. [ 2019 年真题 ] 预算单位零余额账户按照一般存款账户管理。（　　）

8. [ 2019 年真题 ] 同一单位的基本存款账户与一般存款账户可以在同一家银行开立。（　　）

# 第十一章 票据法律制度

## 学习目标

### ◆ 知识目标

掌握票据的特征、功能、当事人

掌握票据权利基本内容

掌握票据行为基本内容

掌握银行汇票基本内容

掌握商业汇票基本内容

掌握银行本票基本内容

掌握支票基本内容

熟悉票据责任基本内容

熟悉票据抗辩基本内容

### ◆ 能力目标

能根据具体票据准确识别票据不同记载事项

能按照票据法律制度相关要求准确办理票据各项业务

### ◆ 素质目标

明晰票据法律制度，维护票据交易的安全、效率和公平，思考国家对市场经济的规范和引导

建立票据责任制度与当事人遵守诚信原则和契约精神之间的连接

## 专栏 11：党的二十大精神与票据法律制度

**中国式现代化票据的信用本质与货币作用思考（节选）**

中国式现代化票据的特征：

一是普惠特征。党的二十大报告中指出“中国式现代化是全体人民共同富裕的现代化”。这是党对全体人民的郑重承诺，也是中国式现代化金融的落脚点。共同富裕的关键在于普惠金融，妥善解决金融弱势群体的金融需求，维护金融服务的公平性，扩大金融服务的覆盖面，提升全社会、全领域的经济发展水平，是发展普惠金融的重要意义，也是中国式现代化票据的基本特征。

二是数字化特征。数字化已成为我国的国家战略，加快推动票据数字化进程，有利于促进票据对实体经济的支持作用，推动社会各领域全面发展，是服务“数字经济”国家战略、服务高质量经济发展、服务双循环格局的必由之路。

三是高质量特征。党的二十大报告中多次提到“高质量发展”，高质量是中国式现代化金融的重要特征，高质量的票据市场有利于促进社会资源的合理配置，推动普惠金融、绿色金融等发展，促进企业提质增效，为经济高质量发展增添动力。

四是绿色特征。党的二十大报告指出“中国式现代化是人与自然和谐共生的现代化”。金融是节能低碳、可持续发展的可靠保障，通过构建绿色票据产品体系，实现对绿色经济、绿色产业的精准滴灌，助力完成碳达峰、碳中和目标。

# 第一节　票据基本内容

## 一、票据概述

### 知识点 1：票据的概念、种类、特征与功能

**1. 票据的概念**

票据，是指出票人依法签发的，约定自己或者委托付款人在见票时或指定的日期向收款人或持票人无条件支付一定金额的有价证券。

**2. 票据种类**

《中华人民共和国票据法》（以下简称《票据法》）规定的票据包括汇票、本票和支票。

汇票：商业汇票（银行承兑汇票和商业承兑汇票）、银行汇票。

本票：商业本票、银行本票。

支票：现金支票、普通支票、转账支票。

#### 3. 票据特征

**（1）完全有价证券**。完全是指票据所表示的权利与票据不可分离；为设权证券，区别于证权证券；为提示证券，是指行使权利必须出示票据；为交付证券，转让必须交付票据；为缴回证券，权利实现时要缴回票据。

**（2）文义证券**。票据上的权利义务必须依票据上所记载的文义而定，不得以文义之外的任何事项来主张票据权利。

**（3）无因证券**。票据持票人行使权利时无须说明其取得票据的原因。

**（4）金钱债权证券**。票据区别于物权证券和设权证券。

**（5）要式证券**。票据的制作、形式、文义都有《票据法》规定的格式和要求。

**（6）流通证券**。票据可以背书形式转让，无须通知债务人。

#### 4. 票据功能

票据功能包括：支付功能，如支付款项；汇兑功能，如异地使用；信用功能，如通过远期票据到期才付款的特征实现；结算功能，如债务抵销；融资功能，如通过远期票据的贴现、转贴现、再贴现功能实现。

### 知识点 2：票据当事人与票据关系

#### 1. 票据当事人

**（1）基本当事人**。基本当事人，是指在票据作成和交付时就已经存在的当事人，包括出票人、付款人和收款人。基本当事人是构成票据法律关系的必要主体。本票的基本当事人无付款人。

**（2）非基本当事人**。非基本当事人，是指在票据作成并交付后，通过一定的票据行为加入票据关系而享有一定权利、承担一定义务的当事人，包括承兑人、背书人、被背书人和保证人。

票据当事人如表 11–1 所示。

**表 11–1　票据当事人**

<table>
<tr><th>类别</th><th>内容</th><th colspan="2">界定</th></tr>
<tr><td rowspan="7">基本当事人</td><td>出票人</td><td colspan="2">依法定方式签发票据并将票据交付给收款人的人</td></tr>
<tr><td>收款人</td><td colspan="2">票据正面记载的到期后有权收取票据所载金额的人</td></tr>
<tr><td rowspan="5">付款人</td><td rowspan="5">由出票人委托付款或自行承担付款责任的人</td><td>银行汇票的付款人为出票人（银行）</td></tr>
<tr><td>商业承兑汇票的付款人是该汇票的承兑人</td></tr>
<tr><td>银行承兑汇票的付款人是承兑银行</td></tr>
<tr><td>支票的付款人是出票人的开户银行</td></tr>
<tr><td>本票的付款人是出票人（银行）</td></tr>
</table>

续表

| 类别 | 内容 | 界定 |
| --- | --- | --- |
| 非基本当事人 | 承兑人 | 接受汇票出票人的付款委托，同意承担支付票款义务的人 |
| | 背书人 | 在转让票据时，在票据背面或粘单上签字或盖章，并将该票据交付给受让人的票据收款人或持有人 |
| | 被背书人 | 被记名受让票据或接受票据转让的人 |
| | 保证人 | 为票据债务提供担保的人，由票据债务人以外的第三人担当 |

**2. 票据关系和票据基础关系**

**（1）概念。**

票据关系：当事人基于票据行为所发生的法律上的权利义务关系。

票据基础关系：票据所赖以产生的民事基础法律关系。

**（2）无因性关系。**票据关系的发生总是以票据的基础关系为原因和前提的，《票据法》规定：票据的签发、取得和转让，应当遵循诚实信用的原则，具有真实的交易关系和债权债务关系。

交易关系和债权债务关系就是基础关系的范畴。

票据关系一经形成，就与基础关系相分离，基础关系是否存在、是否有效对票据关系都不起作用。

## 二、票据权利

### 知识点1：票据权利的概念与取得

**1. 票据权利的概念**

票据权利，是指持票人向票据债务人请求支付票据金额的权利，包括付款请求权和追索权。

**微课：**票据权利概念与取得、票据权利行使

**2. 票据权利的取得**

**（1）一般规定。**

一是给付对价取得。一般情况下，必须给付对价，包括出票取得和转让取得。

二是未给付对价取得。因税收、继承、赠与等可以依法无偿取得票据的，不受给付对价的限制。但是，所享有的票据权利不得优于其前手。

**（2）善意受让票据。**持票人从无票据处分权人手中无过失地受让票据，也是可以取得票据权利的。但如有以下情况则不享有票据权利：

一是以欺诈、偷盗或者胁迫等手段取得票据的，或者明知有前列情形，出于恶意取得票据的，不得享有票据权利。

二是持票人因重大过失取得不符合法律规定的票据的，不得享有票据权利。

## 知识点 2：票据权利行使

### 1. 权利行使内容

狭义的票据权利行使，包括付款请求权和追索权。广义的票据权利行使，还包括请求承兑。

### 2. 权利行使地点

持票人对票据债务人行使票据权利，或者保全票据权利，应当在票据当事人的营业场所和营业时间内进行。票据当事人无营业场所的，应当在其住所进行。

### 3. 付款请求权

持票人向汇票的承兑人、本票的出票人、支票的付款人出示票据要求付款的权利，是第一顺序权利。

### 4. 追索权

**（1）追索权的概念**。追索权是持票人在提示承兑或付款后未获得响应时，按法定程序向前手请求票据金额及其他款项的权利，属于第二顺序权利。行使追索权的主体为收款人，可为被背书人、代为清偿的保证人或背书人。被追索人包括所有在票据上签名的票据债务人，但付款人除外。

**（2）行使追索权的原因**。追索权的行使触发于汇票到期被拒绝付款、在到期前被拒绝承兑、承兑人或付款人死亡、逃匿、宣告破产或因违法被责令终止业务活动等情形。持票人在这些情形下可向背书人、出票人及其他汇票债务人行使追索权。

**（3）追索权行使的形式要件**。持票人行使追索权时，应提供拒绝承兑或拒绝付款的证明、退票理由书及其他相关证明。

**（4）拒绝事由的通知**。持票人应在收到被拒绝承兑或付款证明后 3 日内通知前手，前手须在收到通知后 3 日内通知再前手。未按期通知者，持票人仍可行使追索权，但延期通知造成的损失由未按期通知的汇票当事人负责赔偿，赔偿金额以汇票金额为限。

**（5）追索权的效力**。持票人可不按汇票债务人的先后次序行使追索权，对其中任何一人、数人或全体行使均可。若持票人对其中一人或数人行使过追索权，仍可对其他票据债务人行使。被追索人清偿债务后，与持票人享有相同权利。

**（6）追索金额**。追索权使用时，持票人可要求被追索人支付：被拒绝付款的汇票金额、汇票金额自到期日或提示付款日至清偿日的利息、拒绝证明和通知书费用。再追索权行使时，被追索人在支付清偿金额及费用后，可向其他汇票债务人再行使权利，要求支付相应金额、已清偿金额的利息及通知书费用。

## 知识点 3：票据权利时效

### 1. 提示付款的期限

**（1）见票即付的汇票（包括银行汇票和见票即付的商业汇票）**。应当自出票日起 1 个月内向付款人提示付款。

**（2）定日付款、出票后定期付款或者见票后定期付款的汇票**。应当自到期日起 10 日内向承兑人提示付款。

**（3）银行本票**。自出票之日起，付款期限最长不得超过 2 个月。

**（4）支票**。应当自出票日起 10 日内提示付款。

### 2. 超期提示付款的后果

商业汇票的持票人超过规定期限提示付款的，持票人在作出说明后，仍可以向付款人或承兑人请求付款。持票人超过规定期限提示付款的，丧失对出票人、承兑人以外的前手的追索权。

银行汇票、银行本票的持票人超过规定期限提示付款的，丧失对出票人以外的前手的追索权，持票人在作出说明后，仍可以向出票人请求付款。

支票的持票人超过规定的期限提示付款的，丧失对出票人以外前手的追索权。

### 3. 票据时效的期间

票据权利人在一定时间内不行使权利，将会导致权利消灭。票据时效的期间如表 11–2 所示。

**表 11–2　票据时效的期间**

| 对象 | 票据 | 起算点 | 期限 |
|---|---|---|---|
| 对出票人或承兑人 | 商业汇票 | 自票据到期日起 | 2 年 |
| | 银行汇票、本票 | 自出票日起 | 2 年 |
| | 支票 | 自出票日起 | 6 个月 |
| 追索与再追索 | 追索 | 自被拒绝承兑或者被拒绝付款之日起 | 6 个月 |
| | 再追索 | 自清偿或者被提起诉讼之日起 | 3 个月 |

### 4. 票据利益返还请求权

持票人因超过票据权利时效或者因票据记载事项欠缺而丧失票据权利的，仍享有民事权利，可以请求出票人或承兑人返还其与未支付的票据金额相当的利益。票据利益返还请求权如表 11–3 所示。

**表 11-3　票据利益返还请求权**

<table>
<tr><th colspan="2">票据种类</th><th>提示付款</th><th>提示承兑</th><th>向一般前手追索权</th><th>向出票人、承兑人行使权利</th></tr>
<tr><td rowspan="4">商业汇票</td><td>即付</td><td>出票日起1个月</td><td>—</td><td rowspan="4">追索权：自被拒绝付款或被拒绝承兑日起6个月<br>再追索权：自清偿或被提起诉讼日起3个月</td><td>自出票日起2年</td></tr>
<tr><td>定日付款</td><td rowspan="3">到期日起10日</td><td rowspan="2">到期日前</td><td rowspan="3">自到期日起2年</td></tr>
<tr><td>出票后定期付款</td></tr>
<tr><td>见票后定期付款</td><td>出票日起1个月</td></tr>
<tr><td colspan="2">商业汇票付款期限</td><td colspan="4">不超过6个月</td></tr>
<tr><td colspan="2">银行汇票</td><td>出票日起1个月</td><td rowspan="3">—</td><td rowspan="3">追索权：自被拒绝付款或被拒绝承兑日起6个月<br>再追索权：自清偿或被提起诉讼日起3个月</td><td rowspan="2">自出票日起2年</td></tr>
<tr><td colspan="2">银行本票</td><td>出票日起2个月</td></tr>
<tr><td colspan="2">支票</td><td>出票日起10日</td><td>自出票日起6个月</td></tr>
</table>

## 知识点4：票据权利丧失补救措施

### 1. 挂失止付

**（1）挂失止付的概念。**挂失止付，是指丢失票据的权利人将情况通知付款人或代理付款人，由其审查后暂停对该票据的支付。只有确定付款人或代理付款人的票据丧失时才可进行挂失止付。

**（2）可以挂失止付的票据种类。**可以挂失止付的票据种类包括：已承兑的商业汇票；支票；填明现金字样和代理付款人的银行汇票；填明现金字样的银行本票。

**（3）挂失止付通知书的记载事项。**挂失止付通知书的记载事项包括：票据丧失的时间、地点、原因；票据的种类、号码、金额、出票日期、付款日期、付款人名称、收款人名称；挂失止付人的姓名、营业场所或者住所以及联系方法。欠缺上述记载事项之一的，银行不予受理。

**（4）信息登记。**承兑人或承兑人开户银行收到挂失止付通知或公示催告等司法文书，并确认相关票据未付款的，应当于当日依法暂停支付并在中国人民银行指定的票据市场基础设施登记或者委托开户银行在票据市场基础设施登记相关信息。

**（5）止付期。**付款人或者代理付款人自收到挂失止付通知书之日起12日内没有收到人民法院的止付通知书的，自第13日起，不再承担止付责任，持票人提示付款即依法向持票人付款。挂失止付不是丧失票据后采取的必经措施，而是一种暂时的预防措施。

**2. 公示催告**

**（1）公示催告的概念。**公示催告，是指法院根据失票人的申请，通过公示方式催告利害关系人在规定期限内向法院申报权利。若期满无人申报，法院将判定失票无效，并授权失票人向付款人请求支付原票款。申请书须包括票面金额、相关人信息、申请理由、止付通知时间、付款人或代理付款人的详细信息。

**（2）公示催告适用范围。**可以背书转让的票据持有人，因票据失窃、遗失或灭失，可向法院提出公示催告申请。银行汇票、银行本票和现金支票上填写现金字样的票据不得背书转让。

**（3）公示催告程序。**

一是申请阶段。失票人须在挂失止付通知 3 日内向法院提出公示催告申请，其中挂失止付是前置程序，不包括被告住所地，因利害关系人不明确。主体必须是可背书转让的票据最后持有人。

二是公告及期限。法院受理后通知支付人停止支付，3 日内发出公告，促使利害关系人在不少于 60 日的公示期间内申报权利。涉外票据可适当延长，但不得超过 90 日，且公示催告期届满不得早于票据付款日后 15 日。

三是申报票据权利。法院接到利害关系人申报后，裁定终结公示催告程序，并通知申请人和支付人。若申请人的票据与利害关系人出示的不一致，法院应裁定驳回申报。

四是除权判决。公示期间无人申报权利或申报被驳回时，申请人应在公示催告期间届满后一个月内提出除权判决申请。逾期未申请的，终结公示催告程序。除权判决，即法院依法去除票据效力的判决。

**3. 普通诉讼**

普通诉讼，是指以丧失票据的人为原告，以承兑人或出票人为被告，请求人民法院判决其向失票人付款的诉讼活动。如果与票据上的权利有利害关系的人是明确的，无须公示催告，可按一般的票据纠纷向人民法院提起诉讼。

## 三、票据责任

### 知识点1：票据责任的概念和票据责任人

**1. 票据责任的概念**

票据责任，是指票据债务人向持票人支付票据金额的义务。

**2. 票据责任人**

票据责任主要有四种形式：一是汇票承兑人因承兑而应承担付款义务；二是本票出票人因出票而承担自己付款的义务；三是支票付款人在与出票人有资金关系时承担付款义务；四是汇票、本票、支票的背书人，汇票、支票的出票人、保证人，在票据不获承兑或不获付款时的付款清偿义务。票据责任人及相应责任如表 11-4 所示。

表 11-4 票据责任人及相应责任

| 责任人 | 承担责任的原因 | 责任 |
|---|---|---|
| 汇票承兑人 | 因承兑 | 付款责任 |
| 本票出票人 | 因出票 | |
| 支票付款人 | 与出票人存在资金关系 | |
| 汇票、本票、支票的"背书人"，汇票、支票的出票人、保证人 | 票据不获承兑或不获付款 | 清偿责任 |

## 知识点 2：票据责任具体事项

### 1. 提示付款

持票人未按照规定期限提示付款的，在作出说明后，承兑人或者付款人仍应当继续对持票人承担付款责任。

通过委托收款银行或者通过票据交换系统向付款人提示付款的，视同持票人提示付款。

### 2. 付款人付款

持票人依照规定提示付款的，付款人必须在当日足额付款。

付款人及其代理付款人付款时，应当审查票据背书的连续，并审查提示付款人合法身份证明或者有效证件。

票据金额为外币的，按照付款日的市场汇价，以人民币支付。票据当事人对票据支付的货币种类另有约定的，从其约定。

### 3. 拒绝付款

如果存在背书不连续等合理事由，票据债务人可以对票据债权人拒绝履行义务。

票据债务人可以对不履行约定义务的与自己有直接债权债务关系的持票人进行抗辩，但不得以自己与出票人或者与持票人的前手之间的抗辩事由对抗持票人。当然，若持票人明知存在抗辩事由而取得票据的除外。

### 4. 获得付款

持票人获得付款的，应当在票据上签收，并将票据交给付款人。

### 5. 相关银行责任

持票人委托的收款银行的责任，限于按照票据上记载事项将票据金额转入持票人账户。付款人委托的付款银行的责任，限于按照票据上记载事项从付款人账户支付票据金额。付款人及其代理付款人以恶意或者有重大过失付款的，应当自行承担责任。对定日付款、出票后定期付款或者见票后定期付款的票据，付款人在到期日前付款的，由付款人自行承担所产生的责任。

**6. 票据责任解除**

付款人依法足额付款后，全体票据债务人的责任解除。

## 四、票据抗辩

### 知识点1：票据抗辩的概念与对物的抗辩

**1. 票据抗辩的概念**

票据抗辩，是指票据债务人依照《票据法》的规定，对票据债权人拒绝履行义务的行为。票据抗辩按照抗辩事由的不同，分为对物的抗辩和对人的抗辩。

**2. 对物的抗辩**

**（1）对物的抗辩的概念**。对物的抗辩，是指基于票据本身存在的事由而发生的抗辩。这一抗辩可以对任何持票人提出。

**（2）对物的抗辩的主要情形。**

一是票据行为不成立而为的抗辩，如票据应记载的内容有欠缺；票据债务人无行为能力；无权代理或超越代理权进行票据行为；票据上有禁止记载的事项（如付款附有条件、记载到期日不合法）；背书不连续；持票人的票据权利有瑕疵（如因欺诈、偷盗、胁迫、恶意、重大过失取得票据）等。

二是依票据记载不能提出请求而为的抗辩，如票据未到期、付款地不符等。

三是票据载明的权利已消灭或已失效而为的抗辩，如票据债权因付款、抵销、提存、免除、除权判决、时效届满而消灭等。

四是票据权利的保全手续欠缺而为的抗辩，如应作成拒绝证书而未作等。

五是票据上有伪造、变造情形而为的抗辩。

### 知识点2：对人的抗辩

**1. 对人的抗辩的概念**

对人的抗辩的前提是票据本身没有问题，而票据债务人与特定的持票人之间存在某种抗辩事由，因此只能对特定的人主张。这一抗辩多与票据的基础关系有关。

**2. 直接当事人之间**

票据债务人可以对不履行约定义务的与自己有直接债权债务关系的持票人进行抗辩。

**3. 抗辩的切断**

票据债务人不得以自己与出票人之间的抗辩事由对抗持票人。票据债务人不得以自己与持票人的前手之间的抗辩事由对抗持票人。持票人明知存在抗辩事由而取得票据的除外。

**（1）抗辩切断情形**。凡是善意的、已付对价的正当持票人可以向票据上的一切债务人请求付款，不受前手权利瑕疵和前手相互间抗辩的影响。如持票人不知道其前手取得票据存在欺诈、偷盗、胁迫、重大过失等情形，并已为取得票据支付了相应的代价，那么票据债务人不能以持票人的前手存在权利瑕疵而对抗持票人。

**（2）未受抗辩切断情形**。持票人取得的票据是无对价或不相当对价的，由于其享有的权利不能优于其前手，故票据债务人可以对持票人前手的抗辩事由对抗该持票人。

## 五、票据行为

### 知识点1：票据行为的概念和其他要求

**1. 票据行为的概念**

票据行为，是指以在票据上“签名或盖章”为权利义务成立要件的法律行为，包括出票、背书、承兑、保证。

**2. 票据签章**

**（1）签章合规性**（见表 11–5）。

**表 11–5　签章合规性**

| 项目 | 票据类型 | 单位 | 自然人 |
| --- | --- | --- | --- |
| 出票人 | 支票 | 预留银行的签章 | |
| | 商业汇票 | 财务专用章或公章 | 法定代表人或授权代理人的签名或盖章 |
| | 银行本票 | 银行本票专用章 | 法定代表人或授权代理人的签名或盖章 |
| | 银行汇票 | 银行汇票专用章 | 法定代表人或授权代理人的签名或盖章 |
| 承兑人 | 银行承兑汇票 | 银行汇票专用章 | 法定代表人或授权代理人的签名或盖章 |
| | 商业承兑汇票 | 预留银行的签章 | |

**（2）签章不合规后果**。出票人在票据上的签章不符合规定的，票据无效。承兑人、保证人在票据上的签章不符合规定的，其签章无效，但不影响其他符合规定签章的效力。背书人在票据上的签章不符合规定的，其签章无效，但不影响其前手符合规定签章的效力。

**（3）不具备完全行为能力人签章效力**。无民事行为能力人或者限制民事行为能力人在票据上签章的，其签章无效，但是不影响其他签章的效力。

**3. 票据代理**

票据当事人可以委托其代理人在票据上签章，并应当在票据上表明其代理关系（见表 11–6）。

没有代理权而以代理人名义在票据上签章的，应当由签章人承担票据责任；代理人超越代理权限的，应当就其超权限的部分承担票据责任。

**表 11-6　票据代理**

| 类型 | | 票据责任 |
|---|---|---|
| 有效代理 | | 被代理人 |
| 无权代理 | | 签章人 |
| 越权代理 | 授权范围外 | 代理人 |
| | 授权范围内 | 被代理人 |

**4. 票据伪造与变造**

**（1）票据伪造**。票据伪造包括冒用他人名义或虚构他人名义进行的行为，涵盖票据和签章两方面。即使善意取得，持票人也无法行使权利。对伪造人而言，缺乏自身名义的签章使其免除票据责任。然而，伪造人如造成他人损害，须负民事责任，涉及犯罪的，还将承担刑事责任。

根据《票据法》规定，票据上的伪造签章不影响其他真实签章的效力。在法定情形下，持票人在提示承兑或行使权利时，真实签章人不能以票据伪造为由进行抗辩。

**（2）票据变造**。票据变造，是指无权修改票据内容的人，擅自更改除签章以外的记录。责任承担原则是：若签章在变造前，应按原记录负责；若签章在变造后，应按变造后的记录负责。对于无法辨别签章时间的情况，将视为在变造前签章。

## 知识点 2：票据行为——出票

**1. 出票的概念**

出票，是指出票人签发票据并将其交付给收款人的票据行为。

**2. 出票的记载事项**

**（1）绝对记载事项**（见表 11-7）。绝对记载事项，是指在法律上应该记载的事项，如果在出票时没有记载，则票据无效。

**表 11-7　出票的绝对记载事项**

| 项目 | 商业汇票 | 银行汇票 | 银行本票 | 支票 |
|---|---|---|---|---|
| 表明“×× 票”的字样 | √ | √ | √ | √ |
| 无条件支付的委托 / 承诺 | 委托 | 承诺 | 承诺 | 委托 |
| 确定的金额 | √ | √ | √ | √ |
| 出票日期 | √ | √ | √ | √ |
| 出票人签章 | √ | √ | √ | √ |
| 付款人名称 | √ | √ | × | √ |
| 收款人名称 | √ | √ | √ | × |

**（2）相对记载事项**（见表 11–8）。在出票时没有记载时，按法律的规定补充。

**表 11–8　出票的相对记载事项**

| 种类 | 付款日期 | 付款地 | 出票地 |
|---|---|---|---|
| 汇票 | 未记载：见票即付 | 付款人的营业场所、住所或经常居住地 | 出票人的营业场所、住所或经常居住地 |
| 本票 | × | 出票人的营业场所 | 出票人的营业场所 |
| 支票 | × | 付款人的营业场所 | 出票人的营业场所、住所或经常居住地 |

**（3）任意记载事项**。记载即产生法律效力，不记载不产生法律效力。

**（4）非法定记载事项**。该记载事项不具有票据上的效力，银行不负审查责任。

### 3. 出票人责任

出票人一旦签发票据，则须保证该票据能够获得承兑或付款，否则应当向持票人承担清偿责任。

### 4. 票据记载

**（1）票据金额**。票据金额以中文大写和阿拉伯数码同时记载，二者必须一致；二者不一致的，票据无效。

**（2）票据更改**。更改票据金额、日期、收款人名称，导致票据无效。

原记载人可以更改，更改时应当由原记载人在更改处签章证明。

### 5. 出票效力

**（1）对出票人的效力。**

汇票：出票人签发汇票后，即承担保证该汇票承兑和付款的责任。出票人在汇票得不到承兑或者付款时，应当向持票人清偿法律规定的金额和费用。

支票：出票人按照签发的支票金额承担保证向该持票人付款的责任。

**（2）对付款人的效力。**

汇票：出票行为是单方行为，付款人并不因此而有付款义务，只有在其对汇票进行承兑后，付款人才成为汇票上的主债务人。

支票：出票人在付款人处的存款足以支付支票金额时，付款人应当在当日足额付款。

**（3）对收款人的效力**。取得票据权利，即付款请求权；在该请求权不能满足时，享有追索权。

## 知识点 3：票据行为——背书

### 1. 背书的概念

背书，是指持票人以转让汇票权利或授予他人一定的票据权利为目的，按法定的事项和方式在票据背面或者粘单上记载有关事项并签章的票据行为。

### 2. 背书的种类

背书的种类如表 11–9 所示。

表 11–9　背书的种类

<table>
<tr><th colspan="2">种类</th><th>具体要求</th></tr>
<tr><td colspan="2">转让背书</td><td>以背书方式转让票据权利，票据贴现属于转让背书</td></tr>
<tr><td rowspan="2">非转让背书</td><td>委托收款背书</td><td>被背书人不得再以背书转让票据权利</td></tr>
<tr><td>质押背书</td><td>为担保债务，以在票据上设定质权为目的；<br>被背书人依法实现其质权时，可以行使票据权利；<br>债务人履行债务，质权人只需返还票据，无须再次做成背书</td></tr>
</table>

### 3. 背书记载事项

**（1）绝对记载事项。**绝对记载事项包括：背书人的签章、被背书人名称。汇票以背书转让或者以背书将一定的票据权利授予他人行使时，必须记载被背书人名称。如果背书人不作成记名背书，即不记载被背书人名称，而将票据交付他人的，持票人在票据被背书人栏内记载自己的名称与背书人记载具有同等法律效力，即被背书人名称可以授权受让人予以补记。

**（2）相对记载事项。**背书人应当记载背书日期；背书未记载日期的，视为在汇票到期日前背书。

**（3）任意记载事项。**出票人在汇票上记载“不得转让”字样的，汇票不得转让，受让人不得享有票据权利，票据的出票人、承兑人对受让人不承担票据责任；背书人在汇票上记载“不得转让”字样，其后手再背书转让的，原背书人对其后手的被背书人不承担保证责任。

**（4）记载不生效力事项。**背书不得附条件。背书时附有条件的，所附条件不具有票据上的效力。

### 4. 粘单使用

粘单上的第一记载人，应当在票据和粘单粘接处签章。

### 5. 背书连续

背书连续，是指在票据转让中，转让票据的背书人与受让票据的被背书人在票据上的签章依次前后衔接。

票据的第一背书人为票据收款人，最后的持票人为最后背书的被背书人，中间的背书人为前手背书的被背书人。

以背书转让的票据，背书应当连续。持票人以背书的连续，证明其票据权利。

非经背书转让，而以其他合法方式取得票据的，依法举证，证明其票据权利。

背书连续指背书在形式上的连续。如果不连续，付款人可以拒绝向持票人付款，否则付款人自行承担责任。

**6. 不得进行的背书**

背书人在背书时，将汇票金额的一部分或将汇票金额分别转让给两人以上的背书，属于不得进行的背书。法定限制背书，填明“现金”字样的银行汇票、银行本票和现金支票不得背书转让。法定禁止背书，汇票被拒绝承兑、拒绝付款或者超过提示付款期限的，不得背书转让；背书转让的，背书人承担汇票责任。背书人承担向持票人支付票据金额的义务。

**7. 背书效力**

背书人以背书转让票据后，即承担保证其后手所持票据承兑和付款的责任。

**8. 非转让背书**

**（1）委托收款背书**。委托收款背书旨在赋予他人行使票据权利、代收票据金额的代理权。为确保委托性质，必须在背书上注明“委托收款”字样。此背书有效性表现为被背书人获得代理权，包含付款请求、追索和款项收取权利。然而，背书人并不具备处分票据的代理权。

**（2）质押背书**。质押背书是为了担保债权实现而进行的背书行为。当事人必须在背书上清晰注明质押、设质、担保字样以确保质权的设立。若未记载，形式上视为转让背书。质押背书成立后，背书人仍保持票据权利人地位，而被背书人获得质权。在背书人未履行担保债务的情况下，被背书人可行使票据权利，并从票据金额中优先获得偿还。完成担保债务后，被背书人必须归还票据给背书人。

## 知识点 4：票据行为——承兑

**1. 承兑的概念**

承兑，是指汇票付款人承诺在汇票到期日支付汇票金额的票据行为。见票即付的汇票无须提示承兑，包括汇票上明确记载“见票即付”的汇票和汇票上没有记载付款日期的汇票。

**微课**：票据行为——承兑

**2. 提示承兑的期限**

定日付款或者出票后定期付款的汇票，持票人应当在汇票到期日前向付款人提示承兑。见票后定期付款的汇票，持票人应当自出票日起 1 个月内向付款人提示承兑。超期提示承兑的，丧失除出票人以外其他前手的追索权。

**3. 承兑期限**

付款人对向其提示承兑的汇票，应当自收到提示承兑的汇票之日起 3 日内承兑或者拒绝承兑。如果付款人在 3 日内不作承兑与否表示的，应视为拒绝承兑，持票人可以请求其作出拒绝承兑证明，向其前手行使追索权 。

#### 4. 承兑记载事项

**（1）绝对记载事项。**绝对记载事项包括承兑文句（“承兑”字样）及签章。

**（2）相对记载事项。**如果承兑人未记载承兑日期，则以收到提示承兑的汇票之日的第3日为承兑日期。

**（3）记载使承兑无效。**承兑不得附条件，承兑附有条件的，视为拒绝承兑。

#### 5. 承兑效力

商业汇票承兑人在到期日应无条件支付票面金额，否则须承担延迟付款责任。承兑人负责对付款请求权人和追索人承担责任，不得以与出票人的资金关系拒付票款。

持票人未在法定期限提示付款不解除承兑人的票据责任。持票人逾期提示后仍可向付款人或承兑人请求付款。逾期未提示则失去前手（出票人、承兑人以外）的追索权，但不包括承兑人。

#### 6. 出票人责任

出票人应于汇票到期日前，将汇票款项存入承兑银行。出票人于汇票到期日未能足额交存票款，承兑银行除凭票向持票人无条件付款外，对出票人尚未支付的汇票金额按照每天0.5‰计收利息。

### 知识点5：票据行为——保证

#### 1. 保证的概念

保证，是指票据债务人以外的他人充当保证人，担保票据债务履行的票据行为。

#### 2. 保证人限制

保证人限制如表11–10所示。

**表11–10　保证人限制**

| 分类 | 具体内容 | |
|---|---|---|
| 必备条件 | 保证人是票据债务人以外的人 | |
| 绝对禁止 | 以公益为目的的事业单位、社会团体、企业法人的职能部门作为票据保证人的，票据保证无效 | |
| 相对禁止 | 国家机关 | 经国务院批准为使用外国政府或者国际经济组织贷款进行转贷，国家机关提供票据保证的有效 |
| | 企业法人的分支机构 | 在法人书面授权范围内提供票据保证的有效 |

#### 3. 保证记载事项

保证记载事项如表11–11所示。

表 11-11　保证记载事项

| 分类 | 具体内容 | |
|---|---|---|
| 必须记载事项 | 表明保证的字样；保证人签章 | |
| 相对记载事项 | 保证人名称和住所 | 未记载的，以保证人的营业场所、住所地或者经常居住地为保证人住所 |
| | 被保证人的名称 | 未记载的，已承兑的汇票承兑人为被保证人；未承兑的汇票以出票人为被保证人 |
| | 保证日期 | 未记载的，出票日期为保证日期 |

#### 4. 保证效力

**（1）保证人责任。**保证人对合法取得汇票的持票人所享有的汇票权利，承担保证责任。但是，被保证人的债务因票据记载事项欠缺而无效的除外。

被保证的汇票，保证人应当与被保证人对持票人承担连带责任。汇票到期后得不到付款的，持票人有权向保证人请求付款，保证人应当足额付款。

**（2）共同保证人责任。**保证人为两人以上的，保证人之间承担连带责任。

**（3）保证人追索权。**保证人清偿汇票债务后，可以行使持票人对被保证人及其前手的追索权。

## 第二节　具体票据

### 一、银行汇票

#### 知识点 1：银行汇票概述

微课：银行汇票

#### 1. 银行汇票的概念

银行汇票，是指出票银行签发的，由其在见票时按照实际结算金额无条件支付给收款人或者持票人的票据。

#### 2. 银行汇票适用范围

单位和个人需要使用各种款项，均可使用银行汇票。

银行汇票可以用于转账，填明现金字样的银行汇票也可以用于支取现金。

#### 知识点 2：银行汇票主要内容

#### 1. 银行汇票出票

申请人或者收款人有一方为单位，不得申请现金银行汇票。

申请现金银行汇票，申请人须在申请书上填明代理付款人名称。

必须记载事项：表明银行汇票的字样、无条件支付的承诺、出票金额、付款人名称、收款人名称、出票日期、出票人签章。欠缺上述记载事项之一的，银行汇票无效。

汇票与本票和支票的区分：本票的必须记载事项无付款人名称，支票的必须记载事项无收款人名称。

**2. 实际结算金额**

未填明实际结算金额和多余金额或者实际结算金额超过出票金额的，银行不予受理。

实际结算金额一经填写不得更改，更改实际结算金额的银行汇票无效。

未填写实际结算金额或者实际结算金额超过出票金额的银行汇票不得背书转让。

**3. 提示付款**

**（1）提交联次。**提交联次包括银行汇票与解讫通知两联。

**（2）银行应审查事项。**银行应审查事项包括：银行汇票和解讫通知是否齐全、汇票号码和记载的内容是否一致；收款人是否确为本单位或本人；银行汇票是否在提示付款期限内；必须记载的事项是否齐全；出票人签章是否符合规定，大小写出票金额是否一致；出票金额、出票日期、收款人名称是否更改，更改的其他记载事项是否由原记载人签章证明。

**（3）提示付款期限。**提示付款期限为自出票之日起 1 个月。持票人超过规定期限提示付款的，丧失对出票人以外的前手的追索权，持票人在作出说明后，仍可以向出票人请求付款。

**（4）持票人超过付款期限提示付款。**

持票人超过付款期限提示付款，代理付款银行不予受理。持票人可在票据权利期内，向出票银行作出说明并提供证件，持汇票和解讫通知向出票行请求付款。

**（5）未开户个人提示付款。**未在银行开立存款账户的个人银行汇票持票人可以向任何一家银行机构提示付款。

**4. 退款和丧失**

**（1）提交资料。**

一是银行汇票和解讫通知。

二是单位申请人的单位证明或个人申请人的身份证件。

**（2）资金去向。**

一是转账银行汇票：只能转入原申请人账户。

二是现金银行汇票：退付现金。

**（3）手续欠缺情况下的办理时间。**申请人缺少解讫通知要求退款的，出票银行应于银行汇票提示付款期满 1 个月后办理。

**（4）银行汇票丧失。**失票人可以凭人民法院出具的其享有票据权利的证明，向出票银行请求付款或退款。

## 二、商业汇票

### 知识点1：商业汇票概述

**1. 商业汇票的概念**

商业汇票，是指出票人签发的，委托付款人在指定日期无条件支付确定的金额给收款人或者持票人的票据。

电子商业汇票是出票人依托电子商业汇票系统，以数据电文形式制作的，委托付款人在指定日期无条件支付确定的金额给收款人或者持票人的票据。

**2. 商业汇票的种类**

凡由银行承兑的，称为银行承兑汇票；凡由银行以外的付款人承兑的，称为商业承兑汇票。

**3. 商业汇票适用范围**

在银行开立存款账户的法人以及其他组织之间，才能使用商业汇票。只有单位才能使用的支付结算方式包括国内信用证和商业汇票。

### 知识点2：商业汇票出票

**1. 出票人资格**

出票人资格如表11–12所示。

**表11–12　出票人资格**

| 票据类型 | 企业条件 |
|---|---|
| 纸质商业汇票 | 在（承兑）银行开立存款账户；<br>与付款人（承兑银行）具有真实的委托付款关系；<br>有支付汇票金额的可靠资金来源 |
| 电子商业汇票 | 签约开办对公业务的企业网银等电子服务渠道 |
| | 与银行签订《电子商业汇票业务服务协议》 |

**2. 电子商业汇票的强制使用**

**（1）相对强制。**单张出票金额在100万元以上的商业汇票原则上应全部通过电子商业汇票办理。

**（2）绝对强制。**单张出票金额在300万元以上的商业汇票应全部通过电子商业汇票办理。

**3. 出票人确定**

商业承兑汇票可以由付款人签发并承兑，也可以由收款人签发交由付款人承兑。

银行承兑汇票应由在承兑银行开立存款账户的存款人签发。

**4. 必须记载事项**

**（1）纸质商业汇票。**纸质商业汇票必须记载的事项包括：表明商业承兑汇票或银行承兑汇票的字样、无条件支付的委托、确定的金额、付款人名称、收款人名称、出票日期、出票人签章。

**（2）电子商业汇票。**电子商业汇票必须记载的事项包括：表明电子商业承兑汇票或电子银行承兑汇票的字样、无条件支付的委托、确定的金额、出票人名称、付款人名称、收款人名称、出票日期、票据到期日、出票人签章。

## 知识点 3：商业汇票承兑

**1. 商业汇票承兑要求**

商业汇票可以在出票时向付款人提示承兑后使用，也可以在出票后先使用再向付款人提示承兑。

**2. 银行承兑汇票承兑程序**

一是银行的信贷部门应审查出票人的资格、资信、购销合同和汇票记载的内容，并可以要求出票人提供担保。资信良好的企业、电子商务企业申请电子商业汇票承兑的，金融机构可进行在线审核。

二是承兑银行与出票人签订承兑协议。

三是承兑银行按照市场调节价向出票人收取承兑手续费。

## 知识点 4：票据信息登记与电子化

**1. 票据市场基础设施**

上海票据交易所是中国人民银行指定的提供票据交易、登记托管、清算结算和信息服务的机构。票据信息登记与电子化通过票据市场基础设施完成，而非中国人民银行大额支付系统。

**2. 纸质商业承兑汇票登记**

**（1）登记时间。**纸质票据贴现前，金融机构办理承兑、质押、保证等业务，应当不晚于业务办理的次一工作日在票据市场基础设施（上海票据交易所）完成相关信息登记工作。

**（2）登记人。**

纸质商业承兑汇票完成承兑后，承兑人开户银行应当根据承兑人委托代其进行承兑信息登记。

承兑信息未能及时登记的，持票人有权要求承兑人补充登记承兑信息。

纸质票据票面信息与登记信息不一致的，以纸质票据票面信息为准。

**3. 电子商业汇票登记**

电子商业汇票的签发、承兑、质押、保证、贴现等信息，应当通过电子商业汇票系统同步传送至票据市场基础设施。

## 知识点5：商业汇票贴现

### 1. 商业汇票贴现的概念

商业汇票贴现，是指持票人在票据到期日前，将票据权利背书转让给金融机构，由其扣除一定利息后，将约定金额支付给持票人的票据行为。

### 2. 商业汇票贴现分类

按交易方式，贴现分为买断式贴现、回购式贴现。

### 3. 商业汇票贴现当事人

转让票据的：贴出人。

受让票据的：贴入人。

### 4. 商业汇票贴现条件

商业汇票贴现条件：票据未到期；未记载不得转让字样；持票人是在银行开立存款账户的企业法人以及其他组织；持票人与出票人或者直接前手之间具有真实的商品交易关系。

### 5. 电子商业汇票贴现必须记载事项

电子商业汇票贴现必须记载事项：贴出人名称、贴入人名称、贴现日期、贴现类型、贴现利率、实付金额、贴出人签章。电子商业汇票回购式贴现赎回时应做成背书，并记载原贴出人名称、原贴入人名称、赎回日期、赎回利率、赎回金额、原贴入人签章。

### 6. 票据信息登记与电子化前提下纸质票据贴现特殊规定

一是贴现人办理纸质票据贴现时，应当通过票据市场基础设施查询票据承兑信息，并在确认纸质票据必须记载事项与已登记承兑信息一致后，为贴现申请人办理贴现。信息不存在或纸质票据必须记载事项与已登记承兑信息不一致的不得办理贴现。

二是贴现申请人无须提供发票、合同等资料。

三是贴现人办理纸质票据贴现后，应当在票据上记载“已电子登记权属”字样，该票据应当通过票据市场基础设施办理背书转让、质押、保证、提示付款等票据业务，不再以纸质形式进行。

四是贴现人应当对纸质票据进行妥善保管。

### 7. 贴现保证（为转贴现提供保证）

一是贴现人可以按照市场化原则选择商业银行对纸质票据进行保证增信。

二是保证增信行对纸质票据进行保管并为贴现人的偿付责任进行先行偿付。偿付顺序：承兑人、保证增信人、贴现人。

### 8. 贴现票据付款确认

**（1）付款确认的概念。**贴现后，纸质票据实物及记载内容不再变更（电子登记权属）。

提前确认票据到期前的付款责任，即为贴现票据付款确认。

**（2）明确付款责任和索偿对象。**

一是纸质票据。保管人可向承兑人提起付款确认。确认方式包括实物和影像确认，均有同等法律效力。银行承兑汇票由承兑人代为保管，商业汇票由承兑人开户银行代为保管。承兑人在3个工作日内应同意或拒绝付款，如拒绝须说明理由。

二是电子票据。电子商业汇票承兑即为付款确认。承兑人或开户银行在确认后，须在持票人提示付款后付款，除合法抗辩情形外。

三是商业汇票使用流程。纸质：出票→提示承兑→付款确认（如贴现）→提示付款。电子：出票→提示承兑（等同付款确认）→提示付款。

### 9. 贴现利息计算

贴现利息＝票面金额×日贴现率×贴现期

日贴现率＝年贴现率/360

贴现期自贴现日起至票据到期日止。实付贴限期为贴现日至汇票到期前1日，承兑人在异地的，贴现的期限应另加3天的划款日期。

### 10. 贴现收款

贴现到期，贴现银行应向付款人收取票款。

不获付款的，贴现银行应向其前手追索票款。

贴现银行追索票款时可从申请人的存款账户直接收取票款。

电子商业汇票当事人在办理回购式贴现业务时应明确赎回开放日、赎回截止日。

## 知识点6：票据交易的概念、种类和商业汇票到期处理

### 1. 票据交易的概念和种类

票据交易，是指票据在商业银行间的流转，不包括贴现和再贴现。票据交易业务分为票据转贴现、票据质押式回购、票据买断式回购。

### 2. 商业汇票到期处理

**（1）票据到期后偿付顺序**（见表11-13）。

**表11-13　票据到期后偿付顺序**

| 适用情形 | | 偿付顺序 |
|---|---|---|
| 票据未经付款确认和保证增信即交易 | 交易后仍未经付款确认 | 贴现人偿付 |
| | 交易后经付款确认 | 承兑人付款→贴现人偿付 |
| 票据经付款确认但未保证增信即交易 | | 承兑人付款→贴现人偿付 |
| 票据保证增信后即交易但未经付款确认 | | 保证增信行偿付→贴现人偿付 |
| 票据保证增信后且经承兑人付款确认 | | 承兑人付款→保证增信行偿付→贴现人偿付 |

（2）商业汇票付款。

商业汇票付款期限与提示付款期限见表 11–14。

表 11–14　商业汇票付款期限与提示付款期限

| 两个期限 | 票据种类 | 起算点及长度 |
| --- | --- | --- |
| 付款期限 | 纸质商业汇票 | 自出票日起最长不得超过 6 个月 |
| | 电子商业汇票 | 自出票日起最长不得超过 1 年 |
| 提示付款期限 | 远期商业汇票 | 自汇票到期日起 10 日 |
| | 即付商业汇票 | 自出票日起 1 个月 |

持票人在提示付款期内通过票据市场基础设施提示付款的，承兑人应当在提示付款当日进行应答或者委托其开户行进行应答。承兑人存在合法抗辩事由拒绝付款的，应当在提示付款当日出具或者委托其开户行出具拒绝付款证明，并通过票据市场基础设施通知持票人。承兑人或者承兑人开户行在提示付款当日未做出应答的，视为拒绝付款，票据市场基础设施提供拒绝付款证明并通知持票人。

商业汇票付款适用情形及其具体程序见表 11–15。

表 11–15　商业汇票付款适用情形及其具体程序

| 票据 | 适用情形 | 具体程序 |
| --- | --- | --- |
| 商业承兑汇票 | 承兑人账户余额充足 | 承兑人开户行代承兑人做出同意付款应答，并于提示付款日向持票人付款 |
| | 承兑人账户余额不足 | 视同拒绝付款；<br>承兑人开户行应当于提示付款日代承兑人做出拒付应答并说明理由，同时通过票据市场基础设施通知持票人 |
| 银行承兑汇票 | 承兑人已进行付款确认 | 票据市场基础设施根据承兑人的委托于提示付款日代承兑人发送指令划付资金至持票人资金账户 |

## 三、银行本票

### 知识点 1：银行本票概述

#### 1. 银行本票的概念

银行本票，是指银行签发的，承诺自己在见票时无条件支付确定的金额给收款人或者持票人的票据。

#### 2. 银行本票基本当事人

基本当事人只有出票人和收款人。

#### 3. 银行本票适用范围

单位和个人在同一票据交换区域需要支付各种款项，均可以使用银行本票。银行本票可以用于转账，注明“现金”字样的银行本票可以用于支取现金。

### 知识点 2：银行本票出票

**1. 申请人或收款人**

申请人或收款人为单位的，不得申请签发现金银行本票。

**2. 必须记载事项**

必须记载事项：表明银行本票的字样、无条件支付的承诺、确定的金额、收款人名称、出票日期、出票人签章。本票的必须记载事项为 6 项，无付款人名称。

**3. 交收款人**

一是申请人应将银行本票交付给本票上记明的收款人。

二是收款人受理银行本票时，应审查下列事项：收款人是否确为本单位或本人；银行本票是否在提示付款期限内；必须记载的事项是否齐全；出票人签章是否符合规定，大小写出票金额是否一致；出票金额、出票日期、收款人名称是否更改，更改的其他记载事项是否由原记载人签章证明。

### 知识点 3：银行本票付款、退款和丧失

**1. 付款**

提示付款期限：自出票日起最长不得超过 2 个月。持票人超过提示付款期限不获付款的，在票据权利时效内向出票银行作出说明，并提供本人身份证件或单位证明，可持银行本票向出票银行请求付款。

**2. 退款和丧失**

**（1）提交资料。**单位申请人的单位证明或个人申请人的身份证件。

**（2）资金去向。**

在本行开立存款账户的申请人：只能转入原申请人账户。

现金银行本票和未在本行开立存款账户的申请人：退付现金。

**（3）本票丧失。**失票人可以凭人民法院出具的其享有票据权利的证明，向出票银行请求付款或退款。

## 四、支票

### 知识点 1：支票概述

**1. 支票的概念**

支票，指是出票人签发的，委托银行或者其他金融机构在见票时无条件支付一定金额给收款人或者持票人的票据。

**2. 支票的种类**

支票的种类如表 11–16 所示。

**表 11–16　支票的种类**

| 种类 | | 用途 |
|---|---|---|
| 现金支票 | | 只能用于支取现金 |
| 转账支票 | | 只能用于转账 |
| 普通支票 | 一般情况 | 可以用于支取现金，也可用于转账 |
| | 划线支票 | 只能用于转账，不能支取现金 |

**3. 支票适用范围**

单位和个人的各种款项结算，均可以使用支票。全国支票影像交换系统支持全国使用。

## 知识点 2：支票出票与签发要求

**1. 支票出票**

**（1）必须记载事项。**必须记载事项：表明支票的字样、无条件支付的委托、确定的金额、付款人名称、出票日期、出票人签章。

**（2）授权补记事项。**授权补记事项：金额、收款人名称。收款人名称并未列入绝对必须记载事项，出票人既可以授权收取支票的相对人补记，也可以由相对人再授权他人补记。未补记前不得背书转让和提示付款。出票人可以在支票上记载自己为收款人。未记载收款人名称的，经出票人授权，可以补记。

**（3）相对记载事项。**

一是付款地。支票上未记载付款地的，付款地为付款人的营业场所。

二是出票地。支票上未记载出票地的，出票地为出票人的营业场所、住所地或经常居住地。

**2. 签发要求**

支票的出票人签发支票的金额不得超过付款时在付款人处实有的金额。禁止签发空头支票。

## 知识点 3：支票付款

**1. 提示付款期限**

支票的持票人应当自出票日起 10 日内提示付款。

**2. 转账支票提示付款**

持票人可以委托开户银行收款或直接向付款人提示付款；持票人委托开户银行收款

时，应作委托收款背书，在支票背面背书人签章栏签章、记载委托收款字样、背书日期，在被背书人栏记载开户银行名称，并将支票和填制的进账单送交开户银行。

**3. 现金支票提示付款**

用于支取现金的支票仅限于收款人向付款人提示付款；收款人应在支票背面收款人签章处签章，持票人为个人的，还须交验本人身份证件，并在支票背面注明证件名称、号码及发证机关。

**4. 超期提示付款法律后果**

支票的持票人超过提示付款期限提示付款的，持票人的开户银行不予受理，付款人不予付款。支票的持票人超过提示付款期限提示付款的，丧失对前手的追索权，但出票人仍应当承担付款责任。

## 案例分析

**情景描述：**［2019 年真题］2018 年 6 月，甲公司在 P 银行开立基本存款账户。2018 年 6 月 12 日，财务人员王某代理甲公司向 P 银行申请签发一张金额为 100 万元的银行汇票，交予业务员张某到异地乙公司采购货物。张某采购货物金额为 99 万元，与票面金额相差 1 万元。乙公司发货后张某将汇票交付乙公司财务人员李某，李某审查后填写结算金额。7 月 10 日，李某持票到本公司开户银行 Q 银行提示付款。

**法律分析：**在办理甲公司银行汇票申请业务时，王某应遵循哪些正确的程序？李某在办理乙公司银行汇票提示付款时，应遵循哪些正确的流程？李某在接受银行汇票后，需要审查哪些事项？李某在填写该汇票的实际结算金额时，应如何正确操作？

**此案例主要考查以下方面：**银行汇票的申请、提示付款、审查和实际结算金额填写等相关法律程序。通过这些问题的分析，案例展示了在银行汇票交易中遵循的法律规定和正确的操作流程，以及企业和财务人员在处理银行汇票时需要注意的关键事项。

## 本章小结

本章全面解析了票据的基本特征、功能、当事人，以及银行汇票、商业汇票、银行本票、支票的基本内容，强调了票据在现代金融中的作用，特别是其在促进资金流动、维护交易安全、提高结算效率方面的重要性。同时，本章内容也涵盖了票据责任和票据抗辩的核心原则，进一步加深了学生对票据法律制度的理解，培养其在经济活动中正确运用相关法律知识的能力。

## 课证融通

### 一、单选题

1.［2022 年真题］2021 年 3 月 1 日，甲公司向乙公司签发一张由丙公司承兑的汇票，乙公司将该汇票背书转让给丁公司，同时由戊公司提供票据保证，该汇票上的权利人是（　　）。

A. 丙公司　　B. 乙公司　　C. 丁公司　　D. 甲公司

2.［2023 年真题］甲公司在 P 银行开立支票存款账户，因购买货物向乙公司签发并交付一张转账支票，乙公司将该支票背书转让给丙公司用于支付欠款。下列当事人中，不属于支票基本当事人的是（　　）。

A. 付款人 P 银行　　B. 被背书人丙公司

C. 收款人乙公司　　D. 出票人甲公司

3.［2023 年真题］根据支付结算法律制度的规定，下列关于票据行为未记载日期法律后果的表达中，正确的是（　　）。

A. 未记载出票日期的，票据无效

B. 未记载承兑日期的，以收到提示承兑的汇票之日为承兑日期

C. 未记载背书日期的，该背书无效

D. 未记载保证日期的，到期日为保证日期

4.［2021 年真题］2020 年 10 月 9 日，甲公司签发一张支票采购办公用品，该支票出票日期的正确写法是（　　）。

A. 贰零贰零年零壹拾月零玖日　　B. 贰零贰零年壹拾月零玖日

C. 贰零贰零年拾月玖日　　D. 贰零贰零年零壹拾月玖日

5.［2021 年真题］根据支付结算法律制度的规定，下列关于支票的表述中，不正确的是（　　）。

A. 申请人开立支票存款账户必须使用本名

B. 出票人在付款人处的存款足以支付支票金额时，付款人应当在见票当日足额付款

C. 现金支票可以采用委托收款方式提示付款

D. 出票人可以在支票上记载自己为收款人

6.［2020 年真题］甲公司向乙公司签发了一张见票后 3 个月付款的银行承兑汇票。乙公司持该汇票向付款人提示承兑的期限是（　　）。

A. 自出票日起 10 日内　　B. 自出票日起 1 个月内

C. 自出票日起 6 个月内　　D. 自出票日起 2 个月内

7. [2021年真题] 根据支付结算法律制度的规定，支票的下列记载事项中，可由出票人授权补记的是（ ）。

A. 收款人名称 B. 付款行名称 C. 出票日期 D. 出票人账号

8. [2019年真题] 根据支付结算法律制度的规定，下列各项关于支票提示付款的说法正确的是（ ）。

A. 转账支票提示付款日期为出票日起1个月

B. 出票人记载自己为收款人，提示付款不予受理

C. 支票未记载收款人名称，可以提示付款

D. 现金支票仅限于收款人向付款人提示付款

## 二、多选题

1. [2021年真题] 未在银行开户的宋某，持一张现金银行本票向出票银行提示付款，其需办理的事项有（ ）。

A. 在本票背面记载本人身份证件名称、号码及发证机关

B. 填制进账单

C. 本人在本票背面签章

D. 向银行交验本人身份证件

2. [2020年真题] 郑某为支付甲公司货款，向银行申请签发了一张金额为60万元的银行汇票。甲公司受理该汇票应当审查的内容有（ ）。

A. 银行汇票和解讫通知是否齐全 B. 该银行汇票是否在提示付款期内

C. 收款人是否确为甲公司 D. 必须记载的事项是否齐全

3. [2021年真题] 2020年10月19日，P银行收到出票人甲公司向其提示承兑的一张纸质商业汇票。P银行承兑该汇票的下列做法中，符合法律规定的有（ ）。

A. 于2020年10月30日承兑 B. 审查甲公司的资格、资信和购销合同

C. 审查汇票记载的内容 D. 与甲公司签订承兑协议

4. [2021年真题] 甲公司持有的一张现金支票不慎丢失，申请办理挂失止付。下列事项中，填写挂失止付通知书应记载的有（ ）。

A. 付款人名称 B. 甲公司的名称、联系方法

C. 支票丢失的时间、地点 D. 支票号码、金额

5. [2018年真题] 甲公司签发并承兑了一张汇票给乙公司。乙公司将汇票背书转让给丙公司，并在汇票背面记载“不得转让”字样。丙公司又将汇票背书转让给丁公司。丁公司在向甲公司提示付款时遭到拒绝。下列关于该汇票的表述中，正确的有（ ）。

A. 甲公司不承担票据责任 B. 丁公司可以向丙公司行使追索权

C. 丁公司享有票据权利 D. 丁公司可以向乙公司行使追索权

6. [2020年真题] 根据支付结算法律制度的规定，持票人行使票据追索权出具的下列证明中，具有法律效力的有（ ）。

A. 法院关于承兑人被依法宣告破产的司法文书

B. 承兑人出具的拒绝证明

C. 医院出具的付款人死亡的证明

D. 司法机关出具的付款人逃匿的证明

7. [2019 年真题] 根据支付结算法律制度的规定，下列关于票据权利时效的表述中，正确的有（　　）。

A. 持票人对前手的追索权，自被拒绝承兑或者拒绝付款之日起 6 个月

B. 持票人对银行汇票出票人的权利自出票日起 1 年

C. 持票人对商业汇票承兑人的权利自票据到期日起 1 年

D. 持票人对支票出票人的权利自出票日起 6 个月

8. [2021 年真题] 2020 年 5 月 13 日，甲公司持一张出票日期为 2020 年 3 月 11 日、到期日为 2020 年 9 月 11 日、金额 500 万元的银行承兑汇票向 P 银行申请贴现。双方约定贴现利率为 3%。关于该汇票贴现的下列表述中，正确的有（　　）。

A. 汇票上应未记载“不得转让”事项

B. 必须记载贴现利率 3%

C. 贴现的期限自 2020 年 3 月 11 日起至 2020 年 9 月 10 日止

D.P 银行应向甲公司实付贴现资金 500 万元

## 三、判断题

1. [2022 年真题] 张某向李某支付二手房购房款可以使用银行汇票办理。（　　）

2. [2021 年真题] 商业汇票贴现的期限从其贴现之日起至汇票到期日止。（　　）

3. [2019 年真题] 持票人应当按照票据债务人的先后顺序依次行使追索权。（　　）

4. [2020 年真题] 甲公司签发一张商业汇票给乙公司，乙公司将该汇票背书转让给丙公司并在票据背面注明“不得转让”字样，此行为属于附条件的背书。（　　）

5. [2020 年真题] 未填写实际结算金额的银行汇票不得背书转让。（　　）

6. [2020 年真题] 持票人申请办理商业汇票贴现，汇票必须未到期。（　　）

7. [2020 年真题] 在票据市场基础设施上无承兑信息的纸质商业汇票，可以办理票据贴现。（　　）

8. [2021 年真题] 个人与个人之间的资金结算，可以使用商业汇票。（　　）

REFERENCE

# 参考文献


[1] 财政部会计财务评价中心 . 初级会计资格：经济法基础［M］. 北京：经济科学出版社，2023.

[2] 财政部会计财务评价中心 . 中级会计资格：经济法［M］. 北京：经济科学出版社，2023.

[3] 中国注册会计师协会 . 经济法［M］. 北京：中国财政经济出版社，2023.

[4] 中国注册会计师协会 . 税法［M］. 北京：中国财政经济出版社，2023.

[5] 法规应用研究中心 . 税法一本通［M］. 9 版 . 北京：中国法制出版社，2023.

[6]《经济法学》编写组 . 经济法学［M］. 3 版 . 北京：高等教育出版社，2022.

[7] 赵威 . 经济法［M］. 8 版 . 北京：中国人民大学出版社，2021.

[8] 蔡玮律 . 秒懂经济法［M］. 北京：清华大学出版社，2020.

[9] 刘文华 . 经济法［M］. 6 版 . 北京：中国人民大学出版社，2019.

[10] 李昌麒 . 经济法学［M］. 3 版 . 北京：法律出版社，2016.